国家自然科学基金资助项目（71541040）
全国文化名家暨"四个一批"人才项目
贵州省哲学社会科学十大创新团队项目

扶贫开发战略、
政策演变及实施研究

洪名勇 等 ◎ 著

中国社会科学出版社

图书在版编目（CIP）数据

扶贫开发战略、政策演变及实施研究/洪名勇等著.—北京：中国社会科学出版社，2017.12
ISBN 978-7-5203-1707-8

Ⅰ.①扶… Ⅱ.①洪… Ⅲ.①扶贫—研究—中国 Ⅳ.①F126

中国版本图书馆 CIP 数据核字（2017）第 307205 号

出版人	赵剑英
责任编辑	戴玉龙
责任校对	许桂英
责任印制	王 超
出 版	中国社会科学出版社
社 址	北京鼓楼西大街甲158号
邮 编	100720
网 址	http://www.csspw.cn
发行部	010-84083685
门市部	010-84029450
经 销	新华书店及其他书店
印 刷	北京明恒达印务有限公司
装 订	廊坊市广阳区广增装订厂
版 次	2017年12月第1版
印 次	2017年12月第1次印刷
开 本	710×1000 1/16
印 张	15.75
插 页	2
字 数	256千字
定 价	75.00元

凡购买中国社会科学出版社图书，如有质量问题请与本社营销中心联系调换
电话：010-84083683
版权所有　侵权必究

目　录

第一章　我国扶贫战略与政策演变 …………………………………… 1

一　我国扶贫战略与政策演变的分析框架 ………………………… 1
　（一）扶贫战略与扶贫政策的关系 ……………………………… 1
　（二）政策与制度的关系 ………………………………………… 2
　（三）制度变迁理论 ……………………………………………… 3
　（四）已有研究回顾 ……………………………………………… 5
　（五）扶贫战略与政策演变：一个内生演进的分析框架 …… 7

二　我国扶贫战略演变 ……………………………………………… 9
　（一）收入差距与贫困标准变迁视角下的扶贫战略演变 …… 11
　（二）农民收入结构变迁视角下扶贫战略演变 ……………… 15
　（三）贫困分布空间的变迁视角下扶贫战略演变 …………… 18

三　我国扶贫政策变迁 …………………………………………… 20
　（一）体制改革拉动减贫阶段：1978—1983 年 ……………… 20
　（二）区域开发式扶贫阶段：1984—1993 年 ………………… 24
　（三）八七扶贫攻坚阶段：1994—2000 年 …………………… 27
　（四）综合扶贫开发阶段：2001—2010 年 …………………… 32
　（五）扶贫攻坚新阶段：2011 年至今 ………………………… 36

四　改革开放以来我国扶贫战略与政策演变的总体评价 ……… 42
　（一）扶贫战略演变路径与评价 ……………………………… 42
　（二）扶贫政策演变路径与评价 ……………………………… 43
　（三）基于熵权法的农村减贫影响因素的权重分析 ………… 44

五　"十三五"时期我国减贫形势的分析 ………………………… 47
　（一）当前扶贫开发取得的重要成就 ………………………… 47
　（二）新时期减贫形势预判 …………………………………… 48

六 研究结论及政策启示 …………………………………………… 48

第二章 我国扶贫政策实施的时间连续性及空间差异性研究 ……… 53
一 已有文献梳理与回顾 ………………………………………… 53
（一）扶贫政策的理论研究趋势 …………………………… 53
（二）政策研究的"报道分析"视角 ……………………… 54
（三）对已有扶贫政策研究的改进 ………………………… 55
二 研究思路与研究方法 ………………………………………… 56
（一）研究思路 ……………………………………………… 56
（二）数据来源与说明 ……………………………………… 57
三 我国扶贫政策实施的时间连续性 …………………………… 58
（一）各战略期扶贫政策实施的连续性：整体视角 ……… 58
（二）各战略期扶贫政策实施的连续性：政策分类视角 … 61
四 我国扶贫政策实施的空间差异性 …………………………… 64
（一）三大板块扶贫政策实施的空间差异分析 …………… 64
（二）省际扶贫政策实施的空间差异分析 ………………… 66
（三）省级单位报道数量的差异分析 ……………………… 69
五 研究结论及政策启示 ………………………………………… 70

第三章 减贫效果评估：一组计量分析 ………………………………… 72
一 已有研究回顾 ………………………………………………… 72
二 数据来源与贫困线选取 ……………………………………… 74
（一）数据来源 ……………………………………………… 74
（二）贫困线选取 …………………………………………… 75
三 模型设定 ……………………………………………………… 75
（一）贫困的测度 …………………………………………… 75
（二）贫困增长弹性 ………………………………………… 77
（三）贫困的 Shapley 分解 ………………………………… 77
（四）Lorenz 曲线和贫困指示增长曲线 …………………… 78
四 实证分析 ……………………………………………………… 79
（一）减贫成效分析 ………………………………………… 79
（二）估计贫困的增长弹性 ………………………………… 82

（三）贫困指数的 Shapley 分解 …………………………………… 83
　　（四）贫困指示增长曲线与是否亲贫式增长的判断 ………… 86
五　研究结论与政策启示 …………………………………………… 88

第四章 省级政府扶贫战略及政策演变 …………………………… 90
一　已有研究回顾 …………………………………………………… 90
二　研究思路与框架 ………………………………………………… 92
　　（一）制度变迁理论 …………………………………………… 92
　　（二）技术路线 ………………………………………………… 93
三　贵州扶贫开发战略演变 ………………………………………… 94
　　（一）体制改革拉动减贫战略（1978—1985 年） …………… 95
　　（二）区域开发扶贫战略（1986—1993 年） ………………… 96
　　（三）八七扶贫攻坚战略（1994—2000 年） ………………… 98
　　（四）"一体两翼"扶贫战略（2001—2010 年） ……………… 99
　　（五）精准扶贫战略（2011 年至今） ………………………… 102
　　（六）工业强省和城镇化带动战略（2011 年至今） ………… 104
　　（七）"大扶贫"战略（2011 年至今） ………………………… 106
四　贵州扶贫政策变迁 ……………………………………………… 108
　　（一）体制改革拉动减贫战略配套政策（1978—
　　　　　1983 年） …………………………………………………… 110
　　（二）区域开发扶贫战略配套政策（1986—1993 年） ……… 111
　　（三）八七扶贫攻坚战略配套政策（1994—2000 年） ……… 116
　　（四）"一体两翼"扶贫战略配套政策（2000—
　　　　　2010 年） …………………………………………………… 118
　　（五）精准扶贫战略配套政策（2010—2020 年） …………… 122
　　（六）工业化和城镇化带动战略配套政策 …………………… 128
　　（七）大扶贫战略配套政策 …………………………………… 130
五　改革开放以来贵州扶贫战略与政策演变的总体评价 ………… 131
　　（一）贵州扶贫战略演变的动机和路径 ……………………… 131
　　（二）贵州扶贫政策演变的动机和路径 ……………………… 133
　　（三）各战略期贵州减贫成效 ………………………………… 134
六　"十三五"时期贵州减贫形势分析 ……………………………… 143

（一）贵州扶贫开发取得的重要成就 ········· 143
　　（二）贵州扶贫新形势 ················· 144
　　（三）贵州县域脱贫年份预测 ············· 144
七　结论 ····························· 147

第五章　益贫式增长及实现路径——来自湄潭绿色发展生态富农的探索 ························· 148

一　文献综述与理论反思 ···················· 148
二　湄潭现象：为什么经济增长慢而农民收入增长快 ······ 153
三　益贫式增长：湄潭现象的一个描述性解释 ········· 159
　　（一）滴漏式增长与城乡收入差距的拉大 ········ 159
　　（二）转向益贫式增长：湄潭现象的一个描述性解释 ·· 161
四　绿色发展生态富农：湄潭县走向益贫式发展的路径探索 ·· 164
　　（一）茶叶富农：初始条件与发展路径 ········· 164
　　（二）绿色工业富农：加工增值与增加就业之路 ···· 166
　　（三）生态旅游富农：农民富裕的又一路径 ······· 167
五　研究结论及启示 ······················ 168

第六章　贵州扶贫经验模式总结 ··············· 169

一　湄潭经验——农村改革带动新产业，走出绿色富民之路 ··· 169
　　（一）三大改革激活农村 ··············· 170
　　（二）绿色湄潭富农民 ················ 172
　　（三）湄潭经验启示 ················· 173
二　威宁四看法：创新机制识真贫 ··············· 173
　　（一）"四看"精准识"真"贫 ············· 174
　　（二）"六个"准精"真"脱贫 ············· 174
　　（三）"四看"脱贫经验启示 ············· 176
三　台江县："十户一体"党建扶贫模式 ············ 176
　　（一）"十户一体"党建扶贫之由来 ·········· 176
　　（二）党建扶贫是"十户一体"的核心 ········· 177
　　（三）"十户一体"党建扶贫经验启示 ········· 178
四　长顺："藤缠树"模式 ·················· 178

（一）"藤缠树"模式——产业升级，高效农业 ………… 178
　　　（二）长顺做法"藤缠树"经验启示 …………………… 180
　五　晴隆模式——草地生态畜牧产业带动石漠化脱贫 ……… 181
　　　（一）晴隆县基本情况 …………………………………… 181
　　　（二）晴隆模式之草地生态畜牧产业发展模式 ………… 181
　　　（三）晴隆模式的成效 …………………………………… 182
　　　（四）晴隆模式的经验启示 ……………………………… 182

第七章　问题识别、分析与对策建议：基于贵州的调查研究 …… 184
　一　调研情况介绍 ……………………………………………… 184
　　　（一）调查样本选择 ……………………………………… 185
　　　（二）调研情况介绍 ……………………………………… 185
　　　（三）主要变量设置与特征描述 ………………………… 186
　二　调查样本的描述性统计 …………………………………… 188
　　　（一）基于农户家庭特征变量的描述分析 ……………… 189
　　　（二）基于政策特征变量的描述分析 …………………… 193
　三　主要问题提炼与分析 ……………………………………… 200
　　　（一）相关研究回顾 ……………………………………… 200
　　　（二）分析框架 …………………………………………… 208
　　　（三）贫困指标分解与"行政式"小康的因果作用
　　　　　　机制 ……………………………………………… 210
　四　贫困识别的基层民主方式精准性分析 …………………… 221
　五　政策建议 …………………………………………………… 223
　　　（一）继续深入实施扶贫开发战略 ……………………… 224
　　　（二）有序推动新兴产业进入贫困地区 ………………… 224
　　　（三）发挥媒体对扶贫工作宣传、监督效用 …………… 224
　　　（四）调整减贫指标分解政策 …………………………… 225
　　　（五）建立"扶贫指标"退出机制 ……………………… 225
　　　（六）加强对数据管理系统的监督检查 ………………… 226

参考文献 …………………………………………………………… 227

后　记 ……………………………………………………………… 240

第一章 我国扶贫战略与政策演变

改革开放至今，我国扶贫开发政策已走过30多年历程，按世界银行一天1美元的贫困标准，据相关统计，我国贫困人口减少了约4.1亿人；按一天2美元计算，则减少了3亿人，中国脱贫人口数占发展中国家脱贫总人数的近75%，取得如此举世瞩目成就的重要因素之一就是扶贫方式的转变。尽管在实践中出现了各种问题，但扶贫开发仍是解决我国贫困问题的主要途径。对扶贫战略和扶贫政策的历程及其演变规律进行探讨，有助于揭示扶贫战略和政策创新的重点和方向，有助于对扶贫开发的认识和实践，从而促进社会主义新农村与中国特色社会主义的建设。到目前为止，众多我国扶贫战略与政策演变的相关研究主要体现在以扶贫政策纲领性文件划分出扶贫战略的各个阶段，实质上是扶贫开发过程各阶段的梳理，而对扶贫战略和政策演变的逻辑分析不多。本书试图通过对我国扶贫战略和政策演化历程进行回顾和总结，在了解扶贫战略政策演进的历史脉络基础上，运用制度变迁相关理论进一步剖析改革开放以来我国扶贫战略和扶贫政策变迁的内在逻辑和变迁的趋势。

一 我国扶贫战略与政策演变的分析框架

（一）扶贫战略与扶贫政策的关系

国家战略是一个国家对未来发展方向作出的中长期的规划；而国家政策是一个国家为达到某些方面（一般是战略）的目的而作出的对相关群体的行为等方面的规定，它一般是以法令或者法律的方式来体现。即战略是较为宏观的，政策是具体的。因此，国家制定的扶贫开发战略往往是通过各项扶贫政策来具体体现和实施，从而实现扶贫战略的目标。继而在这一层面上，我国的扶贫战略与扶贫政策是密切相关的，两者的演变具有较高相似性。

(二) 政策与制度的关系

政策是国家政权机关、政党组织和其他社会政治团体以权威形式制定的奋斗目标、行动原则、明确任务、工作方式和具体措施。它是一系列谋略、法令、措施、办法、方法、条例等的总称，是"一种含有目标、价值和策略的大型计划"①，本质是阶级利益的观念化、主体化、实践化反映。就本书的扶贫政策来讲，为了履行政府"父权主义"责任和确保国家政权体系的合法性，国家不得不采用各种社会政策（主要是扶贫政策）去应对贫困的挑战。这些政策包括引进和强化社会保障制度，扩大雇主责任制，实行累进税制，发展社区服务，以及利用土地改革、财产积累和区域经济发展等途径去消灭贫困。

所谓制度，可以被解释为一种"结构安排"、秩序或一组"约束规则"，是为一个社会系统内部成员认可或遵从，反映了人们一定社会行为选择模式的"规则系统"和"结构安排"，制度是约束或指导人与人之间行为方式的正式或非正式的习惯②。制度有正式制度和非正式制度之分，正式制度是指人们有意识创造出来并通过国家等组织正式确立的成文规则，包括宪法、成文法、正式合约等；非正式制度则是指人们在长期的社会交往中逐步形成并得到社会认可的一系列约束性规则，包括价值信念、伦理道德、文化传统、风俗习惯、意识形态等③。

制度的确立与作用机制和政策的制定过程具有极大相似性，即正式制度（由官方明文规定的法律制度和经济制度等）与政策安排一般存在极大相关。一项政策的执行往往伴随着相应制度体系的确立，正式制度的建立也需要借助于政策的推行方得以实现④，即可以说政策是方向，制度是规则，且正式制度的内容主要来源于政策。因此，当我们把扶贫政策演变理解为正式制度的变化时，本书的目的也就一目

---

① 陈振明：《政策科学——公共政策分析导论》，中国人民大学出版社2003年版，第48页。
② 韦森：《社会制度的经济理论》，上海财经大学出版社2003年版，第4—15页。
③ 诺思：《经济史中的结构与变迁》，上海三联书店、上海人民出版社1994年版，第225—226页。
④ 陆静超：《基于渐进式制度变迁的循环经济政策研究》，博士学位论文，哈尔滨工业大学，2008年，第30页。

了然。

（三）制度变迁理论

1. 制度变迁

制度有供给也有需求，当制度供给和制度需求相吻合的时候，我们称为制度均衡，反之，称为制度非均衡。在一个较短时期内，制度均衡也可能出现，此时制度有一定的稳定性特征，换言之，制度并不是每时每刻都在变化中，因为随时变化的制度没有供给主体，更重要的是在于没有需求主体。时刻变化的制度无法给微观经济主体提供稳定的预期激励。但从长期来看，制度非均衡又是必然的。一项制度不可能适应所有的环境情况，即不存在任何环境下都适用的制度。社会经济环境变化了，经济主体就会对新制度、新规则的需求，进行自我创新，此时，旧制度要么被抛弃，要么进行自我扬弃，以适应新环境，要不就是补充新的内容，进行制度的"生老病死"，就形成了制度变迁①。

2. 制度变迁理论的分类

（1）经济增长推动假说

这种假说的核心观点是，经济增长是推动制度变迁的源泉，制度变迁的方式由经济增长所决定。支持这类假说的代表性人物是舒尔茨，拉坦·舒尔茨在1968年发表的《制度与人的经济价值的不断提高》一文中，把制度看成是一种具有经济价值的服务的供给者，是经济增长的一个内生变量，通过对经济增长动态所作出的反应而发生制度变迁；拉坦在《诱致性制度变迁理论》中也认为，"制度变迁不仅会影响资源的使用，而且它本身也是一种资源使用性的活动"。

（2）利益格局调整假说

这种假说较为著名的观点是，戴维斯与诺思在《制度变迁的理论：概念与原因》一文中，通过分析影响制度变迁的五个因素，即制度环境、制度安排、初级行动团体、次级行动团体和制度装置（指行动团体所利用的文件和手段）的基础上认为，在现有的制度结构下，由于规模经济、外部性、风险和交易费用等制度环境发生变化，导致经济主体或行动团体之间的利益格局发生变化，在这种情况下，"如果（行动团体）预期的净收益超过预期的成本，一项制度安排就会被创新"，即

---

① 洪名勇：《制度经济学》，中国经济出版社2012年版，第128—129页。

发生制度变迁。

(3) 技术决定论假说

这种假说将技术视作推动经济增长与制度变迁的动态原因，技术变迁决定制度变迁①。在马克思主义基本理论中，生产方式的变化（技术变迁）决定着生产关系的变化（制度变迁），前者是提供社会制度变迁的更为基本的动态力量。老制度主义学派的凡勃伦和阿里斯提出了老制度经济学研究的第一个主要纲领，"该纲领集中考察了新技术对制度安排的影响，考察了既定社会惯例和既得利益者阻碍这种变迁的方式"②。

(4) 技术与制度互动论

"技术变迁与制度变迁之间相互依赖性很高，必须在一个持续的相互作用的逻辑中来进行分析"③。即这种假说主张制度变迁是技术变迁和制度变迁相互作用的结果。

(5) 决裂式变迁与渐进式变迁论

在历史制度主义看来，政策变迁大体上可以分为两大类，即决裂式变迁与渐进式变迁。前者是与旧制度的彻底反叛与决裂，后者主要是在原有制度框架内发生的渐进性或者变通性变迁。

3. 关于中国制度变迁的理论

(1) 诱致性变迁与强制性变迁的二元并存论

林毅夫用"需求—供给"这一经典的理论构架把制度变迁方式划分为诱致性变迁与强制性变迁两种，他认为，"诱致性制度变迁指的是一群（个）人在响应由制度不均衡引致的获利机会时所进行的自发性变迁；强制性制度变迁指的是由政府法令引起的变迁"④。可以说，当由旧制度安排转变到新制度安排的个人净收益超过制度变迁的费用时，自发的诱致性制度变迁就出现了；又由于自发的诱致性制度变迁存在着

---

① 史晋川、沈国兵：《论制度变迁理论与制度变迁方式的划分标准》，《经济学家》2002年第1期，第42页。

② 卢瑟福：《经济学中的制度：老制度经济学和新制度经济学》，中国社会科学出版社1999年版，第115—116页。

③ 拉坦：《诱致性制度变迁理论》，科斯等：《财产权利与制度变迁》，上海三联书店1996年版，第327页。

④ 林毅夫：《关于制度变迁的经济学理论：诱致性变迁与强制性变迁》，载科斯等《财产权利与制度变迁》，上海三联书店1996年版，第374页。

较高昂的交易费用,且常常存在"搭便车"问题,导致新制度安排供不应求,此时,就需要政府采取行动来弥补制度供给不足,从而产生强制性制度变迁。

(2) 中央、地方政府和微观主体的三元博弈论

这种假说以杨瑞龙为代表,他把具有独立利益目标与拥有资源配置权的地方政府引入分析框架,提出了"中间扩散型"制度变迁方式的理论假说,并描述了我国在向市场经济过渡中制度变迁方式的转换将依次经过中央授权式的供给主导型、地方政府自主制度创新式的中间扩散型和微观主体主动寻求制度创新式的需求诱致型三个阶段的制度变迁。并且在杨瑞龙看来,我国处于"中间扩散型"制度变迁模式,即由具有独立利益目标的地方政府担当沟通权力中心的制度供给意愿与微观主体的制度创新需求的中间环节,以化解"诺思悖论",并逐步完成向需求诱致型制度变迁方式的转换①。

(3) 制度变迁主体角色转换论

这种假说主要以黄少安为代表,他认为人类社会总是存在不同主体,包括集团和个人。制度的设定和变迁不可能发生在单一主体的社会里,社会中不同利益主体都会参与制度变迁过程,其中各个利益主体的角色转换无非是对制度变迁"支持程度"的变化而已,并且这种角色转换是可逆的。

(四) 已有研究回顾

20世纪80年代中期开始实施有针对性的扶贫战略以来,国内众多学者从不同的分析视角出发,陆续对我国扶贫战略的政策演变与评价进行了一系列研究,如表1-1所示。可以发现,在现有的理论研究框架中,尽管分析角度不同,但对我国扶贫开发战略与政策的阶段划分大体趋于一致,即总体上以国家颁布的全国纲领性扶贫政策文件为时间节点划分,对本书具有较大的理论参考依据。

---

① 杨瑞龙:《我国制度变迁方式转换的三阶段论——兼论地方政府的制度创新行为》,《经济研究》1998年第1期。

表 1-1　　　　　　　已有扶贫战略与政策演变研究回顾

作者（年份）	分析角度	结果
严瑞珍（1997）①	加大农村扶贫力度	提出了"持续性"扶贫、"综合性"扶贫、"区域补偿性"扶贫等十个扶贫战略决策
刘慧（1998）②	新中国成立以来不同的经济发展阶段	我国的扶贫战略经历的三次重大变化，系统回顾了新中国成立以来我国扶贫政策的演变及其特点
林乘东（1998）③	扶贫的指导方针和政策模式	全面总结了我国自新中国成立以来与贫困做斗争的历程，即将中国的扶贫战略大致区分为三个演变阶段
艾路明④（1999）	中国反贫困战略选择的宏观经济背景下，以制度变迁为视角	将1986—1996年中国减贫战略分为1986—1993年区域经济带动减贫的开发式扶贫战略和1994—1996年直接面对最贫困人口的开发式扶贫战略
徐薇⑤（2002）	发展的角度	我国扶贫开发经历了救济式扶贫、区域开发式扶贫和扶贫到户三个历史阶段
都阳、蔡昉⑥（2005）	中国农村贫困性质的变化	改革开放以来农村减贫战略分为三个阶段，即1979—1985年体制改革和生产力发展所带来的自发的经济增长阶段（改革效应）、1986—2000年的区域开发带动经济增长阶段（增长和投入效应）以及2001年以后的创造就业机会和社会保障完善阶段（保障效应）

---

① 严瑞珍：《坚持正确扶贫战略，加大农村扶贫力度》，《农业经济问题》1997年第2期，第2—8页。

② 刘慧：《我国扶贫政策演变及其实施效果》，《地理科学进展》1998年第4期，第80—86页。

③ 林乘东：《中国扶贫战略的演变与反思》，《中央民族大学学报》（社会科学版）1998年第5期，第55—65页。

④ 艾路明：《中国的反贫困战略和小额贷款的扶贫实践》，《中南财经大学学报》1999年第5期，第46页。

⑤ 徐薇：《我国实施可持续扶贫战略研究》，《理论与改革》2002年第5期，第62—65页。

⑥ 都阳、蔡昉：《中国农村贫困性质的变化与扶贫战略的调整》，《中国农村观察》2005年第5期，第2—9页。

续表

作者（年份）	分析角度	结果
华正学[1]（2010）	回顾总结新中国60年反贫困战略演进发展	将新中国反贫困战略的演进分为四个阶段，总结了其演进发展的经验教训
韩嘉玲[2]（2009）	社会发展的视角	梳理1978年以来我国政府为解决农村贫困而制定和实施的救济式、开发式和攻坚式农村扶贫政策
李海金[3]（2015）	连片特困地区的新问题和新特征	从宏观和整体层面对农村扶贫开发战略进行反思与创新，寻求更加切实有效的发展策略和路径

资料来源：笔者根据文献整理。

（五）扶贫战略与政策演变：一个内生演进的分析框架

综合以上制度变迁方式的相关理论，国内已有研究中运用现有的制度变迁理论来分析我国扶贫政策变迁的相关文献较少。本书将中国扶贫战略的演变衔接到扶贫政策演变中去，即在分析我国扶贫政策的演变的同时，反映出我国扶贫战略的演变。

我们知道，在分析一个具有时间连续性的过程时，最主要的是找到一对不断演化的矛盾对立体，从彼此相互作用的过程中找到规律性的内容。那么，考虑到扶贫政策的特征：一方面，由于扶贫政策本身的原因，使得扶贫政策又表现出不同于普通的社会政策。扶贫政策的实施对象是社会的弱势群体，实施主体是国家和各级政府，两者从本质上讲没有特别的利益冲突，是政府从社会公平和公民权利出发，对国家和社会资源向社会的底层弱势群体的再分配。因此，扶贫政策的制定遵循政府主导性、义务性、最低生活保障和城乡有别的原则，比其他公共政策更具有公平性和非利益博弈的政策属性。另一方面，扶贫开发进程中，随着地方政府、民间团体在扶贫中发挥的作用愈加明显，贫困人口的自主

---

[1] 华正学：《新中国60年反贫困的演进及创新选择》，《农业经济》2010年第7期，第3—5页。

[2] 韩嘉玲：《社会发展视角下的中国农村扶贫政策改革30年》，《贵州社会科学》2009年第2期，第67—76页。

[3] 李海金：《连片特困地区扶贫开发的战略创新——以武陵山区为例》，《中州学刊》2015年第12期，第78—83页。

脱贫意识的增强，扶贫政策的创新主体逐渐涉及地方政府和微观主体。基于以上分析，本书的理论分析框架如图1-1所示。

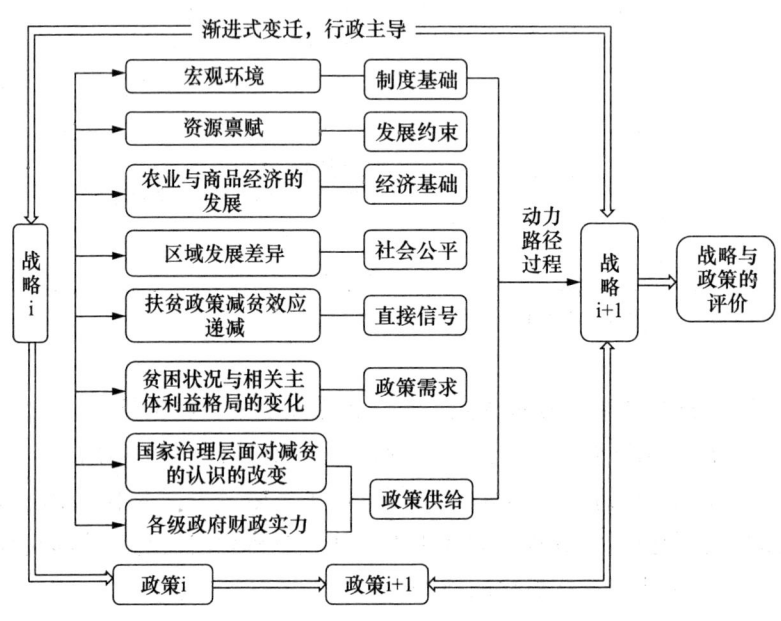

图1-1 本书的理论分析框架

要点如下：

第一，我国扶贫战略与政策变迁以温和、平稳的渐进式变迁为主，其中，行政主导依然是主要特色。第二，政府推动政策创新的意愿或动力，这里主要包括政府对所处政策环境和原有政策价值的判断能力，以及对政策创新成本的承担能力等。第三，新政策实施过程中涉及的动力或阻力，主要是社会大环境下的政治结构、经济因素、意识观念、主体利益格局与政策等多元变量的互动关系。动力和阻力的来源以及对政策实施的影响程度会影响政府的最终决策，从而关系到政策变迁的具体形式和进程。第四，坚持经济增长与社会公平共同决定论。贫困的出现首先表现在人民生活水平上，生活水平的高低与经济发展密切相关；其次，当普遍贫困转变为局部贫困时，收入差距的问题开始凸显，贫困又表现为社会贫富差距的扩大，社会公平受到日益严重的挑战。第五，扶贫政策的实施对象和政策的创新主体的角色转换论。一方面，贫困是一个阶段性的现象，一项有效的扶贫政策的制定和实施的必然表现是贫困人口的减少，进而导致贫困人口的分布、人口特征上的变化；另一方面，作为世界难题的贫困，扶贫必然是一个较长时间内连续性的过程，政策涉及的多项利益主体不可能一成不变，当产权逐渐明晰、经济实力进一步强大、自身利益诉求更加明确时，进行政策创新的动力和实力也会随之增强，使得我国扶贫政策变迁不可能完全是中央供给主导型政策变迁。第六，对扶贫政策变迁过程进行评价。为了方便分析，本书以核心的扶贫政策为主要对象，对重要政策节点的重要性评价主要包括三条标准：一是这一政策节点是否引起了整个政策模式的根本性变化；二是该政策创新的实施是否引起了政策福利效应分配的较大变化；三是该节点引起的政策创新是否得到了较多的社会关注。

二 我国扶贫战略演变

综合前面所述，本研究以改革开放以来我国颁布的重大纲领性的扶贫文件的时间节点作为各个战略阶段的时间节点，具体如表1-2所示。

表1-2　　　　　　　　1978年以来中国扶贫战略

战略	时间	纲领性文件	战略目标
体制改革拉动减贫战略（T1时期）	1978—1983年	—	减缓贫困问题
区域开发扶贫战略（T2时期）	1984—1993年	1984年《关于帮助贫困地区尽快改变面貌的通知》	基本解决贫困人口温饱问题
八七扶贫攻坚战略（T3时期）	1994—2000年	1994年《国家八七扶贫攻坚计划》	全面解决贫困人口温饱问题
全面建设小康社会的综合开发式扶贫战略（T4时期）	2001—2010年	2000年《中国农村扶贫和开发纲要2001—2010年》	解决少数贫困人口温饱问题
全面建成小康社会的大扶贫开发战略（T5时期）	2011年至今	2011年《中国农村扶贫开发纲要（2011—2020年)》	巩固温饱成果、实现全面小康

从表1-2可以看出，我国改革开放以来减贫大概经历了四个主要战略阶段，根据战略与政策的关系，每个阶段战略背景下，国家均出台了一系列配套政策措施（见表1-3），以通过政策措施具体体现该战略的特点和实施进度。那么各个扶贫战略之间的转换机制是什么？或者说我国扶贫战略是如何演变的？这正是本节的主要内容。

表1-3 中国各个扶贫战略中扶贫政策主要措施一览

政策措施	体制改革拉动减贫战略（1978—1983年）	区域开发扶贫战略（1984—1993年）	八七扶贫攻坚战略（1994—2000年）	全面建设小康社会的综合开发式扶贫战略（2001—2010年）	全面建成小康社会的大扶贫开发战略（2011年至今）
产业扶贫	—	●●●	●●	●●	●●●●●
教育扶贫	—	●	●●	●●●●●	●●●●●
科技扶贫	—	●●	●●	●●	●●
控制人口增长	—	●	●●●	●●●	●●●
救灾救济扶贫	—	●	●	●	●
农村基础设施建设	—	●	●●	●●●	●●●●●
医疗卫生扶贫	—	—	●	●●●	●●●
劳动力转移	—	●	●●	●●	●●●
金融扶贫	—	●●	●●	●	●●●
加强文化建设	—	—	●	●	●●
社会保障扶贫	—	—	—	●	●●●
生态扶贫	—	—	●	●	●●●●
旅游扶贫	—	—	—	●	●●●
搬迁扶贫	—	—	●	●	●●●
整村推进	—	—	—	●●	●●●●

续表

政策措施	体制改革拉动减贫战略（1978—1983年）	区域开放扶贫战略（1984—1993年）	八七扶贫攻坚战略（1994—2000年）	全面建设小康社会的综合开发式扶贫战略（2001—2010年）	全面建成小康社会的大扶贫开发战略（2011年至今）
社会帮扶	—	●	●●	●●●	●●●
以工代赈	—	●●	●●	●●	●●●
精准扶贫					●●●●

注：表中的●代表主要减贫措施在每个扶贫战略期间扶贫政策中的出现频率，●越多，表示该减贫措施在对应的扶贫战略期间越受到政府的关注。其中频数1—2标记为●，频数3—4标记为●●，频数5—6标记为●●●，频数7—8标记为●●●●，频数9—10标记为●●●●●，频数11以上标记为●●●●●●。

资料来源：从1978—2016年颁布的83个专门针对农村扶贫的政策中整理得出。

（一）收入差距与贫困标准变迁视角下的扶贫战略演变

根据前面的扶贫战略演变的分析框架，我们基于经济层面的角度，作为扶贫战略变迁的客观现实基础。即从战略变迁的需求出发，运用中国城乡收入差距、农村贫困发生率、农民收入增长率等相关统计数据的时序变化趋势（见图1-2至图1-5）来展现出中国改革开放以来扶贫开发战略的演变规律与其变迁。

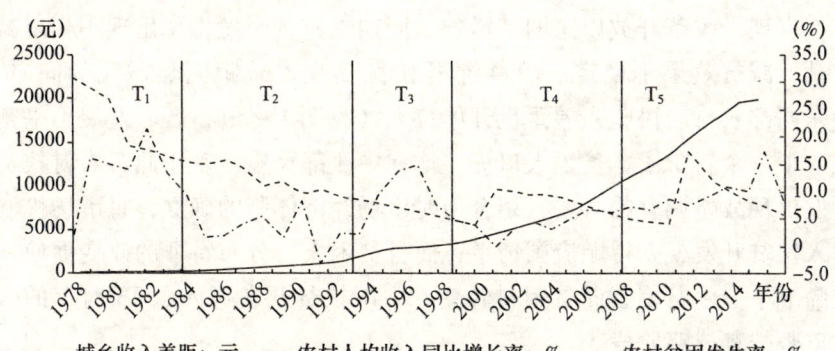

图1-2 中国城乡收入差距、农民人均收入增长率与农村贫困发生率的变化趋势（1978—2014年）

资料来源：根据历年《中国统计年鉴》整理得到。

第一，以改革为基础的减贫战略。图1-2中，在1982年农村居民人均收入同比增长率达到最高，同期1978—1982年农村贫困发生率也大幅下降；随后收入同比增长率开始下降，到1985年降到首个低谷，贫困发生率下降幅度明显减缓，甚至在1986年有所上升。尽管如此，1978—1985年期间城乡居民收入差距并不明显，1986年开始逐渐拉大。按1978年官方农村贫困发生率标准（见图1-4），中国农村贫困发生率从1978年的30.7%下降到1985年的14.8%，这意味着仅仅用了改革开放前7年的实践，中国农村贫困人口就减少一半以上；1978—1985年农村居民人均收入年均增长15.2%（2005年《中国统计年鉴》），而这一时期国家还未出台针对性的扶贫政策。综合来看，这是在农村改革的背景下，农村经济迅速发展是当时农村大部分贫困人口脱贫的主要原因，也是新中国成立以来我国减贫历史上第一次大规模减贫，因此，在1978—1983年期间我国的减贫战略是通过体制实现的。

第二，区域开发扶贫战略。1984年贫困发生率下降开始减缓，一方面是农村改革红利释放到最大，农村经济增长减缓，农民收入增长率开始下降；另一方面城乡居民收入差距开始逐渐拉开，社会公平问题随之而来。农村减贫方式开始创新，中央开始出台专门针对农村减贫的政策，以国定贫困县为单位，辅以经济增长和相关基础设施建设，中国农村减贫进入T2时期区域性开发式扶贫战略阶段。

第三，"八七扶贫开发战略"。1991年农村居民人均收入同比增长首次出现了改革开放以来的负增长，同期农村贫困发生率出现小幅增减波动，减贫效果不稳定；1994年开始城乡收入差距明显增大的同时，中东西部农村居民收入差距也开始拉大（见图1-3），区域发展不平衡进入了一个新阶段，贫困人口更多地在中西部聚集。基于此，农村扶贫开发出现战略调整的必要，结合当时市场经济体制的确立，将市场机制引入扶贫开发就变得顺应国情了；而且贫困人口分布特征的改变促使扶贫瞄准单位由贫困县向贫困村转变。中国扶贫开发进入了T3时期的八七攻坚扶贫战略阶段。

第四，综合开发扶贫战略。1992年农村居民人均收入增长率迅速上升，至1997年达到最高，21世纪初又回到一个低谷，同期农村贫困发生率稳步下降；城乡差距继续扩大的同时，中西部差距也开始出现，即东部地区农民收入最高，中部次之，西部最低，西部地区的绝对贫困开始凸显。随着2000年西部大开发战略的正式实施,中国农村减贫重点区域也随之转向了中西部"老少边穷"地区,紧跟新世纪时代潮流,扶贫开发进入了实行扶贫到村到户,注重贫困群体人力资本投资的集产业、区域和社会政策于一体的T4时期综合开发扶贫战略阶段。

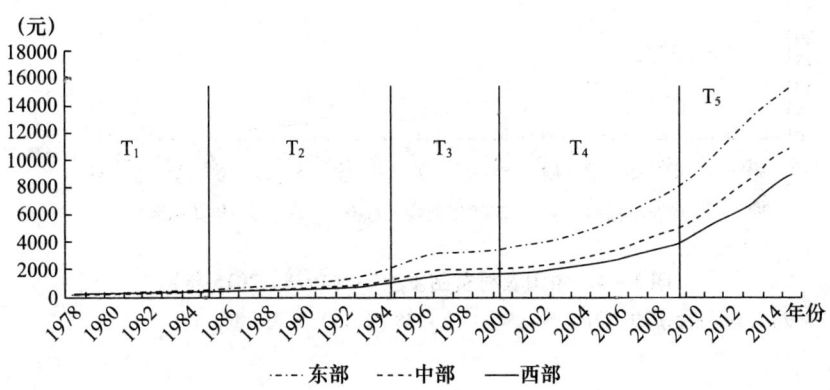

图1-3 中国东中西部农村居民人均收入变化趋势(1978—2014年)
资料来源:根据历年《中国统计年鉴》整理得到。

尽管80年代中期以来国家制定了一系列农村减贫的政策措施,但减贫速度放缓和收入差距增大却是事实。1978—1989年中国农村贫困人口减少了14000万人,而1990—2000年减少了5500万人(CDRF,2007);农村基尼系数从1985年的0.26上升到1999年的0.35,上升了35%[①];相比1978—1985年中国农村居民人均收入15.2%的年增长率,1985—1999年只有4.1%,而且后者的收入增长更多的是来源于农民参加的非农活动所得,并且集中在东部沿海地区。进入21世纪初,国家和社会各界普遍认识到了1978年的贫困标准已经低估了当时中国农村贫困程度,随后国家对农村贫困标准进行了两次调整(见图1-4),一次是2008年制定的农村低收入标准,这个标准更接近世界银行一天1美元的标准;另一次是2010年新确定的农村扶贫标准,也是当前农村扶贫的标准(扣除价格因素)。更具体地看(见图1-5),可以发现我国农村贫困标准是在不断完善的,从最初与国际一天1美元相去

---

① 张东生:《中国居民收入分配年度报告》,中国经济出版社2012年版。

甚远到接近国际标准,最后到现在略微超过国际标准的一天1.25美元,侧面反映了中国农村贫困深度的弱化以及政府对我国贫困认识的深化。

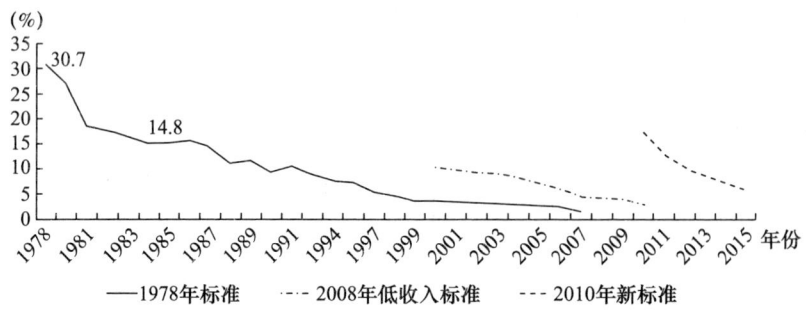

图1-4 中国农村贫困发生率(1978—2015年)

资料来源:根据历年《中国统计年鉴》(1978—2015)整理得到。

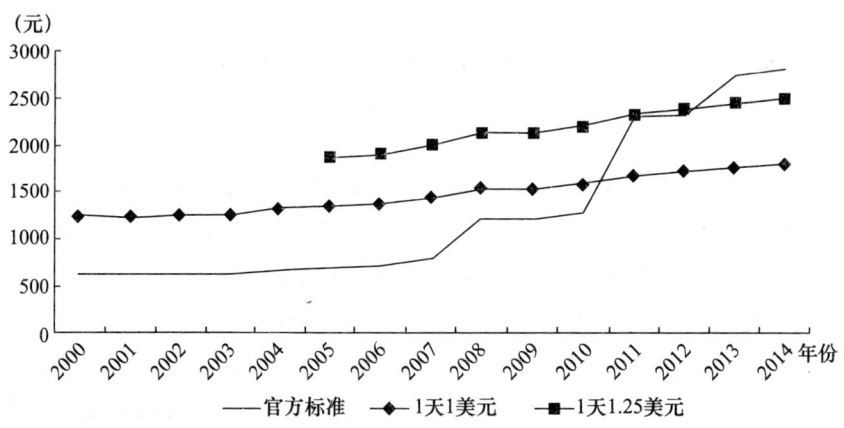

图1-5 我国农村贫困官方标准与国际标准的变化差异(2000—2014年)

资料来源:2000—2011年《中国农村贫困监测报告》。

第五,大扶贫战略。鉴于"八七"减贫目标的实现,我国农村绝对贫困人口只剩下少数部分,减贫目标在消灭绝对贫困的同时,逐渐开始转向相对贫困,因此在2008年重新调整了贫困标准(新标准也称为农村低收入标准),图1-4中2000—2010年的农村贫困发生率即是以2008年贫困标准为基准的。虽然2000—2010年期间农村人均收入稳步增长,但区域差异加速扩大的趋势并没有改变,甚至中部与西部的差距明显拉大，社会公平问题日益显著，我国扶贫开发在致力减少贫困的同时，缩小区域发展差距也刻不容缓。为此，农村社会保障体系的建立与完善、全国14个连片特困区的确立、"一体两翼"扶贫模式以及精准扶贫工作机制相继展开，逐渐形成专项扶贫、行业扶贫、社会扶贫三位一体和政府、市场、社会协同推进的大扶贫开发战略格局。

综上可以发现，经济发展水平是我国农村扶贫开发战略演变的最直接信号和动力，它不仅决定了转变扶贫方式的必要性，也决定了实现转变的可能性。

（二）农民收入结构变迁视角下扶贫战略演变

农村是我国贫困的主战场，处于贫困的农民，最直接的原因就是家庭收入不足以维持基本物质生活。国家出台的一系列扶贫战略和政策的目的就是提高贫困农民的收入，使之摆脱贫困。而收入结构反映的是农民收入的来源和性质。因此，基于农民收入结构的视角对我国减贫战略演变进行分析，有助于我们更好地理解扶贫战略的演变。

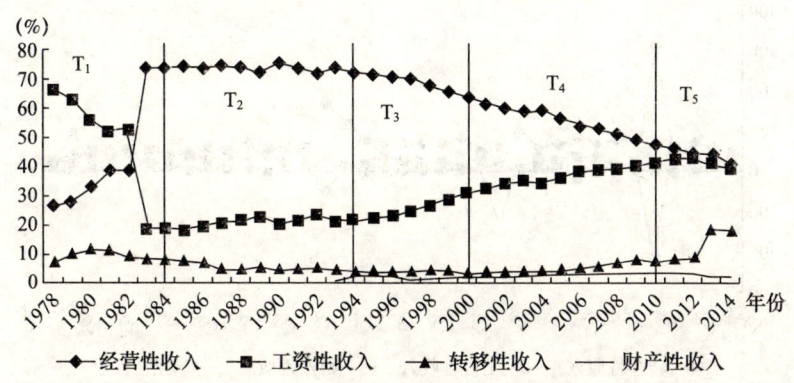

图 1-6 我国农村居民人均收入结构变化（1978—2014 年）

资料来源：根据历年《中国统计年鉴》整理得到。

从图1-6我国农村居民人均收入结构的变化可以发现，1978—2014年间我国农户收入增长的源泉发生了巨大的变化，并且大致可以分为1978—1982年、1983—1993年、1994—2011年以及2012年以后四个阶段。在1982以前，工资性收入比重明显大于家庭经营收入比重，然而，随着家庭经营收入比重呈现渐增和工资性收入比重呈递减趋势，两者差距逐渐缩小,至1983年农民人均收入已经发生了"质"的变化,家庭经营性收入比重从1982年的38.06%上升到73.5%,工资性收入比重从1982年的52.91%下降到18.57%,两者对农民收入的贡献率也出现了大逆转(见图1-7),家庭经营收入开始成为农民收入的最主要来源。其主要原因为:改革初期我国农业主要是农村集体经营,农民收入主要是来源于参加生产队集体劳动获取的劳动报酬;随着改革的不断深入,家庭承包责任制从试点开始慢慢推行,1983年年底,广大农村基本上实行了家庭承包经营为基础、统分结合的双层经营体制,打破了以生产队为单位统一收入分配的"大锅饭"体制,极大地调动了亿万农民生产的积极性,所以农民劳动报酬收入迅速下降,家庭经营收入较快得到提高。结合我国各个战略阶段的时间节点,农村改革释放的巨大红利促进了我国在1978—1983年贫困大幅下降,正是T1时期的体制改革拉动减贫战略。

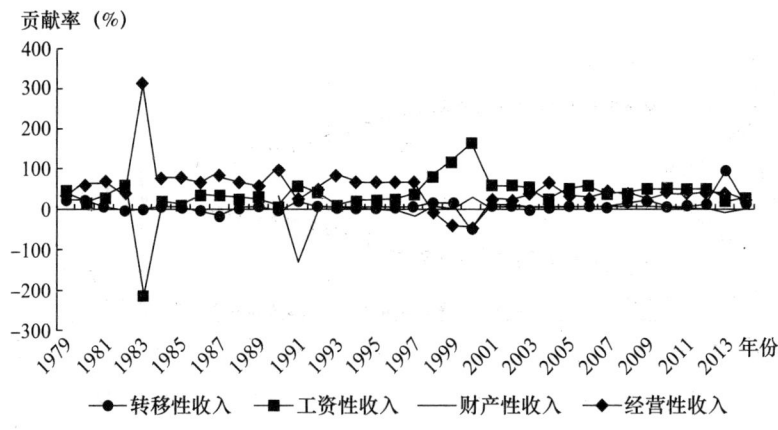

图1-7 我国农村居民收入贡献来源变化(1979—2013年)

资料来源:根据历年《中国统计年鉴》原始数据整理。

1983—1993年期间农民收入结构的变化保持基本相对稳定,家庭性收入为主要收入来源。"靠山吃山,靠水吃水",这一时期国家减贫主要通过以国定贫困县为扶贫政策主要实施对象,着重贫困地区整体经济实力的增长,同时辅以控制贫困地区人口增长、教育扶持和生产生活基础设施建设,提高贫困人口自我积累和自我发展能力的区域开发扶贫战略，以减缓农村贫困。

从1994年开始，农民家庭经营性收入虽然一直保持最主要收入来源地位，但其所占比重开始逐步下降，相应的工资性收入比重则明显增加。在对农民收入贡献率上，1994—1997年，经营性收入的贡献率基本保持不变，而工资性收入的贡献率在缓缓上升；直至1998年经营性收入的贡献率急转直下，在2000年降到最低（-49%），此时工资性收入贡献率上升到一个峰值（167.21%）。这主要是因为：1992年以来，我国市场取向改革进入一个新阶段，城乡二元体制受到很大的冲击，市场化、工业化、城镇化步伐大大加快，农村剩余劳动力大幅向城镇、非农产业转移，农民工资性收入有了较快增长；同时，1997年亚洲金融危机影响了国内农产品的出口，以及1998—2000年间粮食品种的保护价逐年下滑。结合我国农村扶贫战略来看，相对于1989—1991年治理整顿和全面紧缩的经济环境，1994—2000年实行的"八七"扶贫攻坚战略正是在已经建立起市场机制的宏观经济形势下，使得乡镇企业在国民经济中的支柱性地位和作为中国工业中小企业的主体地位得以确立；同时，"八七"扶贫攻坚战略期间新增了贫困地区劳务输出和异地扶贫搬迁等新措施，进一步加速了农村剩余劳动力的流动，相应地提高了农民工资性收入。

2001—2010年的综合扶贫开发战略期间，农民家庭经营性收入比重仍旧持续下降，工资性收入比重持续上升，直到2012年两者重合；同时，两者对农民收入增长的贡献率波动较为稳定。然而，对比图1-8中1998—2010年国定贫困县农民人均收入结构变化可以发现，国定贫困县中农民收入结构的变化是更为温和的，即使是到了2010年，家庭性收入比重和工资性收入比重仍有较大差距。这说明，我国贫困地区农民享受到市场化、工业化、城镇化改革的红利很有限。因此，要解决"八七"扶贫攻坚计划完成后剩余的3000多万农村人口的绝对贫困问题，21世纪的扶贫通过加大政府扶贫资金投入和强调人力资本的投资，将扶贫开发项目与整村推进结合，以及产业扶贫、劳动力输出培训和自愿移民搬迁三结合，建立和完善农村社会保障体系，形成贫困者参与式扶贫、以村为基本单位的集产业、区域和社会政策于一体的综合开发扶贫。

2011年开始，农民家庭性和工资性收入比重有下降趋势，而转移性收入比重明显上升，表明在再次分配中处于弱势地位的农民逐渐得到了重视。加上我国经济开始进入新常态时期，农村扶贫进入攻坚期。因此，在对贫困片区和离散贫困人口进行一系列开发式扶贫的同时，继续做好农村最低生活保障、农村合作医疗和农村养老保险等社会保障制度与扶贫政策有效衔接，逐渐形成了我国扶贫开发以政府主导型、市场导向型和社会参与型三种扶贫机制的多元协同的大扶贫格局。

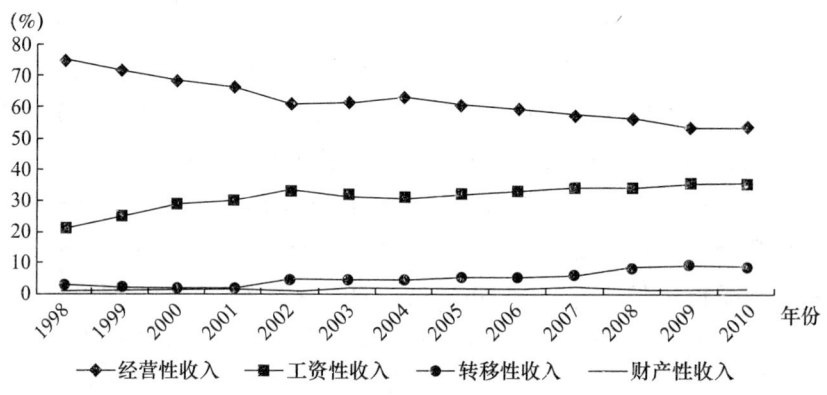

图1-8　国定贫困县农民人均收入结构变化（1998—2010年）

资料来源：2000—2011年《中国农村贫困监测报告》。

（三）贫困分布空间的变迁视角下扶贫战略演变

贫困状况的变化是扶贫开发战略与政策制定最重要的参考依据之一，是战略创新需求的直接动力。从20世纪80年代中期开始至90年代末，中国农村扶贫开发是以贫困县为单元的区域瞄准战略。这一方面是因为20世纪我国贫困分布较广泛，特别是在70年代末80年代初是全国性贫困；另一方面是我国贫困主要集中在农村（农村人口占全国人口80%以上），且各地区贫困发生率差异较大。

直到2001年开始，扶贫开发瞄准战略由贫困县转向贫困村和贫困户为主，并辅以连片特困地区（主要分布在中西部），扶贫重点区域也转向了中西部地区。那么这种转变是否真的符合中国实际呢？从21世纪前十年中国三大地带的贫困人口分布的变化情况来看（见图1-9），1998年我国贫困人口的东中西部分布中，贫困人口主要分布在中西部，其中西部贫困人口占了全国近一半（48.2%）。进入21世纪后，三大地带的贫困人口分布发生了较为明显的变化,虽仍以中西部分布为主,但 2005 年西部贫困人口占比达到了近 60%,比 1998 年增加了 11 个百分点;中部占比 32.3%,比 1998 年低了 4.7 个百分点;东部则比 1998 年降低了 6.3 个百分点,即西部贫困人口占全国比重在增加,东中部在减少,且这个变化趋势进一步持续。到 2010 年,中西部占比高达 95.4%,仅西部就占 65.1%,东部地区贫困人口已不足 5%。因此,国家扶贫开发重点区域转向中西部,特别是西部地区,并且大力推进中西部扶贫,这应是进入 21 世纪后中国扶贫开发战略进行调整的重要内容之一。

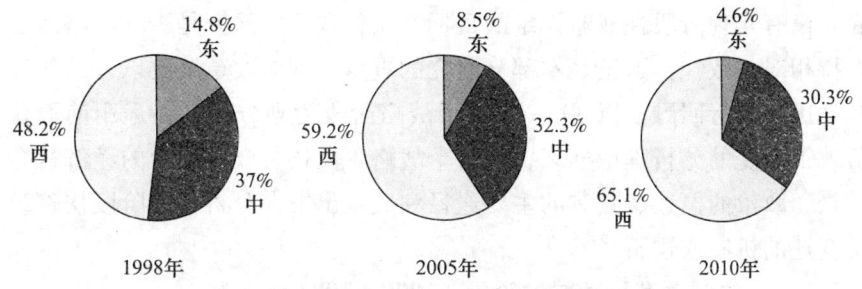

图 1-9　东中西部贫困人口占全国总贫困人口比重

资料来源:《中国农村贫困监测报告》(2000—2011)。

2010 年因重新调整了贫困标准,我国农村贫困分布发生了变化,2008 年在旧的贫困标准下,我国农村贫困程度大幅下降,贫困发生率超过 10% 的省份从大到小依次是甘肃、贵州、云南、青海、西藏和陕西。而在 2010 年新标准下,各省份贫困发生率明显提高,贵州、西藏、新疆、青海、甘肃、云南 6 省贫困发生率超过 30%,东部沿海地区最低;2014 年全国贫困发生率大幅下降,贫困程度严重的地区尤以西部为主。因此,无论贫困标准是否改变,我国贫困发生率相对严重的主要区域是基本不变的,这进一步肯定了我国当前以中西部为扶贫重点区域的扶贫战略的合理性。

三 我国扶贫政策变迁

改革开放三十多年以来虽然扶贫开发取得了显著的减贫成效，但是随着扶贫工作的推进，扶贫工作变得更为复杂，减贫的速度在逐渐递减，政策实施中不断出现的问题使得进一步探讨扶贫政策具有现实性。从表1-3可知，我国扶贫战略与扶贫政策是具有时间连贯性的，特别是扶贫政策措施呈现出种类和数量都在增多的趋势。一般说来"政策跟着战略走"，那么我国扶贫政策到底是不是扶贫战略的具体体现？到底有没有实现阶段性战略设定的目标？扶贫政策的演变是否与战略演变保持相对一致性？这正是本部分研究的重点。即对改革开放以来的扶贫开发历程进行回顾，以T1—T5五个战略阶段为划分标准，运用前面扶贫政策演变的分析理论框架，从每个战略阶段扶贫政策出台的经济社会背景、政策的概述、减贫的主要途径和成就出发，分析各个阶段扶贫政策变迁的机制或逻辑。

（一）体制改革拉动减贫阶段：1978—1983年

1. 改革开放前的经济社会背景及扶贫

经济发展方面，1978年以前我国实行的是高度集中的政府控制性计划经济体制，整个经济总体发展战略是属于均衡发展战略时期，发展要快，以优先发展重工业为主，农业和轻工业主要为重工业发展服务。总体上，以GDP计算，1966—1978年，这一时期中国经济平均年增长率为5.0%，1978年中国GDP总额占世界比重由1966年的6%下降至5%；农村经济发展以人民公社化生产为主，土地和生产资料为集体所有，忽视个人利益，导致农民生产积极性不高，土地产出率低的现象，1973—1977年五年间，农村粮食单位面积产量（公斤/公顷）的增长率为7%，远远低于后五年（1978—1982年）的增长率（23.7%）。第一产业增加值在1975—1977年甚至出现了逐年下降的现象。

社会公平方面，改革开放以前我国实行的是分配平等原则，即在农村实行在生产队内部实行统一的凭所得工分抵口粮后计账的制度；城市实行中央统一确定的级别工资制，至1978年经济转型前，工资之外收入基本没有。因此在社会公平方面，这样的分配制度保障了城市和农村内部的收入平等。

贫困方面，我国的贫困现象一直以来都是以农村贫困为主。在1978年，农村贫困人口达到2.5亿，占当时全国农村总人口的30%左右。从多方面致贫原因看，导致这一阶段大面积贫困的主要原因是人民公社的集体制不适应农村生产力的发展。扶贫资源主要由政府配置，当时的扶贫主要是自上而下的民政救济，主要表现在农村为弱势群体提供实物、衣服、住处、医疗、教育和丧葬的"五保"救济，建立起了有普遍覆盖性的、以人民公社制度下的集体经济为依托的救济式农村社会保障体系。

2. 农村改革的兴起

基于当时的国情，中央政府在进一步认识国家发展的规律上，拨乱反正，明辨是非；解放思想，实事求是，大胆改革，1978年党的十一届三中全会召开，重新确立马克思主义的思想路线、政治路线和组织路线，做出了把工作重点转移到经济建设上来的战略决策，实现了历史性的伟大转折。自此我国开始进入了以经济发展为中心，向市场经济体制过渡的时代。并决定集中主要精力于农业发展，在调整国民经济的基础上，采取一系列解放和发展农村生产力的经济政策，推动了农村经济的迅速恢复和发展。1978年开始的中国改革首先突破于农村，主要包括农业经营体制、乡镇企业改革和农村金融改革。

（1）农业经营体制改革是核心

当时的农业经济体制改革主要表现在土地产权制度、农产品价格、分配制度改革等方面，其中最具代表性的是以农地产权制度改革这个核心实行的家庭联产承包责任制。这项最早由1978年安徽省凤阳县小岗村农民和基层干部自主发起，经十一届三中全会推动，逐渐在中国广大农村实施的农业变革，打破了农业生产的僵局，使得农民有了自己的土地，自主经营，自负盈亏，极大地提高了农民生产积极性，在最初几年里释放了巨大能量，农业发展取得了显著进步，农民生活水平极大提高，1984年，中国粮食总量达到历史最高水平。与此同时，以市场化为导向的农产品交易制度也随着改革，放宽了农产品购销政策，提高农产品收购价格，农产品市场逐步解禁。加上允许一部分人先富起来的农村分配制度的改革，推动了农民收入水平的明显提升，增强了农民从事农业生产的自身实力。

(2) 乡镇企业发展和相应制度创新是农村发展的一大助力

我国乡镇企业的发展,最先是起源于人民公社时期的"队社企业"。原来的队社企业由集体所有、集体经营,在家庭承包制实施后,大量的基层干部冗余,其中有一部分把注意力转向了"社队企业",发挥出其相对优势,提出承包"社队企业",逐渐成了自主经营的乡镇企业。而另一部分成了乡镇企业工人的农民,在获得客观收益后,是不可能反对这项改革的。邓小平说过:"农村改革中,我们完全没有预料到的最大收获,就是乡镇企业发展起来了。"① 可见,当时乡镇企业的发展是受到全国上下极大肯定的。这一阶段,中央政府频频发文,大力推动乡镇企业的发展,并积极鼓励农村剩余劳动力向乡镇企业转移,不仅提供了发展的宽松环境,也为农民收入增加提供了制度基础。

(3) 农村金融改革

1979年2月,国务院发布了《关于恢复农业银行的通知》是改革开放后农村金融体制改革的起点。恢复后的农业银行提出要大力支持农村商品生产的指导方针,贷款对象也由原来的集体为主转变为以农户为主,并且开始农业银行和农村信用社"企业化经营"的转变。从20世纪70年代开始,农村信用社对农村的贷款余额持续小于农村的存款余额,80年代农村信用社的农户贷款不到其农户存款额的30%②。国务院1981年批转的《中国农业银行关于农村借贷问题的报告》中,肯定了民间借贷的作用,并于1984年中央1号文件"允许农民和集体的资金自由的或有组织的流动",农村金融改革,促进了农村经济发展和贫困缓解。

(4) 农村教育改革

"六五"计划(1981—1985年)期间,国家财政支出中的教育、科研经费已经增加60%以上,并实施了"星火计划",对广大农村、山区和边远地区用示范的方式开发和扩散先进而实用的科学技术,促进这些地方的经济社会发展进入依靠科学技术的轨道,产生最佳的经济效益、生态效益、社会效益。这五年间,全国各级科协等组织对农村八万多青年进行了实用技术培训。全国已成立了四万多个乡镇科普协会,六万个

---

① 黄少安:《中国经济制度变迁的事实对"制度变迁主体角色转换假说"的证实》,《浙江社会科学》1999年第1期,第17页。

② 何广文:《合作金融组织的制度性绩效探析》,《中国农村经济》1999年第2期,第40页。

农业技术研究会，初步形成了有一定规模的、专家与群众结合的科学普及队伍。国务院还决定开始普及九年制义务教育，并推行教育体制改革①。

3. 减缓贫困的主要成就

1978—1983年我国并没有专门针对扶贫的公共政策，这一阶段政府出台的一系列政策都是主要对中国经济体制改革，主要是农村改革内容的体现。拥有近1/3贫困人口的中国农村经济在农村经济体制改革所释放出的巨大能量同新中国成立三十多年以来农村发展积累的农业基础设施和农业资源相结合下，短时间内极大地推动了中国经济社会的发展，提高了农民的收入，显著且迅速地缓解了当时中国的贫困状况。从数字上看，农业增长速度在1981年至1983年间分别达到5.8%、11.3%、7.8%，接近甚至超过社会总产值的增长速度。中国的绝对贫困人口数量从1978年的2.5亿减少到1983年的1.35亿人②，贫困发生率从30.7%下降到16.2%，很大程度上解决了长期困扰中国人民的温饱问题，使我国的普遍贫困转变为局部贫困。

4. 减缓贫困方式的变迁逻辑分析

从制度变迁理论上分析，我国1978年的改革开放是一个"历史否决点"，1978年前后的经济发展体制可以说是激进性制度变迁。中国农村之所以首先成为中国制度变迁的突破点，从制度经济学分析视角上看，主要是因为：第一，旧体制（人民公社形式的集体经济）对农民而言没有什么既得的直接利益，因此农民对旧体制的依赖程度低，相应地对旧体制创新的成本（阻碍）较低；第二，农民是在旧体制中受压抑最重的利益主体，在成本—收益对比下，作为农业经营利益主体的农民追求体制变更的冲动更为强烈，在生存压力下甘愿冒风险③。安徽省凤阳县小岗村由农民自主发起的"包产到户责任制"就是一个最突出的代表性例子，即农民受利益（因制度不均衡而产生，且当时遇天灾，农民面临饥饿的生存危险）的诱惑，而自发地（当时还是完全非法）展开了承包制。

---

① 何燕凌：《中国贫困的原因和发展战略的转变》，《中国社会科学》1988年第3期，第124页。

② 世界银行：《中国90年代的扶贫战略》，中国财政经济出版社1993年版，第1页。

③ 蔡昉：《中国农村改革三十年——制度经济学分析》，《中国社会科学》2008年第6期，第99—100页。

贫困人口脱贫的直接表现是生活水平的提高，从农村来看，即是收入水平和人均粮食占有量提高到维持温饱水平以上。改革开放初的中国贫困是全国农村的普遍性贫困，全国经济发展水平（特别是农村经济发展水平）不足以维持当时9.6亿人口基本生存和发展。在国家开始实施改革开放的大背景下，农村经济改革应运而生。赤贫与低收入的农村人口在一系列改革下，成为自主生产、商品化经营的独立个体，以及参与乡镇企业的发展下，农村家庭收支逐渐出现了盈余，家庭性存款增加（见图1-11）。随着农村金融支农政策的放宽与创新，积累的农业存款反过来又为乡镇企业发展融资提供了良好的渠道，从而进一步地发展壮大，为当地农民增加更多的就业机会。

因此，从这一逻辑来讲，该阶段的减贫的主要贡献在于农民的自我发展，在体制改革的红利下，依靠自己的努力劳动实现了脱贫。此时，制度发挥了经济增长最明显的内生推动作用，即包产到户的家庭联产承包责任制为中心的全国农村改革是T1时期中国农村贫困人口大幅下降的主要原因，这一时期虽没有农村减贫的针对性政策（仍旧以部分物质救济为主），但中国农村减贫仍旧进入了一个新的阶段，也奠定了下一阶段减缓局部性贫困的经济基础和制度基础。

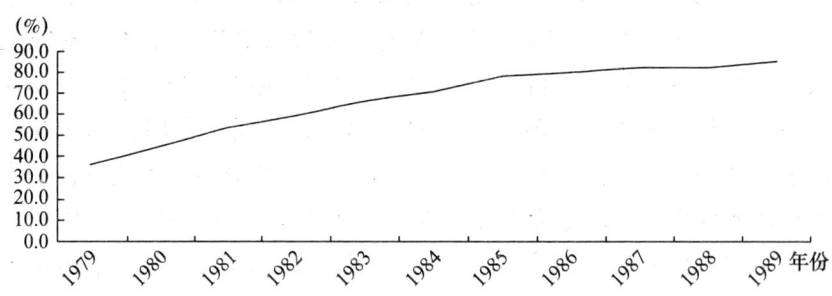

图1-11　1979—1989年信用社各项存款中农户储蓄存款占比

资料来源：《中国农业银行统计年鉴》（1979—1989年）。

（二）区域开发式扶贫阶段：1984—1993年

1. 扶贫政策出台的经济社会背景

国家经济实力方面。1984年我国GDP达到7208.1亿元，是1978年3645.2亿元的1.98倍；中央财政收入从1978年的175.8亿元增加到1984年的665.47亿元,增加了近两倍。国家的综合实力得到了一定的积累。在制度创新和政策创新成本上有一定的承受力。

农村发展方面。我国农业自1978年开始增长,在达到高峰之后曾出现徘徊不前的状态。这主要是因为1984年家庭承包制基本在全国推行完毕后,农村经济增长失去了一个主要的推动力,农业由增长转向停滞。具体来讲就是,农村家庭承包制制约农村经济实现规模经营的弊端或主要矛盾逐渐显现出来:一方面为了激励农民进行长期投入,土地承包数量的稳定性必须得到保证;另一方面,农村家庭人口结构的变化和产业化发展方式要求土地具有流动性[①]。

贫困状况方面。1984年我国农村贫困人口为1.28亿,几乎是1978年的一半,中国贫困由普遍性转向局部性,绝对贫困人口大幅度减少,自然、历史等多种致贫因素逐渐显现,贫困人口的分布主要聚集在自然条件恶劣的"老少边穷"地区。这些地区的人口参与到经济发展的能力较弱,总体发展相对滞后,因此在前期减贫取得的效果相对于中东部沿海或平原地区明显较弱。据1988年国家统计局的研究,老区、边远山区和少数民族地区的贫困发生率分别达到了11.7%、21.3%、13.1%,贫困人口总计占全国的74.8%。

2. 作为正式制度的扶贫政策出台

1984年,针对当时全国农村贫困的具体情况,经过前一阶段的减贫成效分析,体会到经济发展对拉动脱贫有重大作用后,从中国改革开放、政治稳定、民族团结、社会安定和国民经济的长期均衡发展的主旨出发,我国政府对缓解贫困做出了一系列重大的决策:1984年9月中共中央、国务院联合发布了《关于帮助贫困地区尽快改变面貌的通知》(以下简称《通知》),要求各级政府予以高度重视,采取积极态度和有效措施,在贫困地区农业发展、乡镇企业发展、农村教育和基础设施等方面给予政策倾向性扶持。该《通知》第一次把扶贫当作国家的一项工作任务提出来,确立了开发式扶贫的战略方针,标志着我国扶贫开发模式的根本性转变。1986年3月全国六届人大四次会议首次正式将帮助"老少边穷"地区改变落后经济和文化作为一项重要内容列入国家

---

① 黄少安:《关于制度变迁的三个假说及其验证》,《中国社会科学》2000年第4期,第39—40页。

五年发展规划——《国民经济与社会发展"七五"计划》,并在同年成立了扶贫专门机构——"国务院贫困地区经济开发领导小组"(后在1993年更名为"国务院扶贫开发领导小组"),并首次划定了258个国家级贫困县。随后1987年《关于加强贫困地区经济开发工作的通知》和1991年《关于"八五"期间扶贫开发工作部署的报告》的相继出台,进一步创新了扶贫方式,新增了"以工代赈"新模式,初步建立起了我国扶贫开发政策体系。

3. 减缓贫困的主要途径和成就

自1984年第一个扶贫政策出台,我国扶贫开发列入了一项有组织、有计划的政府工作任务中,进入了开发式扶贫时期。以国定贫困县为扶贫政策主要实施对象,着重贫困地区整体经济实力的增长,同时辅以控制贫困地区人口增长、教育扶持和生产生活基础设施建设,提高贫困人口自我积累和自我发展能力,以减缓农村贫困。农村贫困发生率从1984年的15.1%下降到1992年的8.8%,减少了4800万贫困人口。国定贫困县中不通公路乡镇率和不通电率显著降低,前者从1989年的16.6%下降到1994年的2.5%,后者则从22.2%下降到14.4%。

4. 扶贫政策的变迁逻辑分析

如果说1978年的改革开放是中国经济体制的根本性变革的开始,1984年第一项扶贫政策确立开始的开发式扶贫则是我国扶贫开发的"历史否决点"。那么1984—1993年扶贫政策体系初步形成的制度逻辑是什么呢?首先,毫无疑问的是政府(这里主要指中央政府)是扶贫政策的创新主体,既是政策的供给者,也是政策的推广者。这里不仅仅是政策创新成本在政府的承受能力范围,更重要的是政府对我国贫困变化和反贫困任务的认识进一步加深,认识到了扶贫开发方式转变的迫切性。其次,在1982—1986年连续发布了关于"三农"的五个中央一号文件上,在中国农村改革史上成为专有名词,即"五个一号文件",对基层农业技术推广、农村教育事业发展、农村金融规范化、劳动力就地转移就业,以及对农村各类基础设施和各种文化卫生设施建设的多元化投资体系改革进行了重点部署①,为进一步改善农业生产经营方式和农

---

① 李燕凌:《县乡政府农村公共产品供给政策演变及其效果》,《农业经济问题》2014年第11期,第46页。

民生活水平提供了足够的政策支持，也为专门针对贫困地区贫困人民的扶贫政策出台提供了制度基础。再次，当面对全国农民的农村改革的红利释放到最大的能量之后，农业增长速度逐渐减缓下来，农民（特别是贫困地区的农民）从中获得的福利越来越有限，我国农村发展不平衡的问题初见端倪，相对于不断提高的全国农民人均纯收入的平均值，低收入群体的偏离程度开始拉大，贫困与社会公平的矛盾开始进入人们的视线，这也为扶贫政策出台提供了一个群众基础。最后，全国贫困状况的客观变化是变迁扶贫方式的首要信号，也是制定正式扶贫政策的直接依据。

作为可以代表正式制度的扶贫政策体系的初步形成，这一阶段是我国政府职能的明显转变，即从道义性扶贫向责任性扶贫转变，同时这也是我国扶贫开发战略与扶贫政策正式开始的阶段，从上面减贫政策内容上表现的减贫途径可以看出，T2时期我国实行的是区域经济发展带动减贫的开发式扶贫战略阶段。这为下一阶段的扶贫政策创新和发展提供了一个良好的开端和总的发展方向。

（三）八七扶贫攻坚阶段：1994—2000年

1. 阶段政策演变的社会背景

国家综合实力方面。1994年我国GDP达到48197.9亿元，是1984年（7208.1亿元）的6.69倍，中央财政收入从1984年的665.47亿元增加到1994年的2906.5亿元，增加了3.37倍。相比前一阶段，我国经济实力和中央财政实力都有了飞速提高。

宏观经济制度环境方面。我国宏观经济体制改革自1984年10月，中共十二届三中全会通过了《中共中央关于经济体制改革的决定》，确立了在公有制基础上的"有计划的商品经济"开始，经1989年通过"坚决贯彻治理整顿和深化改革的方针"，将经济工作重点从着重经济快速增长转变为稳定经济的发展上来，中国经济进入了治理整顿期，与此同时，1989—1991年间乡镇企业的政策环境发生了较大变化，甚至出现了政策歧视。东欧剧变后，党内和一部分干部群众中一度出现了对党和国家改革开放政策的模糊认识。为此，1992年春天，中国改革开放的总设计师邓小平视察南方谈话，再一次肯定了解放生产力和发展才是硬道理，对改革开放重新赋予了新的时代内涵，开启了中国改革开放和现代化建设的崭新篇章。在1993年11月，中共十四届三中全会通过《中共中央关于建立社会主义市场经济体制若干问题的决定》，正式确定了建立社会主义市场经济体制的框架。从此，我国正式进入了中国特色社会主义市场经济时代。

农村发展方面。自1982年党的十二大以来，我国农村生产围绕提高经济效益这个主题，制定和调整了一系列农村经济政策，取得了很大的成效。据国家统计局统计，1989年农村居民纯收入为601.51元，农村供需失衡的矛盾趋于缓解。1990年农村居民家庭人均纯收入为686.31元，农业全面丰收，整个国民经济出现回升的好势头①。1991年，十三届八中全会通过了《中共中央关于进一步加强农业和农村工作的决定》，规定将实行以家庭联产承包为主的责任制，建立统分结合的双层经营体制，作为党在农村的基本政策之一，并经十四大、十四届三中全会肯定，将其作为全国农村的一项基本经济制度。然而，随着市场经济水平的逐渐提高，承包制农业经营的抵御自然风险和市场风险能力脆弱性显现出来，农产品的"买难""卖难"情况在不同地域、不同时间交替、反复地出现。为此，1993年开始，一些农村地区先后创立并兴起了主要以龙头企业为法人代表的产业化组织，代表着先进理念、技术、管理和先进生产力。

中国农村贫困与减贫方面。20世纪80年代以后的区域经济发展带动减贫战略解决了大部分农村贫困人口。1993年农村贫困人口从1984年的1.28亿下降到8000万，减少了37.5%，年均减少533万人，贫困发生率从15.1%下降到8.8%。贫困程度大大减轻的同时，贫困人口特征发生了很大变化，农村制度引起的贫困逐渐减少了。首先，表现为两类贫困人口：一类是西南大石山区（缺土）、西北黄土高原区（缺水）、秦巴贫困山区（土地落差大、水土流失严重）、青藏高寒山区（积温严重不足）等自然条件恶劣、基础设施薄弱和社会发展落后地区的区域性贫困；另一类则是分布在非贫困地区的离散型贫困人口。其次，80年代中期以来的区域性减贫项目主要侧重农村基础设施和工业项目，以经济增长率为主要目标，忽视公平标准，那些在获得项目投资等扶贫资源上，因贫困人口的居住区位、信息获得、观念开放、健康状况、文化程度、劳动技能和经营能力方面的相对弱势，以及扶贫机构对项目成功

---

① 胡映兰：《新时期党的农村经济政策演变研究》，博士学位论文，湖南师范大学，2004年，第98页。

的期望，导致了贫困县中的非贫困群体往往比贫困群体有更大的发言权和优先获得扶贫项目投资，贫困地区内部经济差异拉大了。再次，一方面区域性开发扶贫"富县不富民"的弊端逐渐显现，贫困县内部收入差距拉大；另一方面以国定贫困县为扶贫单元的战略注定不可能覆盖全部贫困人口，非贫困县中贫困现象日益严重，据2000年《中国农村贫困监测报告》统计，1986年大约70%的贫困户分布在国定贫困县。对广东、广西、云南和贵州四省的统计表明，在80年代末有一半左右的贫困人口不住在贫困县。到1998年，贫困县的贫困人口估计只占全国贫困人口的一半。最后，国家实行非均衡发展战略大背景下，侧重于东部省份经济优先发展以及承包制以来，西部农村地方政府的制度供给明显落后于中国农村经济发展水平，导致东部和中西部的发展差距在拉大。到1994年重新调整了贫困县标准后，中西部贫困县占了全国贫困县的82%、贫困人口数占全国贫困人口的80.3%。

2. 扶贫政策的概述

1994年国家召开的第一次全国扶贫开发会议上，国务院制定并出台了今后7年的全国扶贫开发工作的纲领性文件——《国家八七扶贫攻坚计划》，这是我国第一个有具体行动纲领和目标的扶贫政策，是中国进入扶贫攻坚阶段的标志。"八七"的含义是，1994年到2000年期间，国家集中人力、物力和财力，动员社会各界力量，力争用7年左右时间，到2000年年底基本解决农村8000万贫困人口的温饱问题。还规定这7年里每年再增加10亿元以工代赈资金和10亿元扶贫专项贴息贷款，并且调整国家扶贫资金投放的地区结构，扶贫项目注重社会效益，把效益落实到贫困户。新增了贫困地区贫困人口的医疗卫生和文化建设两大类扶贫措施。1996年中共中央、国务院通过了《中共中央国务院关于尽快解决农村贫困人口温饱问题的决定》，进一步完善了该时期的扶贫工作要求，明确了扶贫到户战略，继续增加扶贫投入。中央的各类专项扶贫资金要全部用于国定贫困县。同时，为了支持中西部贫困地区开发，要求国务院各部门在实施"九五"计划时，要和《国家八七扶贫攻坚计划》的实施相衔接。在1999年，《中共中央国务院关于进一步加强扶贫开发工作的决定》发布，提出了1999—2000年扶贫攻坚的基本目标和主要任务，指出坚持扶贫到村到户是夺取扶贫攻坚全胜的关键，在大力发展种养业的同时，继续有计划、有组织地搞劳务输出。在

2000年底坚决完成"八七"扶贫攻坚任务。

3. 减缓贫困的主要途径和成就

从前面的扶贫政策概述中可以看出,1994—2000年我国扶贫开发采取扶贫目标双管齐下的战略,即同时抓边缘区域型和目标型贫困,前者仍以改善区域经济发展环境、提高区域发展能力和农民生活水平为主;后者则直面贫困户,采取有针对性的扶贫措施,缩小区域内部经济差距。后期确立实施扶贫到村战略,即使未在国定贫困县范围内的贫困村、贫困户,地方政府也要安排扶贫资金的投放。在扶贫项目上,依托贫困地区资源优势,将有助于直接解决群众温饱问题的"种养加"作为扶贫开发重点。在中央和地方政府的扶贫开发基础上,动员全社会力量参与到扶贫过程中。这一阶段主要的扶贫方式如表1-4所示。

表1-4　　　　　　　1994—2000年的主要扶贫方式或措施

扶贫方式		起始年	投入或成效	管理机构
以工代赈		1984	资金总投入286.25亿元	国家计委
科技扶贫		1986	扶贫专款7000万元,星火计划扶贫贷款4亿元	国家计委
机关定点扶贫		1987	1995年直接投入9.47亿元,引进资金9.9亿元	中央、国家机关、企事业单位
横向联合与对口帮扶	乡镇企业东西合作	1995	1996—1999年间东部13个省市政府和社会各界累计捐赠钱物10亿多元,签订协议项目2600多个,实际投资近40亿元	国务院有关省(区)政府
	发达地区对口帮扶贫困地区	1996		
社会公益扶贫	光彩事业	1994	总投资27.35亿元	中共中央统战部和全国工商联
	幸福工程	1995	募捐2000多万元	幸福工程组委会
劳务输出		1994	1994—1995年输出劳动力2500万人	劳动部门
异地搬迁移民		1994	解决近百万人温饱	有关地方政府

续表

扶贫方式		起始年	投入或成效	管理机构
国际合作（世界银行贷款）	西南项目	1995	投资42.3亿元，其中世界银行贷款2.47亿元	中国政府
	秦巴项目	1997	投资33.2亿元，其中世界银行贷款2亿元	

资料来源：刘慧：《我国扶贫政策演变及其实施效果》，《地理科学进展》1998年第12期。

在"八七计划"实施的进程中，据国家统计局统计，按照官方贫困线标准，在这一扶贫阶段，农村尚未解决的贫困人口从8000万减少到3209万，农村贫困发生率从7.7%下降到3.5%。从统计数据来看，到2000年年底，国家"八七扶贫攻坚计划"扶贫攻坚目标基本达成。

4. 扶贫政策创新的制度逻辑

这一时期的扶贫政策创新仍旧以中央政府主导供给为主。主要是因为这一阶段的扶贫政策中最明显的制度基础是市场机制，即将市场机制与国家扶贫开发接轨，试图将扶贫资源通过市场方式介入，形成以政府为主，多方参与，扶贫与开发并重的格局。在社会主义市场经济体制大背景下，针对贫困地区内部收入差距的拉大，实行扶贫目标双管齐下，将扶贫政策与资金扶持同贫困地区的优势资源与市场有效结合起来，依靠科技进步，打破地域和行政的封闭格局，促进贫困地区的资源开发、生产力进步和市场化经济发展，提高贫困人口的自我发展能力，增加人均收入。从广义的制度变迁视角上看，扶贫政策的设计具有一个如何降低减贫的交易成本问题，引入市场机制和改善贫困地区基础设施，能够直接打破贫困地区内部之间以及同外部的信息和物质的交流，从而降低对内和对外的交易成本，促进贫困地区经济发展，使贫困户尽可能地实现自身利益的良性循环（这也是中国减贫战略选择的根本立足点）[①]。

从贫困性质上看，1994年的8000万农村贫困人口的实质仍是绝对性贫困，距离21世纪只有7年时间，政府在认识到了农业经营承包制的弊端和贫困人口特征变化后，在继续加强和完善家庭联产承包责任制

---

① 艾路明：《中国的反贫困战略和小额贷款的扶贫实践》，《中南财经大学学报》1990年第5期，第46页。

的基础上，进一步加强农产品流通、加速农业产业化进程，扶贫落实到村。"八七"扶贫攻坚目标是解决贫困人口的温饱问题，因此在扶贫项目上，贫困地区生产项目投资以种养业为主。可以说，1994—2000年的扶贫政策与前一阶段的政策在实质上并没有根本性改变，都属于开发式扶贫，这一时期的政策创新是扶贫战略在新时代背景下的微调，在如期实现了阶段性目标后，该阶段是中国20世纪末扶贫攻坚战略阶段，也是20世纪新中国成立以来中国反贫困工作的结束阶段，是新世纪扶贫开发的过渡。

（四）综合扶贫开发阶段：2001—2010年

1. 新世纪政策创新的社会背景

国家综合实力方面。2000年我国GDP总值达99214.6亿元，是1994年（48197.9亿元）的2.06倍；中央财政收入6989.2亿元，是1994年（2906.5亿元）的2.4倍；地方财政6406.1亿元。相比前一阶段，各项指标增速有所减缓，总量在提升。

国家宏观制度环境方面。在改革开放大背景下，1994年医疗、住房市场化改革施行；探索建立产权明晰的现代企业制度。在1995年中共十四届五中全会通过了《中共中央关于制定国民经济和社会发展"九五"计划和2010年远景目标的建议》，提出了两个根本性转变，经济体制从传统的计划经济体制向社会主义市场经济体制转变、经济增长方式从粗放型向集约型转变，确立了经济发展总方向。1995年和1996年继续实行财政和货币"双紧"政策。经过三年半的宏观调控，在1996年成功实现了经济的"软着陆"。并在1996年八届全国人大四次会议上确立科教兴国战略和可持续发展战略。1997年爆发亚洲金融危机，1998年顶住亚洲金融危机强烈冲击，战胜特大洪水，仍旧保持了经济的持续增长。1999年九届全国人大二次会议上明确非公有制经济是我国社会主义市场经济的重要组成部分，大大促进了社会生产力的发展。并在同年通过了《国务院关于进一步推进西部大开发的若干意见》，提出了西部大开发战略，于2001年进行了具体部署。这一系列国家对经济的宏观调控，使得我国经济在进入21世纪前保持经济持续稳定发展。

农村发展方面。1994年3月十四届三中全会和中央农村工作会议召开，江泽民在讲话中强调当前需要着重抓好几项工作：一是保证粮、棉、油和"菜篮子"的生产和供应；二是全面发展农村经济，增加农民收入；三是保持农村社会的稳定，及时处理好群众反映强烈的热点问题；四是搞好农村基层组织建设。1996年中央农村工作会议召开，在继续原来的工作基础上，实施科教兴农战略，逐步建立适应社会主义市场经济发展要求的农村经济体制和运行机制，转变农业增长方式，走高产、优质、低耗、高效的发展路子。1996年农业大丰收后，我国农业和农村发展进入了一个新的阶段，即农产品供应一改过去长期短缺的状况，转变为供求总体平衡、丰年有余的局面①。针对国内市场粮多、价低，粮食收购企业亏损挂账严重的现状，1997年全国粮食购销工作会议在北京举行，党中央、国务院做出按保护价敞开收购议价粮的重要决策。1998年全国粮食流通体制改革工作会议做出粮食价格主要由市场供求决定，粮食企业按市场价格经营粮食的决定，同年党的十五届三中全会召开。会议审议并通过了《中共中央关于农业和农村工作若干重大问题的决定》，提出了从现在起到2010年建设有中国特色社会主义新农村的目标和实现跨世纪目标的基本方针。2000年1月召开的中央农村工作会议上，提出推进农业和农村经济结构战略性调整作为我国农业和农村经济发展新阶段的中心任务。此外，主要由企业投资者和农民投资者作为创新主体的乡镇企业改革，即从合伙制到股份合作制，甚至有些向有限责任公司、股份有限公司、集团化演变，国家对农村劳动力转移的政策发生了积极的变化，"外出务工"取代乡镇企业的就地转移，成为中国农村剩余劳动力转移的主要方式。综合来讲，20世纪90年代以来中国农村经济发展更注重依靠农业科技提高生产力，依靠与市场紧密结合促进农产品流通，依靠外出务工解决农村剩余劳动力就业问题，动员农民、企业与基层干部一起，共同建设社会主义新农村。

农村贫困与减贫。进入21世纪后，经前一阶段的扶贫攻坚，2001年年底我国农村贫困人口下降到3000万左右，贫困发生率为3.2%。成功实现"八七"扶贫目标，绝大部分贫困人口的温饱问题得到解决的同时，农村贫困人口特征再一次发生明显的变化。在20世纪90年代末，中国农村贫困人口集中于西部地区的不同乡镇，而非集中于贫困

---

① 董文兵：《十个中央一号文件的政策透视——我党三十年农村改革的政策路径及其启示》，《中共太原市委党校学报》2008年第6期，第15页。

县。如果继续以贫困县为扶贫开发的主要单位,则有将近一半的农村贫困人口不能享受到政府的扶贫资源[①]。生产力发展水平低下、产业不具优势、产业结构单一、市场规模狭小、基础设施薄弱、生态环境恶化、社会发展机制发育不全等不利因素的共同作用,使得这部分尚未解决温饱的贫困人口,虽然数量不多,但是解决的难度很大。而且初步解决温饱问题的群众,由于生产生活条件尚未得到根本改变,他们的温饱还不稳定,巩固温饱成果的任务仍很艰巨;基本解决温饱的贫困人口,其温饱的标准还很低。扶贫开发注定是一个较长期的过程。

2. 21世纪初的扶贫政策概述

2001年5月,江泽民同志在中央扶贫开发会议上讲话:"实现'八七'扶贫攻坚计划确定的目标,只是一个阶段性胜利……帮助贫困地区群众与全国人民一起逐步走向共同富裕的道路,是贯穿社会主义初级阶段全过程的历史任务,全党和全国上下必须锲而不舍地长期奋斗。"会议通过了《中国农村扶贫和开发纲要(2001—2010年)》,对未来十年的扶贫开发做出了工作部署。按照集中连片的原则,国家把贫困人口集中的中西部少数民族地区、革命老区、边疆地区和特困地区作为扶贫开发的重点,并在上述四类地区确定扶贫开发工作重点县。东部以及中西部其他地区的贫困乡、村,主要由地方政府负责扶持;扶贫资金的投放将覆盖到非贫困县中的贫困村。2003年农村贫困人口变化出现了不减反增的现象,巩固温饱的重要性逐渐显现出来,为此,国家将解决剩余贫困人口温饱问题作为扶贫主要任务的同时,更加着重强调提高贫困群众的生活质量和人口素质,促进贫困地区科、教、文、卫事业的发展,进行人力资本投资。2001—2010年间陆续出台了5项专门针对教育扶贫的政策文件,2项针对医疗卫生建设的扶贫政策文件。并且政府在2003年开始推行新型农村合作医疗的医疗救助制度试点。2004年《关于加强贫困地区农村基层组织建设,推动扶贫开发整村推进工作的意见》的出台,正式确定了新时期以县为基本单元,以贫困村为基础,按照参与式村级扶贫规划,实行"整村推进"扶贫模式。2001年我国有14.8万个贫困村(占中国村庄总数的20.9%)确定为"整村推进计

---

① 都阳、蔡昉:《中国农村贫困性质的变化与扶贫政策的调整》,《中国农村观察》2005年第5期,第4页。

划村"①。在整村推进扶贫的基础上，瞄准贫困人口，结合以农村产业化发展（扶持龙头企业）和开展劳动力转移培训，共同组成了"一体两翼"扶贫战略。2007年国务院出台《关于在全国建立农村最低生活保障制度的通知》，这是中国扶贫开发工作的一个新的里程碑，标志着我国形成了以农村社会保障体系为基础，促进贫困地区经济发展和贫困农民增收为核心的扶贫开发体系。此外，这十年间，生存环境恶劣地区进行异地生态搬迁扶贫，以及1000多万自我生存能力受限的残疾人扶贫，都出台了不同程度的针对性政策。

3. 减贫的主要途径和成就

以上分析说明，为了实现全面建设小康，达到共同富裕的目标，我国在21世纪的第一个十年的扶贫开发的扶贫片区重点仍旧在"老少边穷"的中西部地区，通过加大政府扶贫资金投入和强调人力资本的投资，将扶贫开发项目与整村推进结合，以及产业扶贫、劳动力输出培训和自愿移民搬迁三结合，建立和完善农村社会保障体系，形成贫困者参与式扶贫，以村为基本单位的集产业、区域和社会政策于一体的综合开发扶贫模式，为贫困地区贫困人口达到小康水平创造条件。

这一阶段我国减贫的主要目标是解决剩余3000万农村绝对贫困人口的温饱问题，到2010年时基本消除绝对性贫困。从统计数据来看，以2008年重新调整的扶贫标准，到2010年年底，中国农村贫困人口数由2001年的9029万人下降到2688万人，贫困发生率从9.8%降为2.8%；全国农村居民人均纯收入也由2001年的2366.4元上升到2010年的5919元。

4. 21世纪初扶贫政策创新的分析

进入21世纪，我国的扶贫政策具体内容上有所调整和更新，但仍是以解决贫困人口温饱问题为主要目标的以开发式为主的扶贫，即不同于"八七"计划中的绝大部分贫困人口脱贫，这一时期是主要解决剩下的少数绝对贫困人口的贫困，因此在减贫的大方向上，没有根本性的转变，而是以一种温和、平稳的渐进式政策变迁。具体来讲，第一，20世纪90年代以来我国在继续深化改革，转变经济增长方式，不仅让我

---

① 世界银行：《从贫困地区到贫困人群：中国扶贫议程的演进——中国贫困和不平等问题评估》，世界银行、东亚及太平洋地区扶贫与经济管理局，2009年。

国经济成功实现"软着陆",而且在亚洲金融危机和特大洪灾过后,中国经济仍持续增长,形成了21世纪初期较为有活力的宏观经济环境,这为第一个十年计划的经济增长提供了良好的经济基础。第二,在继续深化农村改革上,出台了一系列强农惠农政策,于20世纪90年代后期开始实施科教兴农的发展战略,放开粮价,2000年将农业和农村经济结构战略性调整作为农村经济发展核心,可以说,这是进一步加强农村农业发展与市场经济体制的结合,这为新时期扶贫项目政策创新提供了制度基础。第三,扶贫开发中各个利益主体地位的变化。扶贫政策制定仍然是由政府主导,但1997年扶贫开发工作责任制建立后实行"四到省"原则,中央权力下放,地方政府开始拥有更多的内部扶贫的自主权,使地方政府有了自己的利益需求。在中央总政策方向下,地方政府会更愿意向中央反映地方贫困群体的利益需求,不仅使得地方政府更有动力或意愿去尝试、探索有效的减贫模式,而且还能降低减贫计划的实施和监督成本,这在一定程度上会产生由地方政府推动、中央进行政策创新行为。如2007年中央开始在全国建立农村居民最低生活保障制度前,福建省就于2004年年初宣布在全省范围内全面实施农村居民最低生活保障制度,把家庭人均年收入低于1000元的农村人口统统纳入到最低覆盖范围之内。最后,2000年年底剩余贫困人口的贫困性质和特征的变化,即表现在贫困人口分布以贫困村为单位以及由于各方面因素导致剩余贫困人口脱贫更为艰难,这是扶贫政策做出新的调整的必要条件。

(五)扶贫攻坚新阶段:2011年至今

1. 政策演变社会背景

国家经济实力方面。2010年我国GDP达401512.8亿元,是2000年(99214.6亿元)的4.05倍;中央财政收入为42488.47亿元,是2000年(6989.2亿元)的6.08倍;地方财政收入为40613.04亿元,是2000年(6406.1亿元)的6.34倍,国家经济实力和政府财政实力持续增强。

宏观经济环境方面。与20世纪90年代相比,21世纪中国的经济变得更加平稳[①]。2001年制定并实施的"十五"经济发展规划,是中

---

① 殷剑峰:《二十一世纪中国经济周期平稳化现象研究》,《中国社会科学》2010年第4期,第56页。

国市场经济体制下的第一个五年计划,以发展为主题,提出经济发展动力主要来自三大内在因素,即结构调整、改革开放和科技进步,标志着我国进入经济发展的新时期。同年6月,中国参与建立的欧亚大陆一个全新的区域性多边合作组织——"上海合作组织"诞生,12月,中国正式加入WTO,融入经济全球化的步伐加快。到2003年,中国经济结束了连续5年的反通缩,开始进入了新的经济增长期。经过"十五"规划头四年的努力奋斗,2005年我国经济增长已经稳定地进入新一轮上升期。2006年"十一五"发展规划出台,以科学发展观为主题,坚持内需主导型发展战略,更加突出地强调产业技术进步战略、制度创新。2008年全球经济危机爆发,加上中国楼市股市的泡沫严重和汶川地震,迎来了年经济增长的又一个转折。2008年年底四万亿措施为代表,中国以超常规经济刺激计划应对国际金融危机,取得了明显的成效。2010年中国进入了一个重要的结构转型和政策调整期,中央提出"积极稳健、审慎灵活"的宏观经济政策基本取向。与百姓息息相关的三大领域,即医疗、教育、社会保障的改革在2011年全面进入攻坚阶段。中国GDP增速从2012年起开始回落,2012—2014年上半年增速分别为7.7%、7.7%、7.4%,是经济增长阶段的根本性转换。中国告别过去30多年平均10%左右的高速增长,进入了经济增长新常态。此外,十六大以来,我国城镇化发展迅速,2002—2011年,我国城镇化率以平均每年1.35个百分点的速度发展,城镇人口平均每年增长2096万人。2011年,城镇人口比重达到51.27%,比2002年上升了12.18个百分点。综合看来,进入21世纪后,我国经济进入结构调整、转型升级期,在全球市场动荡和国内需求疲软的交错环境中,仍然保持经济持续增长,只是增长速度有所放缓。

农村发展方面。2001年农村税费改革开始试点,寻求从根本上减轻农民负担的方法。2002年中央农村工作会议提出,当前和今后一个时期,要坚定不移地推进农业和农村经济结构的战略性调整,提高农业整体素质和效益,促进农民收入持续稳定增长。2003年,中共中央、国务院发出《关于做好农业和农村工作的意见》,做出统筹城乡发展,把"三农"问题作为全党工作的重中之重,坚持"多予、少取、放活"的方针,发挥城市对农村带动作用,实现城乡经济社会一体化发展。同年,国务院作出《关于进一步加强农村教育工作的决定》,开始全面普及农村九年制义务教育。2006年开始全面废止农业税，9月全国农村综合改革工作会议举行，这标志着继农村家庭承包经营、农村税费改革之后，我国农村改革目前已进入"第三步"改革的新阶段；11月中共中央办公厅、国务院办公厅发布《关于加强农村基层党风廉政建设的意见》，这是党中央对农村基层党风廉政建设工作第一次做出全面系统的部署。2007年国务院发出《关于在全国建立农村最低生活保障制度的通知》，2009年启动新型农村养老保险试点，农村社会保障体系进一步完善。值得注意的是，2004年至2017年，中央连续发了14个以"三农"问题为核心的中央一号文件，这充分说明了农村改革、农村经济发展进入21世纪后在一系列惠农、强农政策下取得了重大进展，促进经济走益贫式增长之路。

贫困特征。随着21世纪中国扶贫开发纲要实施的结束，我国农村人口的温饱问题得到基本解决，贫困程度大幅下降，贫困发生率由10.2%减少到3.8%，探索出了一条中国特色的扶贫道路。按照新的扶贫标准，截止到2013年年底，我国贫困人口仍有8249万，其中贫困发生率超过20%的有西藏、甘肃、贵州、新疆、云南和青海6个少数民族比例较高的省（区）[①]；绝对贫困人口的分布特征呈现出"大分散、小集中"的趋势，我国的绝对贫困人口主要分布在14个"连片特困地区"。这14个集中连片特困地区中，农民人均纯收入2676元，仅相当于全国平均水平的一半；在全国综合排名最低的600个县中，有521个在片区内，占86.8%，可见到2020年中国要实现全面建成小康社会的奋斗目标，重点在中西部地区，难点在集中连片特困地区。需要说明的是，我国官方公布的贫困人口数量是国家统计局根据全国7.4万户农村住户调查样本数据推算出来的。对于研究贫困居民规模、分析贫困发展趋势来说，这个数据比较科学，但在具体扶贫工作中"谁是贫困居民""贫困原因是什么""怎么针对性帮扶""帮扶效果又怎样"等不确定问题却一直存在。这是由于全省乃至全国都没有建立统一的扶贫信息系统，因此帮扶工作就存在许多盲点，真正的贫困农户没有得到帮扶。以前出台一项政策，一批人都能够脱贫致富，现在剩下的都是'硬骨

---

① 刘永富：《解读"继续向贫困宣战"》，人民网，http://kfq.people.com.cn/n/2014/0324/c54918_24721467.html.

头'，减贫难度越来越大，国务院扶贫办党组书记、主任刘永富在接受中国经济网独家采访时候表示。因此，原有的扶贫体制机制必须修补和完善，要做到识真贫、扶真贫，才能更好地如期实现2020年全面建成小康社会的目标。

2. 2010年至今扶贫政策的概述

在"十二五"的开局之年，国务院颁布了《中国农村扶贫开发纲要（2011—2020年）》（以下简称《纲要》），要求到2020年实现"两不愁，三保障"，巩固温饱成果，向全面建成小康社会冲刺。2011年颁布的《纲要》第十条明确指出：将六盘山区、秦巴山区、武陵山区、乌蒙山区、滇桂黔石漠化区、滇西边境山区、大兴安岭南麓山区、燕山—太行山区、吕梁山区、大别山区、罗霄山区等区域的连片特困地区和已明确实施特殊政策的西藏、四川藏区、新疆南疆三地州，作为扶贫攻坚主战场，加大对连片特困地区的投入和扶持力度，中央财政专项扶贫资金的新增部分主要用于连片特困地区；并且在各部门组织下集中实施一批民生工程，改善连片特困区内的生产生活条件，培育壮大一批特色优势产业，加快公共基础设施建设步伐，加强生态建设和环境保护，着力解决制约发展的问题，促进基本公共服务均等化，从根本上改变连片特困地区面貌。并在之后陆续出台了一系列针对性的单项扶贫政策措施，特别是在2012年我国出台的扶贫政策是历年来最多，高达14项。期间在原有专项扶贫、行业扶贫与社会扶贫三位一体的扶贫战略体系上，创新扶贫模式，新增了旅游扶贫。随后中共中央办公厅、国务院办公厅印发的《关于创新机制，扎实推进农村扶贫开发工作的意见的通知》（中办发〔2013〕25号）和国务院扶贫办于2014年6月发布的《建立精准扶贫工作机制实施方案》，促进精准扶贫工作从顶层设计、总体布局和工作机制等方面有序有效地推进[①]，标志着我国最新一轮扶贫机制或扶贫工作理念、方式——"精准扶贫"的开始。建档立卡与信息化建设；建立干部驻村帮扶工作制度；扶贫资金到村到户；培育扶贫开发品牌项目；精准扶贫考核机制等都是目前精准扶贫工作的主要内容。2014年以来的无论是扶持经济发展还是社会保障兜底扶贫方

[①] 刘解龙：《经济新常态中的精准扶贫理论与机制创新》，《湖南社会科学》2015年第4期，第156页。

面的几乎所有中国扶贫政策都是建立在精准扶贫的理念上,并在出台了《中共中央、国务院关于打赢脱贫攻坚战的决定》。(中办发〔2015〕34号)后,又新增了以电商扶贫等为主要内容的"互联网+"扶贫。

值得一提的是,精准扶贫机制出台前的政策准备可追溯至2009年国务院扶贫办和民政部等部门为推动农村最低生活保障制度和扶贫开发政策的有效对接而开展的贫困户识别与分类工作,以期为不同类型的贫困户提供差异性和针对性的扶持(在实践中贫困户一般被区分为扶贫户、低保户、扶贫低保交叉户、五保户等,各地有所差别)①。并且在很大程度上借鉴了广东省扶贫"双到"(规划到户、责任到人)工作的经验,广东在2009年开始实施此项扶贫方式,当时全省派出3451个工作队、11524名驻村干部,省财政也拿出20多亿元,对口帮扶3409个贫困村,实行定点清除贫困。

3. 减贫方式和成就

从政策概述中可以发现,中国新时期扶贫重点转向相对贫困,扶贫对象重点在14个连片特困区;扶贫开发模式转向以经济要素和社会要素相融合为主,更加注重扶贫目标、扶贫措施的靶向性;建立了一套全国统一的科学性贫困瞄准体系,即建档立卡信息平台;实现农村扶贫开发政策与惠农政策、农村社会保障制度尤其是最低生活保障制度的有效衔接与良性互动;突出市场和社会的价值,继续构建专项扶贫、行业扶贫、社会扶贫三位一体和政府、市场、社会协同推进的大扶贫开发格局。简单地说,着重以贫困农户和农民为中心的群体脱贫方式,实施"一手抓贫困区域发展,一手抓扶贫到村入户"的"两手抓"扶贫开发方式,前者包括整村推进以及在其基础上的片区开发等;后者则通常包括扶贫搬迁、雨露计划、产业扶贫项目等。

可以说,在加入了"精准扶贫"工作理念以后,中国整个的扶贫开发体系便到了当前最新的阶段,并且这一扶贫机制将持续到2020年全面脱贫目标的实现。按2010年确定的最新扶贫标准,至2015年年底,中国农村贫困人口下降到5575万人,自2010年(16567万人)减

---

① 左停:《精准扶贫:技术靶向、理论解析和现实挑战》,《贵州社会科学》2015年第8期,第157页。

少10992万人,贫困发生率从2010年的17.2%下降到5.7%。虽然精准扶贫对未来农村减贫意义重大,但它是一项复杂的系统工程,因此,在具体工作中难免会遇到一些难点,不断寻求有效的解决方式仍是我国扶贫工作中需要解决的问题。

4. 新时期减贫政策创新机制分析

进入2010年以来,我国贫困性质已经从绝对贫困转向了相对贫困,收入贫困逐渐向人类贫困、文化贫困转变,除了14个特困片区外的贫困群体呈点状式分布于贫困村与非贫困村,这是减贫政策创新的根本出发点。2010—2013年的扶贫重点主要是14个特困片区的开发式扶贫,期间出台的扶贫政策仍旧以中央政府主导的供给式变迁为主,其中的具体措施基本都是沿袭前一阶段的教育、劳动力转移培训、异地搬迁、产业扶贫和整村推进扶贫。2013年《关于创新机制,扎实推进农村扶贫开发工作的意见》的政策出台,标志着我国开始探索通过创新机制来调整新时期农村扶贫开发,继而提出了"精准扶贫"工作理念,此后"创新"与"精准扶贫"也成了推进2020年实现全面小康的各项减贫政策的关键词。随着我国参与经济全球化程度的进一步加深,国内外大市场下的经济体发展逐渐要求更加规范、高质量的产品、服务以及人才,金融也成为当代经济体中的增长引擎,因此教育扶贫、金融扶贫等政策措施也逐渐成了现阶段扶贫的重点方式。在这里,精准扶贫工作机制作为中央正式制定的一项在脱贫攻坚最后阶段内的扶贫理念,这一政策实质内容的创新首先是由广东2009年开始实施的扶贫"双到"政策,在接下来几年里取得了较好的减贫成效,此后中央在根据实际扶贫开发的反馈和认识上,进一步提出"精准"扶贫,确立并全面推广开来。可以说,进入21世纪后,我国减贫政策创新逐渐由中央政府主导供给向地方政府主动寻求创新,经中央确立并推广到全国实行。

总体扶贫模式是,在对贫困片区和离散贫困人口进行一系列开发式扶贫的同时,继续做好农村最低生活保障、农村合作医疗和农村养老保险等社会保障制度与扶贫政策有效衔接,逐渐形成了我国扶贫开发以政府主导型、市场导向型和社会参与型三种扶贫机制的多元协同的大扶贫格局,这是现阶段我国扶贫政策创新的本质体现。

四 改革开放以来我国扶贫战略与政策演变的总体评价

(一) 扶贫战略演变路径与评价

1. 战略演变路径

从前面对我国扶贫战略演变和各个战略的扶贫政策主要内容来看，我国扶贫战略可以表现出以下演变路径：

针对少数贫困群体给予实物救济的政府"道义性"扶贫（1978年）→针对全国农村的体制改革推动减贫（1984年）→以国定贫困县为扶贫对象的区域开发式减贫（1994年）→贫困县和贫困户双重瞄准，并开始引入市场机制参与农村开发式扶贫（2001年）→实行扶贫到村到户，注重贫困群体人力资本投资的集产业、区域和社会政策于一体的综合开发扶贫（2010年）→集靶向定位贫困家庭的政府主导、市场导向和社会参与于一体的大扶贫。

2. 战略评价

1978年以来，中国政府根据扶贫进程中暴露出来的问题和国家宏观经济社会环境的变化，对扶贫战略的具体目标和内容做过多次调整。

1984—2000年两次调整都没有改变区域开发扶贫战略的根本属性和基本特征。对于区域开发扶贫战略的评价，首先，它是一种目标瞄准型扶贫战略，即以贫困县、贫困村为扶贫单位，相对来讲贫困识别难度较低，也符合长期以来我国贫困人口分布带有地理性集中的特点[①]。然而这一时期的扶贫实践在很多方面上过于注重"开发"，而忽视了同样重要的"目标瞄准"，这点从贫困县中出现的"富县不富民""贫困县内部贫富差距日益拉大"以及非贫困县中贫困人口漏出等现象可以看出区域性瞄准的弊端。其次，利用经济增长和农业发展带动减贫，对具备一定的生态环境和资源条件的贫困地区以及具有劳动能力的贫困人口而言，经济发展带来的减贫不仅受益面积大，而且贫困发生率下降较

---

① 陈健生:《农村扶贫制度转轨，从开发式扶贫转向保障式扶贫》,《西部发展评论》2011年第6期，第171页。

快，这是无可厚非的。但从原来的通过经济增长来增加收入为主，辅以适当救济的反贫困战略，转向区域开发扶贫战略，虽然有助于改变救济式扶贫产生的依赖性，但忽略了救济扶贫中的社会保障内涵，容易使那些丧失劳动能力的贫困人口被排除在扶贫对象之外。最后，区域开发扶贫战略假定在扶贫区域内扶贫资源主要由贫困人口享有，但却没有相应的管理机制，易导致地方政府和实施部门挪用扶贫资源的可能性。

2000年至今对扶贫战略作出了两次比较大的调整，但本质上仍是综合性开发扶贫，即集产业、区域、社会于一体，以"开发"为主，"社会保障"救济式为辅的统筹扶贫。这一扶贫战略在原有开发扶贫的基础上，进一步创新了扶贫方式，建立和完善农村社会保障体系的同时，更注重贫困人口的人力资本开发，发挥贫困人口的主动性和创造性，可以说21世纪的扶贫战略在一定程度上很好地降低了脱贫脆弱性，增强了减贫的可持续性，同时以贫困家庭和贫困人口为瞄准单位的工作机制使得扶贫开发更有针对性。尽管新时期的扶贫开发战略的优势如此明显，但局限性也不可避免。最明显的是对贫困户的识别问题一直存在，信息不对称导致识别成本庞大，并且识别不精准现象较为突出，一旦扶贫资源没有完全覆盖到贫困人口，减贫成效大打折扣的同时，也浪费了国家资源。

(二) 扶贫政策演变路径与评价

1. 演变路径

我国扶贫政策演变的路径，从减贫途径的重点上看，是由实物救济到经济增长拉动，再到以经济增长拉动为主、社会保障兜底扶贫为辅；从减贫对象上看，是由贫困群体中的极少数特殊群体到全国农村所有农民，再到贫困片区，最后到单个贫困户；从减贫具体方式上看，是由注重农民增收到更注重贫困群体自我积累和自我发展能力提升，再到大力进行贫困人口的人力资本投资。

2. 政策评价

关于扶贫政策的解释方面，目前比较流行的是将扶贫政策分为两大类：普适性（universal）政策和瞄准性（targeting）政策。普适性扶贫政策的实施对象是所有个体，不分个体类别，通常主要有公共教育和医疗支出、基础设施建设等。因为是针对所有个体，所以政府一般需要有规模庞大的财政支出，继而在一定的财政预算约束下，庞大的使用主体会削弱减贫的力度；而瞄准性扶贫只针对贫困主体，并根据贫困主体的实际生活状况来进行特定扶持，主要有工作福利制、税收和补贴、实物转移支付等。在缺乏个体及家庭等相关的私人信息的情况下，信息的不对称会直接导致识别贫困个体的成本增加，特别是从庞大群体中识别少数贫困群体时，这类成本会更甚①。

回顾我国扶贫开发过程的一系列减贫政策，我们可以发现普适性政策和瞄准性政策都共同存在于各个时期，并且，从时序上纵向来看，我国最初的救济式扶贫是针对少数特定的贫困群体的，以实物转移支付为主要方式，基本上是瞄准性扶贫；1984 年开始的区域性扶贫开发以促进贫困地区经济增长为主，最明显的是加大对贫困地区的各类公共投资，改善基础设施水平，提高居民的教育水平，因地制宜发展相关产业，这主要归类为普适性扶贫政策。同时，1984 年开始实施的"以工代赈"、1994 年开始实施的"劳务输出"和"异地搬迁"等专项扶贫是专门针对贫困群体的瞄准性扶贫。直到 1996 年，我国减贫瞄准单位从贫困县转向贫困村和贫困户，瞄准性扶贫政策在扶贫开发中开始逐渐占据越来越重要的地位，在进入 21 世纪后，随着"精准扶贫"的提出，瞄准性政策成为当前我国扶贫开发的主要政策，辅以普适性扶贫政策，共同组成了我国当前扶贫战略的主要内容，具体扶贫内容和扶贫方式的演变如图 1-12 所示。

（三）基于熵权法的农村减贫影响因素的权重分析

我们已知农村贫困与农民生活水平密切相关，最能影响农民生活水平的因素也往往是影响农村减贫成效（或者说是致贫）的重要因素。并且影响农村农民生活的因素众多，学术界通常对此有经济、社会和环境等大类影响因素之分。鉴于此，我们在宏观数据的基础上，从农村农民的经济、社会、生产生活和环境四大维度出发，确定农村减贫影响因素的重要性和权重，具体指标体系如表 1-5 所示。

这里，我们从国家统计部门中，主要选取农村居民人均收入（元/人），农村居民人均消费水平（元/人），第一产业增加值（亿元），农村居民家庭恩格尔系数（%），人均耕地面积（亩），有效灌溉面积

---

① 黎攀、方迎风：《减贫政策的选择与比较分析研究》，《学术研究》2016 年第 2 期，第 103—104 页。

（千公顷），乡村劳动力（万人），农村用电量（万千瓦时），公路密度，化肥使用量（万吨），学龄儿童入学率（%），农业机械总动力（万千瓦时），造林面积（千公顷），农村电话用户（万户），财政用于农业的支出（亿元）和村卫生室（个）16个因素作为影响减贫成效（农民生活水平）的最可能因素，并根据历年《中国统计年鉴》整理出1978—2014年的统计数据。

为了更好地了解哪些因素是影响农村减贫的主要因素，以及各因素对减贫的影响大小，本书给出一种基于熵权法的农村减贫影响因素权重确定方法。熵权法赋权的第一步是对原始数据的标准化处理，处理结果如附表所示；进一步计算出16个指标的熵值和权重，如表1-6所示。

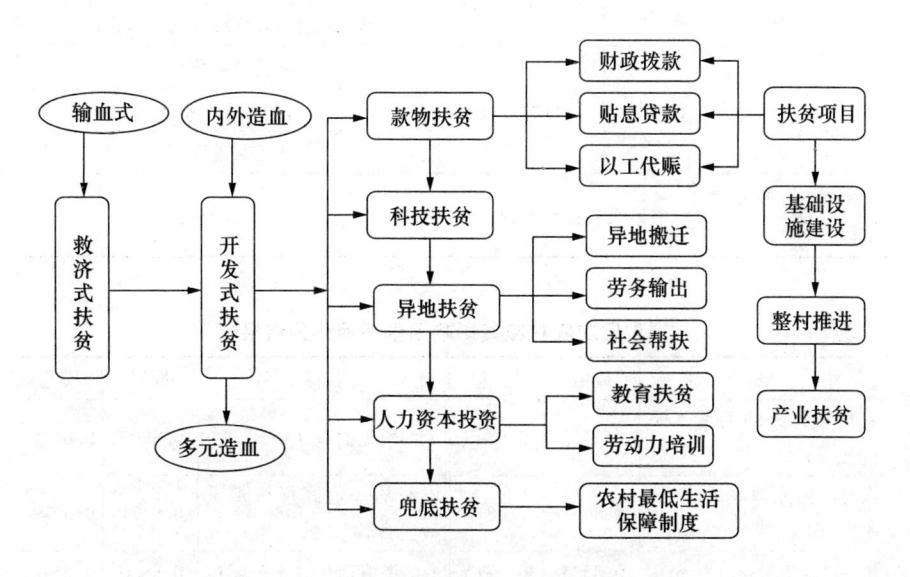

图1-12 中国农村扶贫方式与内容的演变情况

表1-5　　　　　　1978—2014年农村经济社会一览

扶贫政策减贫影响因素	农村经济	增长增收	第一产业增加值
			农村居民人均收入
			农业机械总动力
			人均生产性固定资产原值

续表

扶贫政策减贫影响因素	农村社会	农村居民消费水平
		恩格尔系数
		农村居民人均住房面积
	人民生活改善	农村用电量
		饮用自来水人口占农村人口
		农村电话用户
		农村公路密度
		学龄儿童入学率
	人口素质	乡村劳动力人数
		平均每百劳动力的平均受教育年限
	社会医疗保障	村卫生室
		新型农村合作医疗补偿受益人次
	农村环境	造林面积
	自然环境	农用化肥使用量
		人均耕地面积
主要政策变量指标	扶贫政策直接贡献因子	财政用于农业的支出

表1-6　宏观层次农村减贫影响因素指标评分结果

指标	熵值	权重	指标	熵值	权重
农村居民人均消费水平（元/人）	0.8433	0.0826	人均耕地面积（亩）	0.8907	0.0576
农村居民人均收入（元/人）	0.8457	0.0813	农村居民家庭恩格尔系数（%）	0.9471	0.0279
第一产业增加值（亿元）	0.8535	0.0772	有效灌溉面积（千公顷）	0.8866	0.0598
乡村劳动力（万人）	0.9562	0.0231	农村用电量（万千瓦时）	0.8562	0.0758
农用化肥施用量（万吨）	0.9429	0.0301	学龄儿童入学率（%）	0.9654	0.0183
农业机械总动力（万千瓦）	0.9079	0.0486	造林面积（千公顷）	0.9695	0.0161
农村电话用户（万户）	0.7998	0.1055	村卫生室（个）	0.9066	0.0492
财政用于农业支出（亿元）	0.7361	0.1391	公路里程与总面积之比＝公路密度	0.7958	0.1077

对以上计算的每个影响因素的权重大小进行比较可知，首先财政用于农业支出的项目对改善农民生活，拉动减贫的影响因素最为突出，权重占16项指标中的近14%，说明不断增加财政对农业的支出，国家财政在农村减贫方面发挥着巨大作用；其次是公路密度和农村电话用户，这两项直接反映的是农民与外界的信息沟通能力，即获取信息的优劣程度，说明信息成本在影响农民生活和减贫方面占据重要的影响因素，国家扶贫政策制定可以适当地侧重贫困农村信息网络建设（主要包括交通设施、互联网媒体等通信设施建设）；而权重最低的三项依次是造林面积、学龄儿童入学率和乡村劳动力，占比不到3%，这三项一定程度上代表了农村环境与农村人力资本方面。根据经济增长理论，人力资本在拉动经济、提高人民生活水平上有重要作用，这里得出的权重过低，可能是由于此处的学龄儿童入学率是针对全国的而非针对中国农村，因此我们仍然不能否定人力资本投资在减贫方面的重要性。

五 "十三五"时期我国减贫形势的分析

2011年以来，我国扶贫开发进入了最后的攻坚阶段，在2016年中央扶贫工作会议上，习近平总书记强调："确保到2020年所有贫困地区和贫困人口一道迈入全面小康社会。"十八届六中全会也一再强调，采取精准扶贫措施帮助贫困人口脱贫，是"十三五"时期的重要任务。

（一）当前扶贫开发取得的重要成就

精准扶贫以及片区扶贫开发以来，我国贫困程度大为减轻。截至2015年年底，农村贫困人口下降到5575万人，贫困人口的生产生活条件明显提高，文化、教育、卫生、健康等方面明显改善。据统计，截至2014年年底，贫困地区农户使用照明电的比重达到99.5%，解决安全饮水问题的农户比重为82.3%，有文化活动室的行政村比例达到81.5%，有卫生站（室）的行政村比重达94.1%。同时，当前以14个连片特困地区为扶贫主战场的减贫战略也取得了较好的成效。截至2014年年底，集中连片特困地区贫困人口减少为3518万人，比2013年下降了15%，快于全国下降幅度14.94%，其中秦巴山片区和六盘山片区减贫幅度最大，分别达到20.6%和20.5%；滇桂黔石漠化片区高于全国平均减贫水平，贫困发生率为 17.1%，下降 2.9%；农村居民人均纯收入比 2013 年增长 12.9%，高于全国农村居民人均纯收入增长率 3.7%（《中国农村贫困监测报告 2015》）①。除大兴安岭南麓山片区和吕梁山片区外，12 个片区均高于全国平均增速。可见片区扶贫开发战略的效果十分明显（张琦、冯丹萌，2016）②。

（二）新时期减贫形势预判

据相关统计，在当前贫困标准下，我国"多、广、深"的贫困现象依然不容乐观，除了 14 个连片特困区，及京津沪外，其余 28 个省级行政区或直辖市都存在相当数量的低于贫困线的人口；贫困人口超过 500 万的有云南、贵州、广西、湖南和四川 5 省，而贫困发生率超过 15% 的有西藏、甘肃、新疆、贵州和云南 5 省；贫困程度依然很深，全国还有 20 多万人用不上电，数千万农村家庭存在安全饮水隐患，7.7 万个建档立卡贫困村不通客运班车，33 万个自然村未通水泥路，因病致贫占贫困人口 40% 以上，需要生态搬迁的贫困人口近 1000 万。因此，我国当前与今后的扶贫战略和相关扶贫政策需要做一定适应性调整，即当前与今后不到五年的扶贫攻坚的瞄准重点仍然以扶贫到村到户为扶贫基本单元，以中西部地区，特别是 14 个连片特困区为区域扶贫重点；优化贫困村基础设施仍旧是政府公共支出重点建设项目；继续完善包括医疗卫生、最低生活保障在内的社会保障体系以及其与扶贫开发相衔接依然是减贫质量的保障；继续以整村推进为基础，大力推行产业扶贫和劳动力转移，促进精准扶贫，依旧是当前可持续性减贫的根本动力。

六　研究结论及政策启示

我国扶贫战略与政策的演化是一个循序渐进的过程，它始终以帮助贫困群体脱贫为总目标，从单纯经济增长到以人为本、可持续性减贫，

---

① 国家统计局住户调查办公室：《中国农村贫困监测报告 2015》，中国统计出版社 2015 年版，第 127 页。

② 张琦、冯丹萌：《我国减贫实践探索及其理论创新：1978—2016 年》，《改革》2016 年第 4 期，第 27—42 页。

逐步全面完善扶贫开发体系。或许各个阶段政策实施中或多或少存在困难与问题，但不可否认的是，我国扶贫开发在一系列扶贫政策的指导下，经过三十多年，取得了显著的成就。实践是检验真理的唯一标准。中国的扶贫政策的演化是科学的、合理的，也是较为及时的，期间并没有脱离现实空谈政策的现象。不同扶贫政策的效果不一样，我们的研究表明，财政用于农业支出的扶贫效率是最高的。其次是基础设施建设，如公路和农村电话网络建设，扶贫效率最低的是植树造林和基础教育。本次调研启示我们：为提高扶贫开发效率，我们不仅要找准扶贫开发中的短板，而且还要找到扶贫效率最大的领域，只有这样，才能用更少的扶贫资源去完成扶贫攻坚的使命。

附表　我国农村减贫影响因素指标值标准化结果 1978—2014 年

年份	农村居民人均收入(元/人)	农村居民人均消费水平(元/人)	农村居民家庭恩格尔系数(%)	人均耕地面积(亩)	第一产业增加值(亿元)	有效灌溉面积(千公顷)	乡村劳动力(万人)	农村用电量(万千瓦时)	公路里程与总面积之比=公路密度	农用化肥施用量(万吨)	学龄儿童入学率(%)	农业机械总动力(万千瓦)	造林面积(千公顷)	农村电话用户(万户)	财政用于农业支出(亿元)	村卫生室(个)
1978	0.0000	0.0000	1.0000	0.1429	0.0000	0.0475	0.0000	0.0000	0.0000	0.0000	0.3623	0.0000	0.2778	0.0000	0.0029	
1979	0.0026	0.0024	0.8768	0.1429	0.0042	0.0494	0.0210	0.0034	0.0000	0.0396	0.1449	0.0169	0.2767	0.0002	0.0046	
1980	0.0056	0.0046	0.8036	0.1304	0.0060	0.0435	0.0651	0.0078	0.0000	0.0754	0.1304	0.0311	0.2865	0.0006	0.0029	
1981	0.0087	0.0073	0.7403	0.1242	0.0093	0.0275	0.1106	0.0135	0.0000	0.0882	0.0000	0.0409	0.2175	0.0005	0.0000	
1982	0.0132	0.0099	0.7669	0.1118	0.0131	0.0072	0.2117	0.0167	0.0027	0.1231	0.0290	0.0505	0.2778	0.0006	0.0007	
1983	0.0170	0.0130	0.7237	0.1056	0.0166	0.0311	0.2565	0.0211	0.0054	0.1518	0.1449	0.0663	0.5634	0.0007	0.0016	
1984	0.0214	0.0173	0.7170	0.1056	0.0225	0.0213	0.3253	0.0244	0.0108	0.1674	0.3333	0.0806	0.8648	0.0011	0.0022	
1985	0.0255	0.0245	0.6704	0.0870	0.0268	0.0000	0.3918	0.0296	0.0134	0.1745	0.4348	0.0951	0.8778	0.0017	0.0031	0.8794
1986	0.0280	0.0279	0.6238	0.0745	0.0307	0.0097	0.3995	0.0387	0.0188	0.2047	0.4928	0.1163	0.3993	0.0023	0.0053	
1987	0.0318	0.0329	0.6038	0.0621	0.0385	0.0188	0.4545	0.0470	0.0242	0.2182	0.6087	0.1366	0.4212	0.0021	0.0062	
1988	0.0397	0.0431	0.5439	0.0497	0.0495	0.0447	0.5124	0.0532	0.0296	0.2460	0.6377	0.1539	0.4398	0.0032	0.0075	
1989	0.0452	0.0478	0.5705	0.0435	0.0565	0.0450	0.6180	0.0623	0.0349	0.2882	0.6377	0.1694	0.3602	0.0047	0.0112	
1990	0.0534	0.0490	0.7037	0.0311	0.0704	0.1721	0.9277	0.0685	0.0376	0.3338	0.6957	0.1761	0.3891	0.0063	0.0142	0.9982
1991	0.0555	0.0539	0.6637	0.0248	0.0753	0.1935	0.9449	0.0823	0.0403	0.3758	0.6957	0.1832	0.4494	0.0087	0.0171	

续表

年份	农村居民人均收入(元/人)	农村居民人均消费水平(元/人)	农村居民家庭恩格尔系数(%)	人均耕地面积(亩)	第一产业增加值(亿元)	有效灌溉面积(千公顷)	乡村劳动力(万人)	农村用电量(万千瓦时)	公路里程与总面积之比=公路密度	农用化肥施用量(万吨)	学龄儿童入学率(%)	农业机械总动力(万千瓦)	造林面积(千公顷)	农村电话用户(万户)	财政用于农业支出(亿元)	村卫生室(个)
1992	0.0628	0.0639	0.6637	0.0124	0.0844	0.2327	0.9594	0.0989	0.0457	0.4003	0.6087	0.1927	0.5175	0.0131	0.0191	
1993	0.0761	0.0775	0.6804	0.0062	0.1036	0.2398	0.9732	0.1149	0.0538	0.4437	0.6812	0.2084	0.4977	0.0217	0.0238	
1994	0.1050	0.1046	0.7070	0.0000	0.1491	0.2414	0.9871	0.1414	0.0618	0.4761	0.7826	0.2290	0.5117	0.0352	0.0304	
1995	0.1395	0.1365	0.6970	0.0062	0.1938	0.2680	0.9992	0.1625	0.0753	0.5301	0.7971	0.2530	0.3514	0.0631	0.0335	1.0000
1996	0.1731	0.1729	0.6205	0.3913	0.2266	0.3243	0.9994	0.1807	0.0833	0.5759	0.8406	0.2782	0.3439	0.0983	0.0425	1.0000
1997	0.1889	0.1841	0.5805	0.4099	0.2341	0.3681	1.0000	0.2001	0.0941	0.6058	0.8551	0.3143	0.2558	0.1473	0.0472	0.7794
1998	0.1959	0.1850	0.5239	0.4286	0.2406	0.4221	0.9990	0.2073	0.1075	0.6259	0.8551	0.3474	0.3270	0.2071	0.0752	0.6802
1999	0.2005	0.1892	0.4973	0.4472	0.2398	0.4662	0.9969	0.2225	0.1290	0.6339	0.8841	0.3867	0.3411	0.2867	0.0702	0.6583
2000	0.2047	0.2001	0.3807	0.4658	0.2429	0.5000	0.9943	0.2512	0.2204	0.6382	0.8841	0.4239	0.3729	0.4383	0.0807	0.6035
2001	0.2156	0.2128	0.3341	0.4907	0.2575	0.5219	0.9802	0.2732	0.2258	0.6592	0.8841	0.4509	0.3492	0.5821	0.0969	
2002	0.2262	0.2236	0.2842	0.4658	0.2707	0.5273	0.9501	0.3175	0.2446	0.6760	0.8116	0.4795	0.7894	0.6680	0.1059	
2003	0.2403	0.2283	0.2642	0.4658	0.2854	0.5099	0.9167	0.3684	0.2581	0.6901	0.8261	0.5050	1.0000	0.7817	0.1184	
2004	0.2707	0.2534	0.3175	0.4783	0.3557	0.5336	0.8876	0.4263	0.2742	0.7341	0.8551	0.5428	0.4500	0.8664	0.1618	
2005	0.3014	0.2927	0.2609	0.4969	0.3733	0.5618	0.8489	0.4776	0.6855	0.7594	0.8913	0.5882	0.1453	0.9454	0.1685	0.0000

续表

年份	农村居民人均收入（元/人）	农村居民人均消费水平（元/人）	农村居民家庭恩格尔系数（%）	人均耕地面积（亩）	第一产业增加值（亿元）	有效灌溉面积（千公顷）	乡村劳动力（万人）	农村用电量（万千瓦时）	公路里程与总面积之比＝公路密度	农用化肥施用量（万吨）	学龄儿童入学率（%）	农业机械总动力（万千瓦）	造林面积（千公顷）	农村电话用户（万户）	财政用于农业支出（亿元）	村卫生室（个）
2006	0.3335	0.3267	0.1776	0.5217	0.4016	0.5986	0.7994	0.5379	0.7177	0.7910	0.9130	0.6310	0.0000	0.9950	0.2205	0.1172
2007	0.3869	0.3729	0.1810	0.5528	0.4816	0.6379	0.7462	0.6090	0.7527	0.8263	0.9420	0.6733	0.1859	1.0000	0.3029	0.1386
2008	0.4468	0.4373	0.2010	0.5776	0.5702	0.7377	0.6969	0.6326	0.7957	0.8519	0.9478	0.7314	0.4119	0.9292	0.4208	0.1354
2009	0.4847	0.4677	0.1111	0.6149	0.5968	0.7780	0.6450	0.6779	0.8306	0.8843	0.9275	0.7865	0.5537	0.8692	0.5142	0.2241
2010	0.5587	0.5301	0.1144	0.6584	0.6894	0.8335	0.5858	0.7391	0.8737	0.9151	0.9715	0.8414	0.4987	0.8342	0.6097	0.2949
2011	0.6609	0.6660	0.0911	0.6957	0.8107	0.9017	0.5363	0.7979	0.9005	0.9429	0.9855	0.8928	0.5122	0.8009	0.7477	0.3603
2012	0.7516	0.7410	0.0545	0.7329	0.8960	0.9709	0.4871	0.8406	0.9355	0.9693	1.0000	0.9429	0.4496	0.7608	0.8765	0.3175
2013	0.8462	0.8449	0.0000	0.7702	0.9760	0.9933	0.4401	0.9612	0.9704	0.9836	0.9710	0.9569	0.5284	0.7023	0.9279	0.2958
2014	1.0000	1.0000	0.0312	1.0000	1.0000	1.0000	0.3970	1.0000	1.0000	1.0000	0.9855	1.0000	0.5174	0.6226	1.0000	0.1459

原始数据来源：《中国统计年鉴》。

第二章 我国扶贫政策实施的时间连续性及空间差异性研究

改革开放以来，我国在扶贫方面进行了大量的探索，并随着贫困程度的变化对扶贫办法进行调整。作为国家重要战略政策的主要宣传渠道的党报也对我国扶贫工作的进展做了大量报道，体现了目前扶贫工作的进展，报道的数量可以反映国家扶贫政策的实施情况。本章首次将《人民日报》和省级党报对扶贫政策的报道数量作为代理变量，主要从"时间连续性"和"空间差异性"两个视角系统地研究了我国各扶贫战略期内相关政策的实施情况。本章的结构如下，首先对现有的文献进行梳理与回顾，体现本书的意义所在，同时交代研究的思路与数据来源；其次分析扶贫政策实施时间的连续性，进而研究扶贫政策实施的空间差异；最后提炼出相关的研究结论。

一 已有文献梳理与回顾

（一）扶贫政策的理论研究趋势

我国扶贫政策的演变和实施效果问题始终是国内外学者关注的重点所在。总体而言，扶贫中有普适性与瞄准性两种类型的扶贫政策[1]。我国各扶贫战略期及其相关政策的演变整体而言可以视作从普适性政策向瞄准性政策的转换过渡。1986 年开始，国家将扶贫目标瞄准为县，以贫困县为瞄准目标载体。以确定扶贫重点县的方式，使区域扶贫政策向

---

[1] 方迎风、张芬：《多维贫困视角下的区域性扶贫政策选择》，武汉大学出版社 2015 年版，第 27 页。

国定贫困县倾斜是中国扶贫事业最显著的特征之一①②。都阳和蔡昉认为随着农村贫困性质的变化，扶贫政策需要向个体进行调整，以使扶贫资源得到集中且更为充分的利用③。向德平则从包容性增长的视角出发探讨了我国扶贫政策的变迁以及新阶段的走向④。现阶段对扶贫政策演进及政策效果的研究具有鲜明的时间维度特征。与此同时，近年来，随着空间贫困（spatial poverty）、贫困地理学（the geography of poverty）以及空间贫困陷阱（spatial poverty traps）等空间维度概念不断地被引入到贫困研究中，理论界逐渐意识到基于空间贫困的视角，构建新型扶贫模式，对正确认识和有效解决农村贫困具有重要的理论意义和现实意义⑤⑥。杨振等从生活性消费出发，通过建立 ELES 模型对我国省区农民相对贫困的空间格局以及成因进行实证分析⑦，为优化政策的减贫效果提供了强有力的实证基础。张丽君等以"地理资本"为研究逻辑起点，以空间为研究维度，探讨了西部民族地区贫困发生的"空间陷阱"，构建起西部民族地区贫困成因及反贫困新的理论分析框架⑧。已有的理论和实证研究充分表明，只有从时间和空间维度较为全面地审视扶贫政策演进及其实施状况，才能够得出更为稳健的研究结果和政策建议。

（二）政策研究的"报道分析"视角

当今信息日益丰富的社会，公众对媒体的依赖程度越来越高，媒体

---

① 岳希明、李实、王萍萍、关冰：《透视中国农村贫困》，经济科学出版社 2007 年版。
② 洪名勇：《开发扶贫瞄准机制的调整与完善》，《农业经济问题》2009 年第 5 期，第 68—71 页。
③ 都阳、蔡昉：《中国农村贫困性质的变化与扶贫战略调整》，《中国农村观察》2005 年第 5 期，第 22—80 页。
④ 向德平：《包容性增长视角下中国扶贫政策的变迁与走向》，《华中师范大学学报》（人文社会科学版）2011 年第 4 期，第 1—8 页。
⑤ 汪晓文、何明辉、李玉洁：《基于空间贫困视角的扶贫模式再选择——以甘肃为例》，《甘肃社会科学》2012 年第 6 期，第 95—98 页。
⑥ Jalan J. and M. Ravallion: Spatial Poverty Traps. *The World Bank Policy Research Working Paper*, No. 1862, 1997.
⑦ 杨振、江琪、刘会敏、王晓霞：《中国农村居民多维贫困测度与空间格局》，《经济地理》2015 年第 35 期，第 148—153 页。
⑧ 张丽君、董益铭、韩石：《西部民族地区空间贫困陷阱分析》，《民族研究》2015 年第 1 期，第 25—35 页。

的公众影响力越来越大，政府制定政策时不得不关注媒体报道的变化[①]。媒体已逐渐成为沟通民情、反映民意、汇聚民智的社会传播载体和联结公民和政府的主要媒介[②]。基于媒体的"报道分析"是一个较为宽泛的新闻学概念，就狭义的可操作层面而言，目前已有学者通过对报纸报道的探讨以得出相关政策建议。郭舒然将《人民日报》《新华日报》《南通日报》于 2008—2009 年关于新农村的报道作为研究对象，分析了党报相关报道的构成，从而为报纸媒体引导农民行为提出建议[③]。戴光全等以报纸媒体为视角，通过传播学中的内容分析法建构分析类目，研究了广交会作为重大事件影响力的时间与空间上的分布情况[④]。肖鲁仁等通过软件对报纸媒体和股市成交量之间做出数理分析和传播学解读，认为媒体整体形象的意义远大于其他因素，政策报道对人民的行为有较大影响[⑤]。邝艳华等通过对 1982—2006 年全国农业政策数量和《人民日报》报道数量的相关分析和格兰杰检验发现两者之间具有明显的正相关性[⑥]，进而说明政府应该积极引导媒体报道，为国家和民众提供一个交流反馈平台。由此可见，具有可操作性的"报道分析"视角为政策研究提供了传统研究思路和方法无法达到的洞察力，也必将随着研究工具的专业化而得到进一步发展。

（三）对已有扶贫政策研究的改进

现有的以时间和空间维度为视角的研究趋势虽然能够较为全面地反映扶贫政策的演进和实施状况，但已有研究在内容上仍存在较大缺失，具体表现为：在时间维度上并未对政府主导的扶贫政策实施的连续性及

[①] 赵玉峰：《论公共政策议程建立过程中媒体的影响》，《四川行政学院学报》2007 年第 4 期，第 19—22 页。

[②] 李良荣：《十五年来新闻改革的回顾与展望》，《新闻大学》1995 年第 1 期，第 3—8 页。

[③] 郭舒然：《党报新农村报道探析——基于〈人民日报〉、〈新华日报〉、〈南通日报〉的内容构成分析》，《传媒观察》2010 年第 6 期，第 19—21 页。

[④] 戴光全、谭健萍：《基于报纸媒体内容分析和信息熵的广交会综合影响力时空分布》，《地理学报》2012 年第 67 期，第 1109—1124 页。

[⑤] 肖鲁仁、章辉美：《报纸媒体证券新闻报道与股市成交量之间的相关性分析——基于对〈中国证券报〉、〈经济日报〉、〈潇湘晨报〉的实证研究》，《湖南师范大学社会科学学报》2014 年第 5 期，第 130—135 页。

[⑥] 邝艳华、叶林、张俊：《政策议程与媒体议程关系研究——基于 1982 至 2006 年农业政策和媒体报道的实证分析》，《公共管理学报》2015 年 12 期第 4 期，第 39—46 页。

其在各扶贫战略期的连续程度展开分析；在空间维度上也缺少对省级区域扶贫政策实施的差异性进行较为细致的探讨。为了能够初步地探索我国扶贫政策的实施，我们借鉴媒体研究方法，以"报道分析"为视角，通过引入党报报道数量这一代理变量指标，对中国扶贫政策实施在时间的连续性及空间差异性进行分析，进而为国家有关部门及专家学者观察、分析、探讨中国扶贫政策提供一个媒体分析的视角；与此同时，我们也试图弥补"报道分析"中对扶贫问题研究不足的缺憾。我们的研究结果表明，从各级党报可以看出，我国扶贫政策及其实施在时间上具有连续性，但在每个阶段表现出不同的连续程度，同时扶贫政策及其实施在空间上也具有差异性。

二 研究思路与研究方法

（一）研究思路

在新制度经济学视野中，政策是一种具体的制度安排。作为一种制度安排的政策，如果要能够起作用，必须付诸实施，如果出台了政策不实施，其效果比没有政策更糟糕。不论是中央政府或者是地方政府，在政府政策出台之后，政策是否实施？实施效果如何？结合我们所研究的扶贫问题，我们如何观察中央和地方政府出台的扶贫政策是否实施？我们认为，观察政策实施可以有多个维度，而党报媒体是较为有益的观察维度，党报媒体是国家意志的体现，可以较好地反映扶贫政策的实施状况。在中国，党报是报道国计民生的严肃大报，是政府政策出台及实施的一个重要窗口。党报报道数量作为表现政策是否实施的变量具有较高的可信度；此外，即使我们无法对非政策宣传型报道的内容所包含的政策效果的正负性进行逐一判别，但依据经验，我们完全可以假设党媒偏好于报道在内容上更为正面的国内事务，扶贫领域更是如此。基于上述理论逻辑和假设，我们可以将扶贫政策的实施与否和实施情况通过党媒报道数量得以体现，以时间维度的连续性和空间维度的差异性为线索，进而对当前扶贫政策演进和政策实施的研究中所缺失的内容展开深入研究，基于研究结果得出有益的政策启示，也为进一步研究打下基础（见图2-1）。

第二章 我国扶贫政策实施的时间连续性及空间差异性研究 | 57

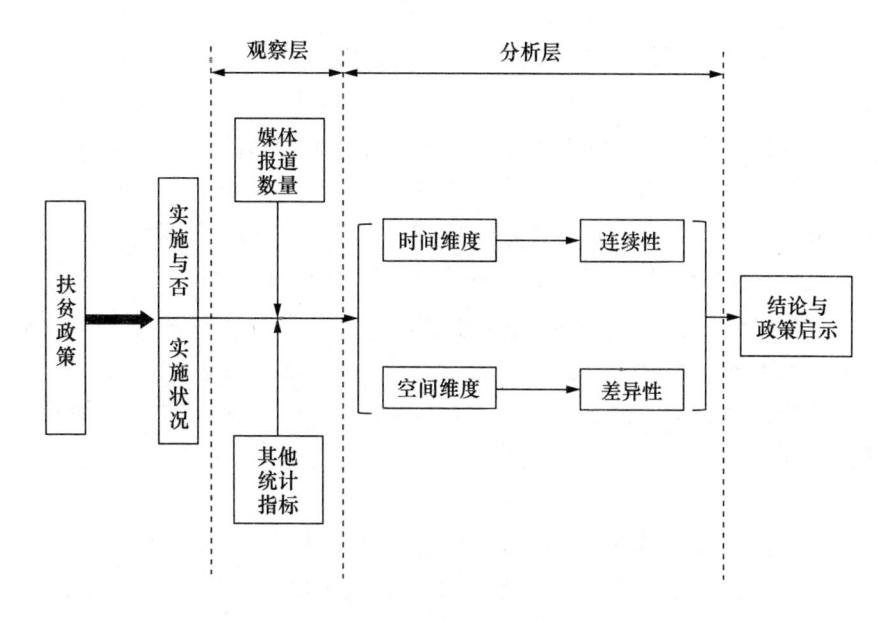

图 2-1 本章研究框架路线

（二）数据来源与说明

本书选取了《人民日报》和省级党报两类报纸媒体作为中间变量，以此来反映国家、地区对扶贫政策实施情况。关于相关数据来源的选取，我们对媒体如网络、电视广播和纸质媒体等进行了甄别。若选择网络媒体，由于其时代性，很难找到 20 世纪 90 年代的数据，同时网络媒体纷繁复杂，权威性弱，舆情引导的能力稍逊。若选择广电媒体，则搜取文字信息困难，整理难度巨大。若选择地区性媒体，同样存在先前数据缺失的困难。因此，本书选择全国性的纸质媒体《人民日报》和省级报纸媒体"省级日报"的报道进行资料收集和数据来源。出于研究目的、数据可得性以及口径一致等因素，本书选择《人民日报》、省级党报的起始时间为 1978 年和 2000 年，截止时间定在 2016 年 8 月 31 日，研究只使用了该年前 8 个月的数据，因此该年度报道数量变化在折线图中用虚线表示，同时为了体现不同的扶贫战略阶段，将分界年份用虚线表示，并用序号表示各扶贫战略期。关于数据要求的具体说明如下。

《人民日报》被称为国家级党报，其影响力和权威性远远大于一般媒体，同时其数据有较高的可得性，能够在"人民日报官网"中检索到改革开放以来的报道。《人民日报》为本书提供了关于总体扶贫政策和各类政策措施的报道数量，通过标题检索"扶贫"与全文检索"扶贫政策名称"得到，其中年均报道数量在扶贫报道的变化图中用横线表示。与各类扶贫政策措施报道数量进行对比的战略政策内容筛选自含"扶贫"的重要扶贫政策文件。《人民日报》对各区域以及省级单位的扶贫报道数量，由检索全文含"扶贫"、主题含"省份名"得到，区域的相关报道则通过沿用东、中、西部的传统分类进行汇总得到。

省级党报是省级行政机关意志的体现，报道聚焦省内舆情，在省域内具有最大的权威性，能够较好地反映省内扶贫工作的进展，其检索在"CNKI报纸数据库"进行。本书中，各省级以及三大区域的报道数据，由设定"××日报"，标题检索"扶贫"得到，其中三大区域的报道经过同上的区域分类整理得到。

此外，我们还将两级党报报道数量与地区间的贫困人口及贫困发生率相结合，相关数据来自《中国农村贫困监测报告（2015）》，而后通过2010—2015年贫困发生率均值与各级报道数量建立坐标系，对扶贫政策实施的空间差异进行分析。

三 我国扶贫政策实施的时间连续性

改革开放以来，我国扶贫战略大体可以分为救济式扶贫（1978—1985年）、体制变革推动式扶贫（1986—1993年）、八七攻坚扶贫（1994—2000年）、综合式扶贫（2001—2010年）、区域带动式扶贫（2011—2013年）以及精准扶贫（2014年至今）六大战略。从报纸媒体中看出，我国扶贫政策的实施呈现出时间上的连续性，但在不同扶贫战略安排下，扶贫政策的关注度呈现出时间维度的非连续性。本小节首先从相关扶贫报道的整体视角分析政策实施的时间连续性，关注程度的非连续性。而后对所选的六种扶贫政策措施在文件中被强调的次数与相关报道数量的关系进行探究。

（一）各战略期扶贫政策实施的连续性：整体视角

随着我国扶贫战略的演变，从扶贫报道数量的变化上看，体现出国家重视程度上表现出非连续性。表2-1是我国扶贫的报道数量均值、标准差与变异系数统计量，从中可以反映阶段报道数量水平，以及每年报道量的波动以及离散（变异）程度。从扶贫战略阶段来看，阶段报道数量均值以及标准差在前三个和后三个战略阶段呈阶梯式增加。第三、第六阶段的年均报道数量水平较周边年份高，特别是第六阶段，年均报道数量达到265篇，而第一阶段相应的报道只有9篇，初期和末期战略间存在较大的差异。阶段标准差表现出相似特点，第三阶段和第六阶段的报道数量经历了较大的起伏，特别是最近阶段中，波动程度最大，较第三阶段增加了近一倍。由于报道数量标准差大于其均值，变异系数在初始阶段最高，达到1.491，而之后的变动轨迹呈现出与前两个统计值相同的特点，变异系数增加到第三阶段后，在第四阶段下降，在第五阶段回升，在最近阶段中达到历史最高水平，但其值与第三阶段相近。第三阶段和第六阶段是扶贫高度关注期，也是减贫高速变化期，报道数量较前阶段骤增，由于第三阶段报道数量在阶段中期减少，呈"倒U形"，而第六阶段中报道数量一致保持增加其各项统计指标均高于第三阶段。在初始扶贫阶段，年度报道数量的波动幅度较小，其余阶段有小幅增加。在1978年的扶贫阶段中，样本的标准差比均值还大，该阶段内年度报道数量在数年内持续走低，阶段初只有一到两篇，而在阶段末出现骤增，该阶段变异系数也达到历史最高。扶贫报道数量所体现出的扶贫政策实施时间上的连续性呈现怎样的变化？本书将对各战略期国家对扶贫关注程度的变化进行重点分析。

表2-1　　　　　各扶贫战略期报道数量主要统计量

年份	1978—1985	1986—1993	1994—2000	2001—2010	2011—2013	2014年至今
均值	9	56	153	77	96	265
标准差	13.42	18.85	66.33	28.17	39.89	117.16
变异系数	1.491	0.337	0.434	0.366	0.416	0.442

从图2-2中看出，党报在"八七扶贫攻坚计划"和"精准扶贫"阶段的报道数量最多，国家对扶贫的关注度较高。第三阶段中，我国逐渐认识到扶贫工作的边际效应递减，首次以特定的减贫数作为扶贫目标，进入"八七扶贫攻坚阶段"，力争七年减少八千万的贫困人口；第六阶段我国将户、人作为扶贫瞄准对象，进入全面小康冲刺的"精准

扶贫"阶段，国家全面聚焦扶贫。我国扶贫的报道数量出现过多次峰值。第三个阶段中，报道数量在1997年达到阶段最高水平，1994年以来，我国进入"啃硬骨头"的扶贫攻坚阶段，并出台了首个战略性的扶贫文件《八七扶贫攻坚计划》，我国对扶贫的关注度空前，从阶段初开始，扶贫报道数量增加了4倍多。1997年以后，我国经济、社会中出现了几件大事，比如特大洪水、金融危机，使得我国重视点出现转移，扶贫报道数量也出现减少，而之后的年份扶贫报道数量拉低了样本的标准差。进入"精准扶贫"阶段，我国细化了扶贫瞄准机制，扶贫办法日益完善，建立起了精准扶贫机制，扶贫工作受到国家的高度重视，扶贫报道数量骤增，至2016年前三个季度就达到历史最高水平。在最初的两个战略阶段中，国家对扶贫的关注度逐步提升。1985年以前，我国处于救济式扶贫阶段，国家只在1984年出台了首个关于扶贫的文件《关于帮助贫困地区尽快改变面貌的通知》，此后国家对扶贫的重视程度逐渐增加。随着扶贫工作的完善，我国对贫困的关注程度增加，1986年我国正式的扶贫机构成立以后，贫困减缓问题棘手，一系列的宏观经济的发展阻碍了1987年至1990年减贫的努力，扶贫报道数量至1990年下降了将近一半，但在1992年"八五"计划中报道数量又出现回升。进入21世纪后，报道数量变化处在新的阶梯周期，2001年我国出台的《中国农村扶贫开发纲要（2001—2010年）》开启了扶贫工作的新纪元，报道数量在阶段初出现增加。2003年我国贫困人口比上年增加了80万，这说明国家对贫困的重视程度出现下降，直至2005年国务院扶贫办、中央文明办等10部（办、委）颁布了《关于共同做好整村推进扶贫开发构建和谐文明新村工作的意见》，之后扶贫报道数量小幅增加，同时2008年出台《关于进一步促进整村推进扶贫开发工作的意见》，扶贫报道数量回升。整村推进的扶贫政策期间，从报道数量上看，没有出现较大的起伏，这与整村推进政策的减贫缓慢有关。2011年以后，新出台的《中国农村扶贫开发纲要（2011—2020年）》重要政策文件，使得国家对扶贫的重视度得以提升。因此，我国扶贫政策实施在时间上是连续的，但实施强度、关注强度存在非连续性。这种情况受到特定政策文件的出台以及相应的经济背景的影响。

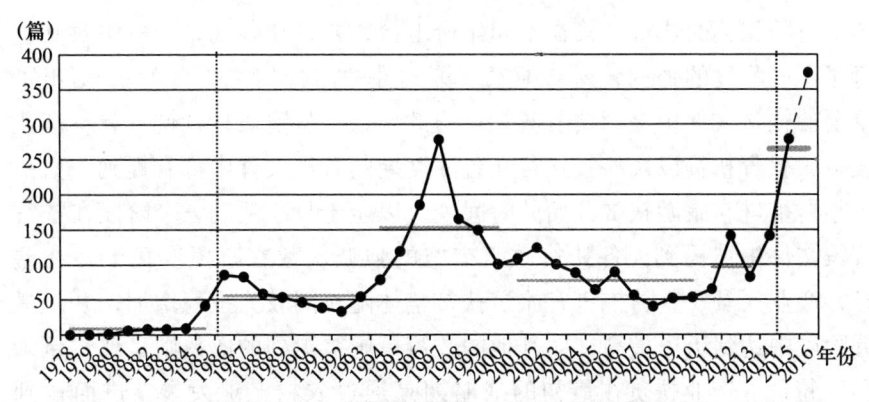

图 2-2 《人民日报》对扶贫的报道量

资料来源：人民日报。

（二）各战略期扶贫政策实施的连续性：政策分类视角

媒体对我国扶贫政策的关注度随着战略阶段的变化而变化，我们可以通过扶贫政策文件内容与相关政策报道的数量对比来分析扶贫政策实施的连续性。这里根据扶贫政策的相关特性选取的六项扶贫政策措施进行分析。产业扶贫、教育扶贫、科技扶贫、以工代赈，这几项政策出台时间早，可以获得较为完整的数据，其中教育、科技、产业扶贫在整个扶贫战略期的演变过程中都给予了相对较高的重视。此外，整村推进和旅游扶贫这两项政策措施又反映出我国扶贫政策的新趋势。为了方便研究，将政策文件中所包含的政策措施作为政策议程，媒体在不同阶段对扶贫政策的报道为媒体议程，通过两者对比得出该阶段对扶贫政策的重视程度的变化与该阶段实施特点。

表2-2　　　　　　　　扶贫战略阶段政策内容数量　　　　　　　　单位

政策分类\年份	1978—1985	1986—1993	1994—2000	2001—2010	2011—2013	2014年至今
产业扶贫	2	2	3	2	5	5
教育扶贫	1	1	2	4	6	5
以工代赈	—	2	2	1	1	3
科技扶贫	1	4	4	3	2	1
整村推进	—	—	—	3	3	4
旅游扶贫	—	—	—	—	1	3

我国相关的扶贫政策在不同年份出台，并且在各战略阶段中对其进行了不同程度的强调，这与国家政策文件的出台相关。表 2-2 给出了重要的扶贫文件中提到扶贫政策措施的次数。从阶段持续性上看，产业扶贫、教育扶贫以及科技扶贫在各战略期的政策文件中都有提到，而由于整村推进与旅游扶贫开始的时间晚，以至于只有两到三个阶段在扶贫政策文件中被提到。各扶贫政策措施的强调次数在阶段变化上存在差异，产业扶贫、整村推进、旅游扶贫整体随时间较为平稳增加，并在最近阶段中达到历史最高，而其他的政策措施被提到的次数则呈现"倒 U 形"特征。产业扶贫在最初的战略期是通过农村产业发展，进而达到扶贫的目的，在 1984 年的扶贫文件《关于帮助贫困地区尽快改变面貌的通知》中最先提出，同时该文件还强调加强农村教育，而科技扶贫在 1985 年《关于加强贫困地区经济开发工作的通知》的文件中提出。这三种政策措施，总体呈稳定增加的态势，其中产业扶贫的政策议程第三阶段出现微小的起伏；教育扶贫的政策议程从第四阶段以来，开始出现较大幅度的增加，并在第五阶段达到历史最高水平，2013 年国家开启了教育扶贫工程，出台了《关于实施教育扶贫工程意见的通知》，与第五阶段国家的高度重视相对应；科技扶贫的政策议程在第二、第三阶段，国家最为重视，之后便出现持续的下降。1987 年《关于加强贫困地区经济开发工作的通知》首次提出以工代赈，其政策议程变化轨迹在 1986—2000 年以及 2014 年以后出现波动。整村推进和旅游扶贫分别在 2004 年和 2013 年首次提出，并在之后不断完善。从扶贫政策议程的阶段性变化来看，我国经历了由产业扶贫—科技扶贫—教育扶贫—产业扶贫的转变。

随着扶贫战略的演进、政策的出台，报纸媒体对扶贫政策的报道呈现多元化特点。我国自 1984 年以来实行了六项以工代赈的办法，1994 年后，《国家八七扶贫攻坚计划》中指出再增加 10 亿元以工代赈资金执行到 2000 年，支持以工代赈，该阶段的相关报道数量达到最多，第四到第五阶段，阶段年均报道数量减少了近 1.5 倍，我国逐渐降低对其重视程度。科技扶贫始于 1986 年，我国开展了"星火计划"等办法提高农业科技水平，1997 年，我国出台了首个科技扶贫文件《1996—2000 年全国科技扶贫规划纲要》，同时《国家八七扶贫攻坚计划》也使得该阶段年均报道数量达到历史最高水平。科技扶贫的年均报道量受到惠农政策以及农业现代化的影响，在第六阶段又出现增加。有关产业扶贫的报道数量逐年增加，并且增加幅度越来越大，特别是2011年以后，随着农业生产率的发展，我国在政策文件中多次强调特色农业产业的发展，产业扶贫逐渐成为精准扶贫的重要办法受到国家的重视。随着扶贫战略的演进，许多扶贫办法也可以纳入产业扶贫，比如电商、旅游扶贫等，均通过产业化来实现规模减贫。整村推进和旅游扶贫的报道时间较晚，是我国在扶贫过程中新的探索，其中旅游扶贫的报道先于整村推进，并且呈增加态势。2000年我国设立了首个扶贫攻坚试验区，《人民日报》开始对旅游扶贫进行少量的报道，2011年以后我国出台了《关于大力实施乡村旅游扶贫倍增计划的意见》，特别是采取"精准扶贫"办法以后，2014年出台了《关于实施乡村旅游富民工程，推进旅游扶贫工作的通知》，旅游扶贫的报道数量较前一年增加了6倍多。整村推进的阶段年均报道量同样保持逐年增加，但其增加幅度逐年减少，整村推进在2004年以文件形式正式提出，是该阶段的主要扶贫瞄准方式，其中在第四阶段中后段受到政策影响出现两次波动，在第五阶段，我国注重区域开发式扶贫，随着扶贫瞄准的多元化，整村推进在《扶贫开发整村推进"十二五"规划》和《关于创新机制扎实推进农村扶贫开发工作的意见》中得到进一步深化，阶段年均报道数量逐阶段增加（见表2-3）。从扶贫战略阶段的报道数量变化来看，扶贫政策在战略期的关注度经历了科技扶贫—整村推进—产业扶贫的演变。

表2-3 《人民日报》在各扶贫战略阶段相关政策年均报道量　　单位：篇

政策分类＼年份	1978—1985	1986—1993	1994—2000	2001—2010	2011—2013	2014年至今
产业扶贫	0	0.1	1.3	3.4	25.3	95
教育扶贫	0	1.25	13.1	11.6	18	50.7
以工代赈	0	17.4	28.6	18.8	13	12.7
科技扶贫	0	27.75	45.4	15.8	7	16.3
整村推进	0	0	0	23.5	34.3	38.3
旅游扶贫	0	0	0.4	1.9	4.7	29.3

从扶贫战略阶段上看，扶贫阶段的政策议程和媒体议程有一定的相关性，首先从各政策措施数量阶段演变上看，产业扶贫、科技扶贫、整村推进以及旅游扶贫的变动趋势一致，并在最后阶段达到历史最高水平。从扶贫政策阶段变化上来看，第二、三阶段的政策议程和媒体议程对政策的重视程度一致，均关注科技扶贫与整村推进。此外，政策议程逐渐提高对教育扶贫的重视，虽然媒体议程对教育扶贫的阶段年均报道数量增加，但媒体议程更注重当下新出台的政策——整村推进。在最近的战略阶段中，教育扶贫的重视程度大幅提升，仅次于产业扶贫，同时与其他相关政策报道数量有较大差距。

四 我国扶贫政策实施的空间差异性

扶贫报道反映的扶贫政策实施除了在时间上具有非连续性，在不同的地区也存在空间差异。依照传统的区域划分方法，将我国分为东、中、西部三个区域，首先从区域省级党报的报道数量上反映区域间扶贫政策实施的空间差异性，然后根据省级单位的贫困状况与相关报道数量，探讨各省级单位间扶贫政策的空间差异。

（一）三大板块扶贫政策实施的空间差异分析

《人民日报》对三个地区的报道数量体现了国家层面对地区扶贫的重视度，东、中、西部三个地区的报道数量的变化存在相似性，分别在2001年、2004年、2010年以及2014年经历了4次较为明显的起伏，但其变化的幅度存在地区差异。随着2001年《中国农村扶贫开发纲要（2001—2010年）》、2004年《关于加强贫困地区农村基层组织建设，推动扶贫开发整村推进工作的意见》、2010年《中国农村扶贫开发纲要（2011—2020年）》以及2014年的"精准扶贫"阶段等重要战略政策文件的出台，扶贫相关报道在这些政策出台后开始增加，并在2002年、2008年、2011年以及2015年增加至各阶段最多。从地域报道数量差异上看，《人民日报》对西部地区的报道数量始终保持最多，我国西部地区贫困程度深，是扶贫工作中的重点、难点，国家对其关注度明显高于其他两个地区。随着扶贫战略与政策的演进，西部地区的相关报道数量与东、中部的差距逐渐拉大，特别是在2014年以后，对西部地区的报道数量大幅增加（见图2-3）。2011年后，西部地区所存在的连片特困区成为扶贫关注的重点。2014年以后，"精准扶贫"成为主要扶贫办法，随着国家对扶贫工作的进一步深化，西部地区受到了更高程度的重视。从历史报道数量变化来看，西部地区的报道数量均方差要比其他地区大，国家对西部地区的报道数量历年变化较大，也从侧面说明国家对扶贫政策关注度、政策实施的持续性不足。

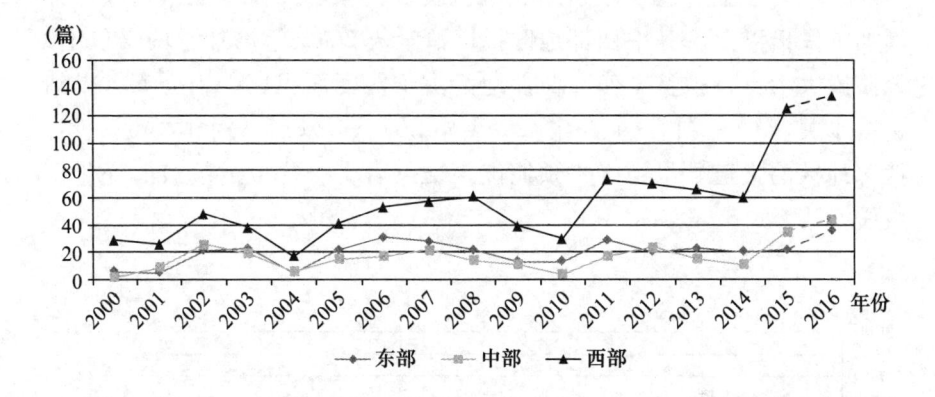

图2-3 《人民日报》报道量

从各省级党报来看，各地区扶贫报道数量之间的变化有较高的一致性，报道数量在2005年、2008年以及2014年受到扶贫战略和政策的影响有较为明显的增加。各地区之间报道数量存在差异。首先，从报道数量上反映出西部地区省份对扶贫的重视程度始终高于东、中部地区，并随着时间的推移，相互的差距逐渐拉大，特别是在2014年以后，西部的报道数量比东、中部的高出两倍多。东部地区的报道在阶段初开始时间较晚，相比中、西部地区2001年报道数量的增加，直到2005年东部地区报道数量才有较为明显的变动，该区域对扶贫政策的反应程度要低于其他区域。2001年出台《中国农村扶贫开发纲要（2001—2010年）》后，中部和西部的省级党报报道数量增加，而东部地区在2005年以后才有明显变动。东部地区经济情况要好于中、西部地区，加强经济建设，稳定经济增长，兼顾扶贫是其21世纪的主要目标，东部地区党报对扶贫报道数量不多。2005年我国出台了关于整村推进的重要文件《国务院扶贫开发"整村推进"工作的意见》后，区域间省级报道数量同时出现增加，特别是西部地区，比中、东部的总和还多，对政策关注持续性的增强也可以在报道数量增加的持续性上反映出，贫困多集中在西部地区，特别是西部的农村地区，国家因此更关注该地域整村推进的实施。随着扶贫工作的深入，国家日益提高对西部地区的重视，西部地区报道数量在经历2007年的波动后增加，西部地区报道数量与东、中部的差距逐渐拉大，并在2014年比东、中部地区的报道数量高出一倍。2014年以后，我国进入"精准扶贫"阶段，三个地区报道数量都增加了一倍以上，其中西部地区报道数量较2013年增加了两倍以上，该阶段大力支持扶贫工作，西部地区由于贫困面积广、程度深，得到进一步关注（见图2-4）。图2-4中2016年以后，由于不足一年，西部地区的报道数量下降，预期该年结束后，扶贫报道数量的变化将放缓。

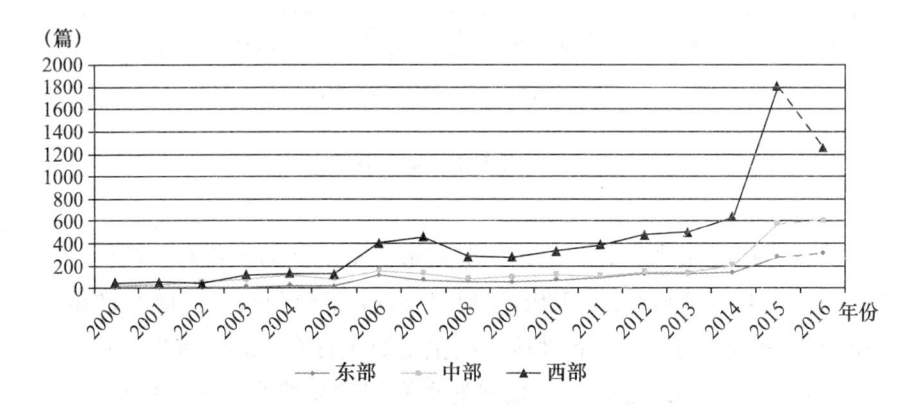

图2-4　省级日报关于扶贫的报道量

（二）省际扶贫政策实施的空间差异分析

基于省级单位的自身贫困水平的差异，处于西部地区的大部分省份都要比东、中部地区的贫困程度更深。扶贫政策的实施，即党报对扶贫的报道数量在不同省份间也存在差异，前文中研究发现贫困发生率与报道数量的关系。所以通过2010—2015年平均贫困发生率，将其与不同层级党报报道数量相联系，进而反映出各省对扶贫工作的重视程度、政策实施的空间差异。

第二章 我国扶贫政策实施的时间连续性及空间差异性研究

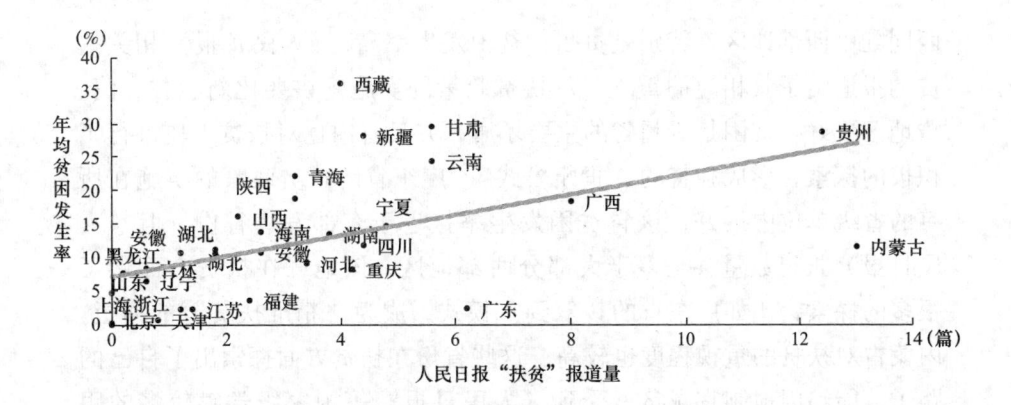

图 2-5 2010—2014 年各省贫困发生率与《人民日报》"扶贫"报道量

《人民日报》的报道针对省级单位扶贫工作的进展，代表地区的扶贫工作引起了国家的注意，可以体现出省级单位扶贫的实施情况。图2-5揭示了各省级单位扶贫报道数量和年均贫困发生率的关系，由于国家级党报面向全国，所以针对报道数量较少。横坐标为报道数量，纵坐标为年均贫困发生率，两者拟合成一条向右上倾斜的直线，根据地区相关指标呈现出的特点，将省级单位分为两个部分。大部分省份的相关指标点分布在拟合线周围，贫困发生率越高的地区，报道数量相对较多，处在拟合直线的右半部分，而贫困人口较少，经济发展水平高的地区则处在拟合直线的左半部分。但也有部分省份远离拟合线，与拟合线周围的省份形成空间上的差异。以青一宁一粤为界将省份特征分为两部分，北京上海地区年均贫困发生率最低，距离原点最近，东部发达省份点的分布较为密集，处在拟合线下方，贫困发生率很低，不需对扶贫有太高的重视。第一部分除了广东和内蒙古以外都属于西部地区，其中有些省份距离拟合线较远，其扶贫政策的实施存在好坏差异。西藏的贫困发生率最高，而《人民日报》对其扶贫方面的报道很少，扶贫工作未引起地方政府相应的重视，同时西藏周边的一些西部省份如新疆、云南、甘肃等地也都存在贫困现状与报道数量不符的现象，这说明地方政府对扶贫工作的重视程度不够或者说对国家有关扶贫政策实施不力。山西、陕西作为中部地区贫困发生率较高的省份，两指标值的报道数量较少，扶贫减贫工作同样没有受到地方政府的重视。部分省份扶贫工作积极，《人民日报》的报道数量多，且与其贫困发生率相对应。贵州和广西同处中西部地区,特别是贵州,贫困发生率高,《人民日报》相关扶贫的报道给予其相应的重视,从扶贫政策的实施来讲要比新、甘、滇、藏地区更好。贫困是贵州省的主要矛盾,并且省内也对扶贫工作进行了积极的探索,形成独特的"贵州模式"。广东省的扶贫政策的实施在所有的省级单位中最好,该省贫困发生率接近于东部发达省份,但《人民日报》报道数量甚至多于大部分西部地区,该地区在扶贫方面做了很多的探索,比如广东省的"双到"模式,成为"精准扶贫"的样板。内蒙古对扶贫的重视程度也较高,这些省份在扶贫方面探索出了自己的路子,能够因地制宜减贫,受到《人民日报》等国家级党媒较多的跟踪报道。

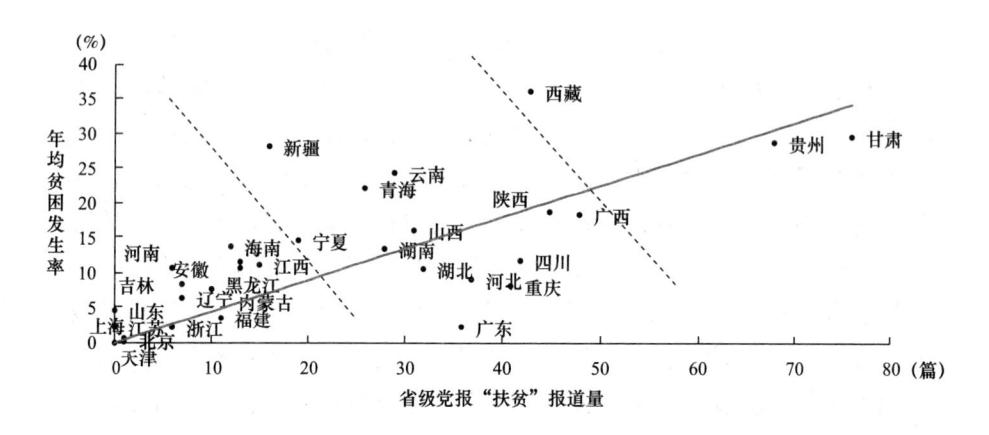

图 2-6 2010—2014 年各省贫困发生率与省级党报"扶贫"报道量

各省级党报立足省内扶贫情况,有更强的聚焦性,报道数量要比《人民日报》相对较多。图 2-6 的整体拟合情况较好,根据不同值点在拟合直线周边的分布,可以根据省份特征分为三个集团,在图 2-6 中用虚线隔开:第一集团基本都为东、中部地区,贫困程度浅,省级单位对扶贫的重视程度也低;第二集团多为中部落后省份、西部省份以及广东省,其中有部分省份扶贫政策实施同国家党报报道存在异同;第三集团为西南和西北落后省份,其中贵州省和甘肃省对省内贫困问题较为关注。东部地区中,上海的两项指标均为零,处在原点位置,同时北京、天津、江苏等地的经济发展水平高,贫困的相关报道也少。其中部分中部地区处在了第一集团的行列，比如内蒙古、安徽、河南，相比国家级党报，这些省级党报有较多的报道。第二集团中，绝大部分中西部省份，新疆、青海、云南的贫困发生率高，但其省级单位内部的关注度不足。其中广东省处在第二集团行列，较低的贫困发生率，而有多于新疆等地的扶贫报道数量，扶贫工作仍然受到省内的高度重视。第三集团中，西藏地区的贫困发生率指标最高，但其省内相关报道数量仍旧不足，省级单位对扶贫的重视程度不够，但较国家级的报道中，其在坐标系中所处的位置更靠近拟合线，说明省内的关注度较国家高，但总体仍旧不足。新疆与西藏的情况不难理解，在环境恶劣的边疆地区，由于气候、地形、宗教等因素，扶贫工作展开艰难，效果甚微，很少有对其相关进展的报道。贵州省和甘肃省贫困发生率相近，仅次于新疆、西藏地区，但其值点靠近拟合直线，并处在其下方的位置，可以看出其省级单位内部对扶贫有更高的重视。

（三）省级单位报道数量的差异分析

省级党报与《人民日报》的报道数量有明显地区差异。从《人民日报》报道的角度看，报道数量排前十一位的省级单位中，除广东省外其余都属于西部地区，《人民日报》对内蒙古、贵州、广西的报道数量最多，反映出国家对这些地区扶贫工作的重视。北京、上海、山东等地区经济发展水平高，国家没有对这些地区扶贫的报道，或者很少，这与图2-5、图2-6形成对照。中部省份中，《人民日报》对河北、陕西、山西的关注度较高，而对安徽的报道数量较少。从省级党报角度看，甘肃、贵州等六个西部省区内部对扶贫的报道较多，按数量序列来看，甘肃和贵州两省的报道数量要比后一位的广西多20多篇，省级单位内部对扶贫具有更高的重视程度。而在云南、青海、宁夏、新疆等省区内对扶贫政策关注的不足，报道数量低于部分东中部地区。广东省内的相关报道数量仅次于排名前六的西部地区，作为东部经济发达省区，省内对扶贫工作高度重视。河北、山西、湖北等中部地区对扶贫的重视程度较高，而河南的省级报道数量在中部地区最少，省内对扶贫问题重视度不足。上海、北京、江苏等东部地区对扶贫的报道数量较少。综上可知，由于各级党报的聚焦度问题，《人民日报》的报道数量要比省内的少，从其报道数量的对比，即将其在图2-5、图2-6中所处坐标系的相对位置进行对比，在相同的贫困发生率下，可以反映出两级政府对于扶贫的重视程度的差异。无论在省级还是国家级层面,从报道数量上都体现出贵州省、广东省对扶贫的重视,特别是广东省给予扶贫工作超高度重视。省级单位两级党报对扶贫的报道存在差异。内蒙古、陕西、四川等省份国家对其扶贫关注度较高,但其省内对扶贫的关注度不足,西藏、甘肃等地则正好相反,省内关注度高而国家层面低。从报道数量上看,只有江苏省在数量上少于省级报道。

五 研究结论及政策启示

本书将各级党报的报道数量作为代理变量,通过描述性统计分析对扶贫政策实施时间的连续性和空间的差异性进行探讨。发现扶贫政策实施,即关注度在时间上非连续性,并且在区域间、省级单位间存在差异,得出以下结论。

扶贫虽然是我国发展进程中政府的核心工作之一,但从党报报道数量上反映出的政策实施的关注度却存在时间上的非连续性。扶贫政策在不同战略期有各自特点,并且受到不同程度的刺激,报道数量的变化受到重大扶贫政策文件、客观经济、社会背景的影响,前者对扶贫报道形成刺激,直接影响报道数量的变化,而后者则通过报道重点的转移来影响扶贫相关报道数量。党报报道量的程度与高速减贫战略期相对应。随着我国扶贫工作的推进,贫困人口和贫困发生率出现下降,但各扶贫阶段的变化幅度存在差异,其中第三、第六阶段贫困发生率下降的幅度最大,而阶段年均报道数量也在这两个阶段中最多。此外,根据贫困发生率与报道数量的对比,发现贫困发生率与报道数量拟合成一条向右上倾斜的直线,报道数量越多,贫困发生率越高。

扶贫政策的实施在不同地区存在变化的一致性和空间的差异性。从三大区域来看,两级党报看扶贫政策的实施,不同区域其对扶贫关注程度的变化具有一致性。由于西部的贫困程度较深,各级党报对西部地区的报道数量最多,并且在时间序列上与其余地区差距拉大。不同地区的实际贫困程度的差异决定了扶贫政策实施在空间上的差异性。省级区域对于政策实施的关注度与其实际贫困程度在整体上存在较高的正相关性,但就局部层面而言,省际差异显著。在国家和省级层面,各省区值点拟合成向右上倾斜的直线，扶贫的相关报道数量增加，贫困发生率上升。但部分省份对扶贫的重视程度不足。比如新疆、西藏、云南、青海等西部地区，国家和省级单位对其地区的重视度不足。同时也有部分省份的国家和省级报道存在差异，比如内蒙古、甘肃等地。而广东省和贵州省则对地区扶贫工作高度重视，并且引起国家层面的关注。

本书启示我们，基于党媒的宣传与监督两大作用，在其与政策的实施中，两者间存在一种互动关系，上升到政策实践层面，党媒可以成为政府和人民群众间的桥梁纽带，并期望建立一种良性互动循环，以提升政策实施效果。党媒自上而下发挥政策宣传作用，使群众对相关政策有一定认知；自下而上则形成向上的反馈机制，充分发挥党媒的监督作用，党媒的两大重要作用必须引起各级政府的高度重视。国家与各省区需努力创造政策实施的积极的舆论大环境，同时要及时矫正政策实施偏差，通过搜集民意，反映群众的需求，增强反馈机制，为政策实施过程的优化和政策实施效果的增强提供有力的舆论保障。

第三章 减贫效果评估：一组计量分析

一 已有研究回顾

伴随经济的快速发展，以经济增长带动农村贫困减缓的开发式扶贫取得显著成果。农村减贫的评价会受到贫困标准的提高、减贫压力的增大等因素影响，但整体来看，农村减贫效果值得肯定。经济增长和收入分配是影响贫困变化的两个重要因素，当贫困的标准不发生变化时，经济的增长会使平均收入提高，这显然有助于贫困的减缓。随着经济的高速增长，收入差距可能扩大，当收入差距扩大时，则会对贫困的减缓起到阻碍的作用。经济的高增长使我国农村贫困人口不断减少，但我们期望收入分配的状态能够得到有效改善，从而使贫困减缓有更佳的效果。

在讨论经济增长、收入分配对贫困减缓的影响时，经济增长的穷人受益性特征越来越受到关注。Dollar 和 Kraay 发现经济增长是反贫困政策的中心①，它能给包括穷人在内的所有人都带来好处，政府干预政策无法影响穷人的收入份额。因此，减贫的关键在于经济增长。而 Kakwani 和 Pernia 认为，经济增长虽然是贫困减缓的重要因素②，但不能解释贫困下降的大部分原因，经济增长并不会自发地有利于穷人，伴随经济增长过程的收入分配也有着非常重要的作用。

改革开放以来，经济增长和收入差距是我国农村贫困变动的两大基本因素，大量的研究结果认为：贫困的减少依赖于经济增长，收入差距

---

① Dollar, D. and A. Kraay, Growth Is Good for the Poor. *World Bank Working Paper*, 2000.
② Kakwani, N. and E. Pernia, What is Pro – Poor Growth? *Asian Development Review*, 2000 (1): 1 – 16.

扩大抵消了经济增长带来的部分减贫效应。汪三贵认为减贫的主要推动力是经济增长①，其作用主要表现为：一是给贫困人口提供了更多的就业机会的直接效应，二是给政府带来更多的财政收入，使政府更有能力去帮助贫困人口的间接效应。Huang 等认为中国经济的快速增长，为缓解农村贫困提供了坚实的经济基础，为贫困人口的大幅减少做出了重大贡献。实证研究方面，林伯强通过农村分组收入数据测算中国农村穷人收益指数②，发现农村贫困人口从经济增长的扩散效应中收益。胡兵等根据统计年鉴的分组数据推算各年份的收入差距和贫困指标③，并发现农村穷人在经济增长中的获益少于富人。文秋良、谢金鹏利用经济增长和贫困数据测算了中国经济增长对减少贫困的作用④⑤，结果发现贫困发生率对中国经济增长有较大的弹性绝对值。陈立中在收入分组数据的基础上重新估计了中国农村的基尼系数和贫困指标⑥，认为农村减贫进程存在着明显的波动性和不一致性。李小云等通过分省的经济增长和贫困数据研究中国 21 世纪以来经济增长与贫困减少的关系⑦，结果表明，进入 21 世纪以来，中国的经济增长依然对减少贫困发挥着显著的作用，但贫困减少的速度低于经济增长的速度。以上研究大都基于总量或收入分组数据。微观层面，万广华和张茵、杜凤莲和孙婧芳根据 CHNS 数据以及农研中心固定观察点数据⑧⑨，发现不同阶段贫困减缓的经济增长

---

① 汪三贵：《在发展中战胜贫困——对中国 30 年大规模减贫经验的总结与评价》，《管理世界》2008 年第 11 期。

② 林伯强：《中国的经济增长、贫困减少与政策选择》，《经济研究》2003 年第 12 期，第 15—25 页。

③ 胡兵、胡宝娣、赖景生：《经济增长、收入分配对农村贫困变动的影响》，《财经研究》2005 年第 8 期，第 89—99 页。

④ 文秋良：《经济增长与缓解贫困：趋势、差异与作用》，《农业技术经济》2006 年第 3 期，第 8—13 页。

⑤ 谢金鹏：《经济增长、收入分配与中国农村贫困问题研究》，博士学位论文，西北大学，2008 年。

⑥ 陈立中：《收入增长和分配对我国农村减贫的影响——方法、特征与证据》，《经济学》（季刊）2009 年第 2 期，第 711—726 页。

⑦ 李小云、于乐荣、齐顾波：《2000—2008 年中国经济增长对贫困减少的作用：一个全国和分区域的实证分析》，《中国农村经济》2010 年第 4 期，第 4—11 页。

⑧ 万广华、张茵：《收入增长与不平等对我国贫困的影响》，《经济研究》2006 年第 6 期，第 112—123 页。

⑨ 杜凤莲、孙婧芳：《经济增长、收入分配与减贫效应——基于 1991—2004 年面板数据的分析》，《经济科学》2009 年第 3 期，第 15—26 页。

效应与收入分配效应存在差异。罗楚亮在住户调查数据的基础上[①]，讨论了不同时期经济增长和收入差距对于农村贫困减缓的作用大小，估算了不同年份经济增长和收入差距的贫困减缓弹性。

尽管许多学者采用不同的方法和数据测算不同阶段经济增长、收入差距与贫困减少的关系，但大多数学者认为进入21世纪以来经济增长对农村贫困减缓的效果逐渐减弱。然而，由于我国官方贫困标准过低，在2008年、2011年进行了两次提高，使得贫困标准难以统一，大多数学者的研究仅限于2008年之前，对21世纪以来中国经济增长、收入差距对贫困减少的影响进行系统的研究鲜有报道。那么，进入21世纪以来中国经济增长和贫困减少的变化以及作用如何，这种作用在省级与全国是否存有较大差异等问题，直接涉及如何制定和调整国家扶贫战略的方向和措施。

本书基于收入分组数据，重新测算了贵州和全国的贫困FGT指数，并在此基础上尝试估计了贫困的增长弹性，并根据Shapley分解原则，测算不同时期农村居民收入增长、收入差距变化对于贫困变动的影响，最后通过建立Lorenz曲线和贫困指示增长曲线，研究2000年以来中国和贵州经济增长是否是亲贫式增长，分析农村不同收入群体在经济增长中的获益情况。

二 数据来源与贫困线选取

（一）数据来源

数据来自《中国统计年鉴》《中国农村住户调查年鉴》《贵州统计年鉴》《贵州六十年》中2000—2014年按收入五等分组的农村居民家庭收入部分。为保持收入口径的一致性，我们采取农村家庭人均纯收入作为指标。依照中国和贵州农村CPI指数将各年份的名义收入按选取的贫困线标准调整至2000年价格水平。此外，全国农村居民家庭人均纯收入的调整按全国农村居民CPI调整（官方贫困标准除外），贵州农村

[①] 罗楚亮：《经济增长、收入差距与农村贫困》，《经济研究》2012年第2期，第15—27页。

居民家庭人均纯收入是按贵州农村 CPI 指数进行调整，而贵州和全国使用相同的贫困标准是按全国农村居民 CPI 调整的。

（二）贫困线选取

衡量一国贫困现象的首要前提是选择正确的贫困标准。从国内看，20 世纪 80 年代中期以后，我国贫困线难以适应快速发展的经济环境，亟须调整。我国初期的贫困线主要是计算出基期的食物贫困线后再根据价格指数进行调整，1997 年政府有关部门在对农村居民家庭消费支出调查的基础上计算得出的农村人均纯收入为 640 元，其中 2000—2006 年国家贫困线就是在这个标准上按农村居民消费价格指数进行调整而来的。2008 年我国高低贫困线合并后采用一条贫困线，贫困标准提升至 1196 元。2011 年 11 月 29 日中央扶贫开发工作会议决定将国家扶贫线提升至 2300 元。经计算，该标准事实上即等同于按当前人民币对美元汇率计算的"1 天 1.25 美元"标准。从国际看，1988 年世界银行测算出人均每天 1 美元的国际贫困标准，当年折合为人民币 518 元，其余年份按消费价格指数调整。2005 年我国首次参加国际测算的项目，世界银行通过分析此次参与结果，重新测算出 2005 年体系，将国际贫困标准由 1988 年提出的 1 天 1 美元，提升至 1 天 1.25 美元（在 2005 年，按照家庭个人消费支出的购买力平价 PPP，相当于 5.11 元人民币）。2015 年国际贫困标准提升至 1.9 美元。

由于官方贫困标准 2008 年、2011 年有两次较大提高，标准不能统一。1997 年贫困标准较低，导致 2008 年之后我国 FGT 指标过低，难以进行贫困 Shapley 分解。新的国际贫困标准是 2005 年之后才提出的，因此为使贫困线统一标准，更加客观全面地评估农村贫困状况，2000—2013 年我们采用"1 天 1 美元（2000 年调整为 1229 元）"的贫困标准对贵州和全国 2000—2014 年的贫困进行阶段性分解。

三　模型设定

（一）贫困的测度

J. Foster，J. Greer 和 E. Thorbecke 于 1984 年发表在 *Econometrica* 题为 "A Class of Decomposable Poverty Measures" 的经典文章中所构造的

基于同一类别下不同衡量方法的 FGT 贫困测量体系作为衡量贫困的变量，该方法被广泛使用的原因在于，一旦贫困线确定下来，通过如消费和收入等家庭生活水平的数据可以构造不同的衡量贫困的办法，其一般形式如下：

$$\begin{cases} 离散形式(\text{Discrete}): P_\phi = \frac{1}{n}\sum_{i=1}^{k}(\frac{z-x_i}{z})^\phi, \phi \geq 0; \\ 连续形式(\text{Continuous}): P_\phi = \int_0^z [\frac{z-x}{z}]^\phi f(x)\,dx, \phi \geq 0. \end{cases} \quad (3-1)$$

其中，以离散形式为例，z 是贫困线，x_i 为第 i 个人的生活水平，k 是贫困人口的数量，ϕ 为非负参数，取值分别为 0、1、2，当 $\phi=0$ 时，P_0 表示贫困发生率（Headcount Index），$H = P_0 = \frac{k}{n}$；当 $\phi=1$ 时，P_1 表示（Poverty Gap Index），$PG = P_1 = \frac{1}{n}\sum_{i=1}^{k}(\frac{z-x_i}{z})$；当 $\phi=2$ 时，P_2 表示（Squared Poverty Gap Index），$SPG = P_2 = \frac{1}{n}\sum_{i=1}^{k}(\frac{z-x_i}{z})^2$。需要进一步加以说明的是，$H$ 展示了总人口中贫困人口的比重，因而它是与衡量社会中贫困的广度非常相关的指标变量，但 H 并不能反映贫困人口的贫困深度，为了达到这一目的，可以用贫困人口的消费或收入与贫困线之间差异的平均比率 PG 来表示。更进一步，与贫困线差异的比率的平方的平均水平 SPG，也即严格贫困指标（Severity of Poverty Index，SPI）[①]，该变量的重要意义在于，因为对贫困差距取平方，与消费和收入水平接近贫困线的人口相比，处于极度贫困状态，即距离贫困线更远的人口在最终结果的呈现中被赋予了更大的权重，反映出贫困人口间的不平等状况。三个指标联用能够较为全面地反映贫困及其变动情况。度量贫困的时候，除了贫困人口指数外，使用贫困缺口或者贫困缺口的平方也很重要，它们度量了收入及贫困的不同方面，贫困人口指数有助于考虑让贫困人口中最富裕的人们摆脱贫困的有效政策，而 FGT 则强调帮助远

---

① Yujiro Hayami and Yoshihisa Godo. *Development Economics: From the Poverty to the Wealth of Nations*. 3rd Edition, New York: Oxford University Press, 2005: 198.

离贫困线的人们①。

（二）贫困增长弹性

估计贫困的增长弹性是由 Ravallion 和 Chen（1997）中的模型扩展而来的：

$$\log P = \alpha + \beta\log\mu + \gamma\log g + \varepsilon \tag{3-2}$$

对方程（3-2）一阶求差，消掉 α 得：

$$\Delta\log P = \beta\Delta\log\mu + \gamma\Delta\log g + \Delta\varepsilon - \beta\Delta v - \gamma\Delta\tau \tag{3-3}$$

式中 P 为贫困指标，α 是固定效应，反映的是分配上不随时间变化的差异，β 是贫困的经济增长弹性，μ 是经济的增长指标，γ 是贫困对收入不平等的弹性，g 是反映收入不平等的基尼系数，ε 为包含贫困指标误差的 $white-noise$ 误差项。

根据测算的 FGT 指数，我们分别以 H（贫困率）、PG（贫困深度）、SPG（贫困强度）作为贫困指标，建立三个不同的模型，其经济增长指标以农村居民人均纯收入（mean）表示，收入的不平等指标以基尼系数（gini）来表示。

（三）贫困的 Shapley 分解

假设贫困指数 P 由三个因素确定：平均收入水平 u、洛伦茨曲线（收入分布）、贫困线 z，即 $P = P(u, L(p), z)$ 贫困线不发生变动时则可直接表示为 $P = P(u, L(p))$。时期 1 和时期 2 的贫困指数则可分别表示为：$P_1 = P(u_1, L_1(p))$ 和 $P_2 = P(u_2, L_2(p))$。

根据 Bourguignon（2002）用来评估宏观经济政策对贫困及其分布变动影响的分析基础，在贫困分析过程中可以把贫困变动分解为两个部分：一部分是由于经济增长带来的收入一致性增长；另一部分则是由于相对收入的变动，即收入不平等状况。第一部分普遍被学者命名为"增长效应"，即表示在没有改变分配的情况下收入的增长，此时收入分布的形状没有变化，但是其位置发生了平移；第二部分普遍被学者命名为"分配效应"，即表示保持总体收入均值不变情况下收入分配的变动，此时收入分布的位置没有变化，但其形状发生了变化。因此，平均收入水平和收入分布的变化都可能会导致贫困指数的变动。Catt 和

---

① 林伯强：《中国的经济增长、贫困减少与政策选择》，《经济研究》2003 年第 12 期，第 15—25 页。

Ravallion（1992）首先给出了从时期 1 到时期 2 贫困指数变动的增长效应和分配效应的分解形式：

$$\Delta P = P_2 - P_1 = [P(u_2, L_r(p)) - P(u_1, L_r(p))] + [P(u_r, L_2(p)) - P(u_r, L_1(p))] + R \quad (3-4)$$

下标 r 表示参照组。(3-4) 式右边分别为贫困变动的增长效应、分配效应和残差项。这一分解形式受到两点批评：增长效应和分配效应的大小依赖于参照组的选择；分解不具有完全性，存在不可解释的残差项。为克服分解不完全性，Shapley 分解原则对此进行了某种程度的改进，根据 Shapley 分解原则，可以将两个时期贫困变动分解为：

$$\Delta P = P_2 - P_1 = \frac{[P(u_2, L_1(p)) - P(u_1, L_1(p))] + [P(u_2, L_2(p)) - P(u_1, L_2(p))]}{2} + \frac{[P(u_1, L_2(p)) - P(u_1, L_1(p))] + [P(u_2, L_2(p)) - P(u_2, L_1(p))]}{2} \quad (3-5)$$

(3-5) 式将所考察的两个时点分别作为参照组并取两者的平均值，因此可以得到完全分解形式，右边的第一项给出了增长效应，而第二项给出了分配效应。(3-5) 式克服了 (3-4) 式分解中所存在的参照组选择问题。

（四）Lorenz 曲线和贫困指示增长曲线

Lorenz 曲线是最常用、最直观的表示收入（消费）差别的方法，它表示当研究对象的收入水平从低到高排列时，一定人口的累积比例所对应的收入累积比例。Lorenz 曲线方程可表示为：

$$l = l(p, \pi) \quad (3-6)$$

其中，l 为收入的累积比例，p 为人口的累积比例，π 为待估计参数向量。根据定义，gini 系数可由下列公式求出：

$$l = l(p, \pi) \quad (3-7)$$

$$\text{gini} = 1 - 2\int_0^1 l(p, \pi) \, dp \quad (3-8)$$

根据定义，Lorenz 曲线可由下列公式表示：

$$l(p) = \frac{u_p p}{u} \quad (3-9)$$

其中，u_p 是累计 $p\%$ 人口所拥有的平均收入，u 是样本总体的平均收入。对该方程两边取对数得：

$$\ln(u_p) = \ln(ul(p)) - \ln(p) \tag{3-10}$$

对两边去一阶差分以后得：

$$\Delta\ln(u_p) = \Delta\ln(u) - \Delta\ln(l(p)) \tag{3-11}$$

以 $g(p)$ 代表 $\Delta\ln(u_p)$，以 g 代表 $\Delta\ln(u)$，该方程变为：

$$g(p) = g - \Delta\ln(l(p)) \tag{3-12}$$

其中，$g(p)$ 是收入（消费）按由低到高排列后，相应累计人口份额所对应的累计收入均值增长率，当 p 在 0 和 100% 之间取值时，$g(p)$ 的运动轨迹被叫作贫困指示增长曲线。g 代表的是总体人口的平均收入的增长率。当 $p = 100\%$ 时，$g(p) = g$。因为 $p = 100\%$ 时，$\Delta\ln(l(p)) = 0$。根据 Kakwani 和 Pernia（2000）的观点，如果贫困人口相对于非贫困人口从经济增长中获得更多的收益，这种经济增长被叫作亲贫式增长。在这种情况下，收入分配状况改善，并且整个 Lorenz 曲线往上移动，即对于所有 p，$\Delta\ln(l(p))$ 是大于零的。

根据上述观点和式（3-8）可以推断，当 $p < 100\%$ 时，如果 $g(p) > g$，经济增长是亲贫的，并且整个 Lorenz 曲线往上移动。当 $p < 100\%$ 时，如果 $0 < g(p) < g$，经济增长可以减少贫困，但伴随着收入分配状况的恶化，穷人在经济增长中获得的收益小于非穷人。当 $p < 100\%$、$g > 0$ 时，如果 $g(p) < 0$，意味着正的经济增长导致贫困的增加。

四 实证分析

（一）减贫成效分析

1978—2015 年我国扶贫开发大致经历了体制改革（1978—1985年）、区域开发（1986—1993 年）、八七扶贫（1994—2000 年）、综合扶贫（2001—2010 年）、扶贫攻坚（2011—2015 年）五个战略阶段。图 3-1 显示了 1978—2015 年中国农村居民人均纯收入以及贫困发生率的变化趋势。整体来看我国扶贫成效显著，但各扶贫战略期略有差异如表 3-1 所示。体制改革阶段我国农民人均纯收入年均增长率最快为

16.85%。其次为八七扶贫期间平均增长率为 14.27%。平均减贫效率上，由于 2008 年、2011 年贫困标准提高，我们将综合扶贫阶段分为 2001—2007 年、2008—2010 年两个阶段，其平均减贫增长率为 -10.04% 和 -17.91%。整体来看，1978—2007 年间，减贫效果最好的是八七扶贫阶段，其平均减贫增长率为 -11.31%；2008—2015 年间，贫困标准提高后减贫效果最好的是扶贫攻坚阶段，其平均减贫增长率为 -18.12%。

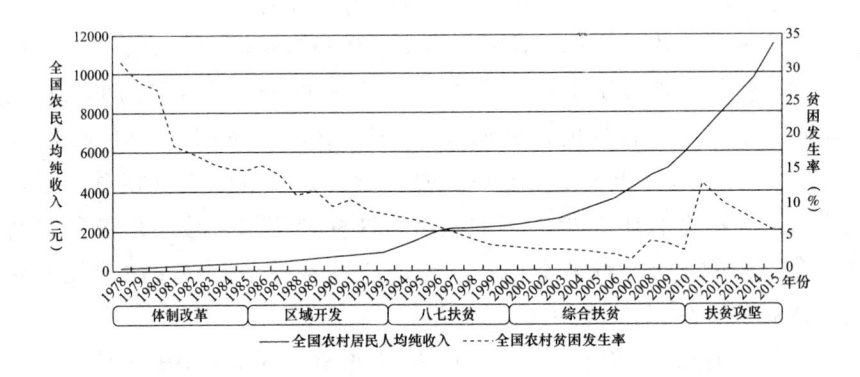

图 3-1 1978—2015 年中国农村居民人均纯收入与贫困发生率

资料来源：《中国统计年鉴》。

表 3-1 扶贫战略期农民人均纯收入平均增长率和平均减贫增长率   单位：%

扶贫战略期	体制改革	区域开发	八七扶贫	综合扶贫	扶贫攻坚
农民人均纯收入平均增长率	16.85	11.12	14.27	10.21	13.56
平均减贫增长率	-9.38	-6.42	-11.31	-10.04 -17.91	-18.12

我们利用收入分组数据测算了全国和贵州的 FGT 指数（贫困标准为 1229 元）和基尼系数。由表 3-2 可以看出全国的贫困发生率从 2000 年的 23.21% 下降到 2014 年的 5.74%，十五年间下降了 17.47 个百分点，年平均减贫增长率为 9%。贵州贫困发生率从 2000 年的 46.36% 下降到 2014 年的 5.78%，十五年间下降了 40.58 个百分点，年平均减贫增长率为 -12.72%。整体来看减贫效果较好，但有些年份也会出现贫困发生率升高的现象，如全国 2011 年、2014 年，贵州

2001、2008、2014 年均出现了贫困恶化的情况，贫困发生率小幅度回升。此外，全国和贵州整体贫困发生率在下降，但是下降速度呈现出较大的波动特征，并且波动幅度在不断扩大。当贫困变动以贫困深度、贫困强度来评价时，此时的贫困群体的权重上升，贫困下降的趋势减弱。贫困深度的大幅下降，表明贫困人口的平均收入离贫困线越来越近。

表 3-2　　2000—2014 年全国和贵州农村 FGT 指数、基尼系数　　单位:%

年份	全国				贵州			
	贫困发生率	贫困深度	贫困强度	基尼系数	贫困发生率	贫困深度	贫困强度	基尼系数
2000	23.21	7.46	3.32	0.35	46.36	13.89	5.8	0.27
2001	22.31	7.29	3.29	0.35	47.53	13.88	5.48	0.28
2002	20.73	6.62	2.91	0.36	42.78	12.5	5.14	0.29
2003	20.29	6.75	3.09	0.37	42.09	12.65	5.2	0.3
2004	17.15	5.32	2.27	0.36	36.13	10.39	4.15	0.29
2005	15.61	5.01	2.21	0.36	32.71	10.31	4.55	0.31
2006	13.49	4.08	1.69	0.36	29.41	8.71	3.61	0.31
2007	11.53	3.51	1.46	0.36	23.01	6.82	2.85	0.31
2008	10.62	3.28	1.38	0.37	24.63	7.51	3.16	0.33
2009	10.06	3.16	1.35	0.37	20.25	5.96	2.42	0.33
2010	7.5	1.97	0.7	0.37	16.87	4.79	1.88	0.34
2011	7.7	2.57	1.17	0.38	11.57	2.88	0.99	0.32
2012	6.14	1.77	0.69	0.37	7.78	1.51	0.4	0.31
2013	5.46	1.68	0.7	0.37	5.2	0.82	0.18	0.3
2014	5.74	2.56	1.55	0.37	5.78	1.54	0.56	0.32

资料来源：历年《中国农村贫困检测报告》。

贫困强度表现出与贫困深度一样的变动趋势，表明最贫困人口的生活得到好转。表示收入分配不均等情况的基尼系数就全国而言呈现波动上升的趋势，从 2000 年的 0.35 上升到 2014 年的 0.37。说明收入不平等状况进一步恶化。相对贵州而言，2000—2010 年基尼系数从 0.27 上升到 0.34。2010 年之后，基尼系数又逐渐下降，收入不平等状况进一步改善。

```
 0.15
 0.10
 0.05
   0
-0.05
-0.10
-0.15
-0.20
-0.25
-0.30
-0.35
-0.40
```
减贫增长率（%）

2001 2002 2003 2004 2005 2006 2007 2008 2009 2010 2011 2012 2013 2014 年份

---- 中国　——贵州

图 3-2　全国和贵州减贫增长率

（二）估计贫困的增长弹性

根据 Ravallion 和 Chen（1997）中的模型扩展而来估计贫困的增长弹性模型（3-1）式，我们分别以 2000—2014 年中国和贵州贫困发生率、贫困深度、贫困强度作为被解释变量建立三个不同的模型。然后以农村居民人均纯收入、基尼系数作为我们选取的解释变量进行贫困的增长弹性估计，结果表明，中国农村人均纯收入每提高 1%，贫困发生率下降 1.33%、贫困深度下降 1.178%、贫困强度下降 1.042%。贵州农村人均纯收入每提高 1%，贫困发生率下降 2.142%、贫困深度下降 2.636%、贫困强度下降 3.153%；基尼系数每提高 1%，贫困发生率上升 2.023%、贫困深度上升 3.686%、贫困强度上升 5.417%。整体来看贵州减贫效果好于全国水平。

表 3-3　　　　　2000—2014 年全国和贵州贫困的增长弹性

	因变量	模型 I (H)	模型 II (PG)	模型 II (SPG)
全国	经济增长率	-1.330*** (0.083)	-1.178*** (0.204)	-1.042*** (0.329)
	基尼系数	-0.513 (1.427)	-2.688 (3.493)	-4.964 (5.632)

续表

	因变量	模型 I (H)	模型 II (PG)	模型 II (SPG)
贵州	经济增长率	-2.142*** (0.08)	-2.636*** (0.186)	-3.153*** (0.291)
	基尼系数	2.023*** (0.495)	3.686*** (1.075)	5.417*** (1.682)

注：***、**和*分别表示在1%、5%和10%的统计水平上显著。

(三) 贫困指数的 Shapley 分解

经济增长和收入差距的变动对贫困减缓具有不同作用，是农村贫困变动的两个基本特点。由 FGT 指标不难看出，近年来贵州省减贫成效优于全国水平。究其原因，我们从对中国和贵州的贫困进行分解，来讨论增长因素和分配因素对贫困变动的解释作用，期望能从中获得一些启示，分解结果如下。

从表 3-4 中国农村居民 FGT 指数的分解可以看出，总体上看，增长因素总是具有积极的减贫效应，因此增长因素对于贫困减缓总是具有正的效应。但分配因素对贫困减缓所起的作用则相反，分配因素对贫困减缓具有负的效应。如在 1985—1990 年间，按照 206 元的贫困标准，全国农村贫困发生率下降了 2.09 个百分点，当收入分布不变时，全国的农村居民收入的普遍增长将导致贫困率下降 3.24 个百分点；而如果没有收入增长，收入差距扩大导致的分配效应则使得贫困发生率上升 1.15 个百分点。收入分配状况的恶化抵消了经济增长所具备的部分贫困减缓作用。如果我们将这一期间的减贫成效看作 100% 时，经济增长对贫困减缓贡献为 155.02%，而收入分配使得总体减贫的阻碍程度为 55.02%。纵向来看，各阶段的减贫成效也存在很大差异，两个贫困标准下总体减贫效果最好的为 1995—2000 年、2005—2010 年，总体减贫率分别为 5.25%、8.11%。增长效应对贫困减缓贡献最大的年份为 1990—1995 年、2010—2014 年，其增长贡献率分别为 677.78%、257.39%。但同时经济增长也造成收入差距的扩大，分配效应对贫困减缓的阻碍作用也增强，分配贡献率分别为 -527.35%、-157.39%。其他贫困指标的分解结果基本类似，这里不赘述。

表 3-4　　中国农村居民 FGT 指数的 Shapley 分解　　单位:%

贫困标准	扶贫开发战略	时间(年)	贫困指标	总体减贫	增长效应	分配效应	总体减贫成效	增长贡献率	分配贡献率
206元	区域开发扶贫、八七扶贫	1985—1990	贫困发生率	-2.09	-3.24	1.15	100	155.02	-55.02
			贫困深度	0.09	-0.59	0.68	100	-655.56	755.56
			贫困强度	0.21	-0.13	0.34	100	-61.90	161.90
		1990—1995	贫困发生率	-1.17	-7.93	6.17	100	677.78	-527.35
			贫困深度	-0.46	-2.72	2.26	100	591.30	-491.30
			贫困强度	-0.01	-1.16	1.55	100	11600.00	-15500.0
		1995—2000	贫困发生率	-5.25	-6.62	1.37	100	126.10	-26.10
			贫困深度	-1.17	-1.79	0.62	100	152.99	-52.99
			贫困强度	-0.32	-0.71	0.39	100	221.88	-121.88
1229元	综合扶贫	2000—2005	贫困发生率	-7.6	-9.38	1.78	100	123.42	-23.42
			贫困深度	-2.45	-3.66	1.2	100	149.39	-48.98
			贫困强度	-1.11	-1.92	0.82	100	172.97	-73.87
		2005—2010	贫困发生率	-8.11	-8.87	0.76	100	109.37	-9.37
			贫困深度	-3.05	-3.41	0.36	100	111.80	-11.80
			贫困强度	-1.52	-1.72	0.2	100	113.16	-13.16

续表

贫困标准	扶贫开发战略	时间（年）	贫困指标	总体减贫	增长效应	分配效应	总体减贫成效	增长贡献率	分配贡献率
1229元	扶贫攻坚	2010—2014	贫困发生率	-1.76	-4.53	2.77	100	257.39	-157.39
			贫困深度	0.6	-1.71	2.31	100	-285.00	385.00
			贫困强度	0.87	-0.88	1.75	100	-101.15	201.15

注：我们假设某一期间的总体减贫成效为100%，则增长贡献率＝增长效应/总体减贫×100%，分配贡献率＝分配效应/总体减贫×100%。此外，206元标准下贫困指标分解数据引自胡兵等（2005，2007）。

表3-5　　贵州农村居民FGT指数的Shapley分解　　　　单位：%

贫困标准	扶贫开发战略	时间（年）	贫困指标	总体减贫	增长效应	分配效应	总体减贫效率	增长贡献率	分配贡献率
1229元	综合扶贫	2000—2005	贫困发生率	-13.65	-17.94	4.29	100	131.43	-31.43
			贫困深度	-3.57	-6.86	3.29	100	192.16	-92.16
			贫困强度	-1.24	-3.46	2.22	100	279.03	-179.03
		2005—2010	贫困发生率	-15.84	-18.68	2.84	100	117.93	-17.93
			贫困深度	-5.53	-6.96	1.43	100	125.86	-25.86
			贫困强度	-2.68	-3.51	0.82	100	130.97	-30.60
	扶贫攻坚	2010—2014	贫困发生率	-11.09	-10.98	-0.11	100	99.01	0.99
			贫困深度	-3.25	-3.84	0.6	100	118.15	-18.46
			贫困强度	-1.31	-1.79	0.48	100	136.64	-36.64

相比全国而言，贵州农村居民 FGT 指数的分解具有更加明显的趋势特征，虽然经济增长对贫困减缓依然占绝对地位，但其贡献率逐渐减弱，2000—2005 年、2005—2010 年、2010—2014 年的增长贡献率分别为 131.43%、117.93%、99.01%。相反，分配效应的阻碍作用逐渐减弱，分配贡献率分别为 -31.43%、-17.93%、0.99%，特别是 2010—2014 年扶贫攻坚阶段，分配效应还表现为对贫困减缓促进作用。与贫困发生率相似，贵州省农村居民贫困深度和贫困强度也发生了相似的变动。三个指标同时表明，近年来贵州省收入分配的改善是贵州省减贫成效显著的一个重要原因。

尽管根据分解结果可以得出经济增长和收入分配对于贫困变动的贡献大小，但并不足以反映经济增长方式对于贫困的影响。特别是，收入分配的变动可能是由收入分布不同位置所导致的，如基尼系数上升 1 个百分点可能是高收入人群收入的增长也可能是低收入人群收入的下降，或中等收入人群收入水平的变动所致，但不同的变动形式对于贫困状况显然具有不同的影响。而这种分配变动则体现了经济增长过程中不同人群的受益特征差异。

（四）贫困指示增长曲线与是否亲贫式增长的判断

我们根据收入分组数据计算出相关年份的不同分组间的人均纯收入增长率，然后按人口收入从低到高累积计算平均增长率，进而得到各时期的贫困指示增长曲线相应的点，结果如表 3 - 6 所示。当 $p = 100\%$ 时，$g(p) = g$，该列数值为各时期人均纯收入的增长率（g），代表整个农村的平均水平，如 2000—2001 年贵州省农民人均纯收入增长率为 1.11%。当所有的 p，$g(p)$ 均大于零，因此可以判断在这时期贫困是减少的。对于所有的 p，$g(p)$ 均大于 g，表明经济增长是亲贫式增长，意味着随着经济的增长，绝对贫困得到了缓解，并且贫困地区人口的收入份额随经济增长也得到了提高。从这个角度看，减贫增长强调贫困地区人口的收入增长率要大于社会平均增长率。从表 3 - 6 可以看出贵州 2000—2001 年、2005—2006 年、2010—2011 年贵州是亲贫式增长，特别是 2010 年以后连续多年持续为亲贫式增长，这也进一步验证了 2000—2013 年贵州贫困减缓的因素中，分配因素的作用更加明显。相比而言，全国 2003—2004 年、2005—2006 年、2009—2010 年、2011—2012 年为亲贫式增长，整体而言，全国亲贫式增长的效果没有贵州显著，这也进一步印证了贵州近些年脱贫显著的事实。

表3-6　贵州和全国农村贫困指示增长率（2000—2014年）　　单位：%

地区	贵州					全国				
人口累计百分比	20	40	60	80	100	20	40	60	80	100
2000—2001年	4.40	0.79	0.46	0.34	1.11	1.19	1.95	2.31	2.64	3.27
2001—2002年	0.27	4.33	4.00	4.18	5.53	5.19	4.71	4.61	4.77	5.24
2002—2003年	0.23	-0.76	0.51	1.74	2.57	-0.55	0.80	1.66	2.28	2.99
2003—2004年	7.22	8.33	8.33	7.96	7.19	10.97	10.19	9.54	9.00	8.04
2004—2005年	-3.56	0.62	2.94	4.38	5.73	3.70	5.45	6.36	6.91	7.40
2005—2006年	8.89	7.26	6.55	5.83	5.26	9.17	8.82	8.81	8.97	8.73
2006—2007年	9.65	11.68	12.19	12.36	12.41	8.07	9.15	9.52	9.50	9.52
2007—2008年	-3.37	-3.04	-1.60	0.18	1.74	4.56	5.65	6.39	6.92	7.19
2008—2009年	9.93	7.33	8.36	8.60	9.79	3.61	4.95	5.78	6.69	7.24
2009—2010年	10.09	13.65	12.35	12.18	12.07	16.49	14.44	13.61	12.97	12.39
2010—2011年	18.96	18.70	18.38	17.66	15.65	1.12	6.10	8.19	9.39	10.09
2011—2012年	17.34	15.42	14.63	13.91	12.88	12.96	11.58	11.28	11.27	11.12
2012—2013年	12.98	12.37	10.92	10.01	9.76	8.49	10.06	9.95	9.73	9.56
2013—2014年	5.05	13.07	17.64	20.17	21.09	5.26	11.43	13.47	14.15	13.43

资料来源：历年《中国农村贫困检测报告》。

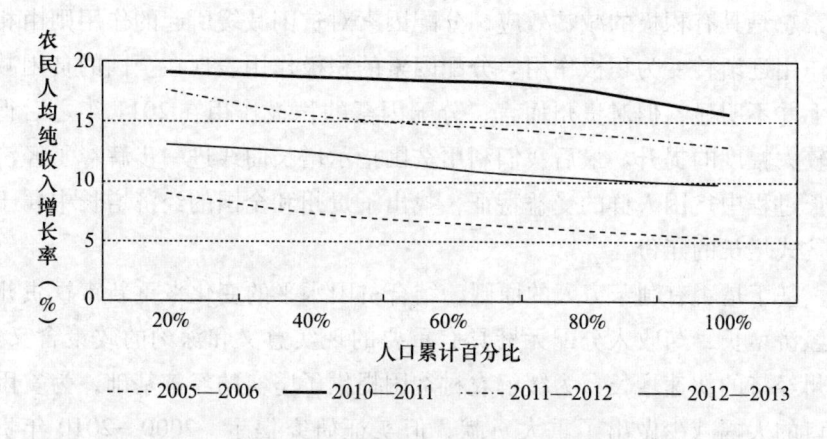

图3-3　贵州亲贫指示增长曲线

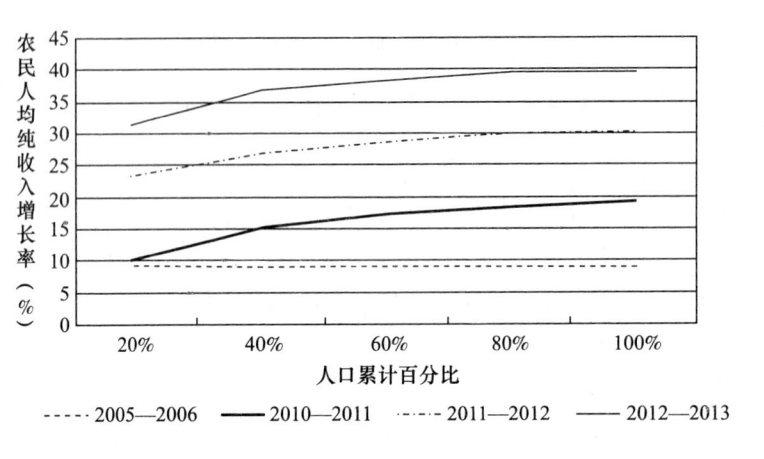

图 3-4 中国亲贫指示增长曲线

五 研究结论与政策启示

为利于收入分组数据,本章测算了贵州和全国的 FGT 指数,发现全国贫困状况在 2000—2014 年间整体有了很大改善,但减贫速度明显放缓。此外,贵州省减贫成效优于全国水平,2000—2014 年贵州和全国贫困的增长弹性分别为 -2.14%、-1.33%。在此基础之上,我们利用贫困 Shapley 分解原则对贵州和全国的贫困进行分解,结果发现增长因素总是具有积极的减贫效应,分配因素对贫困减缓所起的作用则由相反作用逐渐转变为积极作用。分配因素的积极作用表现在全国的贫困减缓上并不明显,但对贵州而言,分配因素的积极作用在 2011 年之后得到较大幅度的提升。最后我们利用贫困指示增长曲线进一步解释了经济增长过程中贫困人群的受益特征,找出了贵州和全国的经济增长中属于亲贫式增长的年份。

基于是否有利于穷人的原则,结合贫困水平的变化来重新审视贵州的经济增长,与收入分配无疑具有重要的现实意义和深刻的政策含义。贵州经济的快速增长,为缓解农村贫困提供了坚实的经济基础,为贫困人口的大幅减少做出了重大贡献,但实证研究揭示,2000—2010 年贵州的经济增长并不是有利于穷人的,农村穷人从改革和增长中的获益少于富人，这种收入分配不利于穷人的变化，部分地抵消了经济增长的减贫效应。然而2010—2013年分配效应的作用明显改善，贵州贫困的减缓在增长效应和分配效应的双重带动下取得了显著效果，并表现出明显的亲贫特征。究其原因，我们查阅相关政策文件了解到，2008年中共贵州省委、贵州省人民政府出台《关于切实加强农业基础建设，进一步促进农业发展农民增收的实施意见》中加大了发展劳务经济、完善农村社会保障体系、巩固完善强农惠农政策方面的力度。2009年《贵州省整村推进扶贫开发实施细则》中提出对每个整村推进的村，投入的各项扶持资金不得低于100万元。财政扶贫资金的70%以上主要投向与改善贫困农户生产生活条件、增加贫困群众收入有直接关联的基础设施建设和产业发展项目。2010年贵州省出台《农村最低生活保障制度和扶贫开发政策有效衔接扩大试点工作实施方案》按照分类扶持、应保尽保，突出重点、应扶尽扶的原则将全省50个国家扶贫开发重点县、33个有扶贫开发任务的县（市、区、特区）以及贵阳市所有乡（镇）、村都列入本次扩大试点范围。通过将农村最低生活保障制度与扶贫开发政策的有效衔接，充分发挥了农村低保制度和扶贫开发政策的作用，保障农村贫困人口的基本生活，提高了收入水平和自我发展能力。这些政策的实施让穷人分享了更多经济增长的好处，使更多的穷人参与到经济发展中来。这无疑是我们构建和谐社会、实现可持续发展的题中之义，也应当是今后扶贫开发的方向和着力点。经济的增长是不会自发地有利于穷人，是贫困减缓的不充分条件，伴随收入分配的恶化，经济增长不会有效地减缓低收入人群的贫困状况，经济也不能持续稳定地发展。这就要求在今后扶贫开发工作中政府要加强政策引导，完善法律、法规等相应制度的供给，在公平和效率之间建立起联结的纽带和有效的社会保障机制，创造条件使经济增长转化为贫困减缓的充分条件。

第四章　省级政府扶贫战略及政策演变

省级政府是实施国家战略与政策的重要环节，本章以贵州为个案，就地方政府扶贫开发战略和政策演变角度进行探讨。贵州不仅是国家扶贫攻坚的主战场，而且在长期的扶贫实践中，在贯彻落实国家扶贫开发战略、政策过程中，结合贵州省情进行创新，形成自己的扶贫战略和政策。

一　已有研究回顾

随着中国扶贫开发工作开展的深入，学者对扶贫开发战略与政策的研究越来越多。但已有研究无论对国家层面还是贵州的扶贫战略与政策的界定比较零星、缺乏整体性和系统性，现有文献多以时间及重要文件的颁布作为扶贫战略与政策转变的节点，对战略及政策的总结过于宽泛，未能形成统一的概念和界定。如朱玲认为，我国的扶贫政策可分为引入效率导向的扶贫战略、通过地区性经济增长缓解贫困的战略、调整人与资源关系的发展战略、建设基本农田及解决山区人口缺粮问题的战略[1]。吴国宝认为，中国政府似乎从来没有正式使用过"扶贫战略"这个术语[2]，但是，从有关扶贫计划和政策中不难看出，中国政府扶贫战略的基本轮廓。中国农村的扶贫战略从过去通过经济增长来增加贫困人口收入为主并辅以适当救济的反贫困战略，转变为实行以促进贫困人口集中区域自我发展能力提高与推动区域经济发展来实现稳定减贫和消除

---

[1] 朱玲：《应对极端贫困和边缘化：来自中国农村的经验》，《经济学动态》2011年第7期。

[2] 吴国宝：《对中国扶贫战略的简评》，《中国农村经济》1996年第8期，第21页。

贫困为目标的战略。龚娜、龚晓宽将中国扶贫开发进程分为以下几个扶贫阶段①：体制改革推动扶贫（1978—1985 年）、大规模开发式扶贫（1986—1993 年）、扶贫攻坚（1994—2000 年）、21 世纪扶贫开发（2001—2010 年）。吴华打破原有以时间为线索的五阶段说②，依据世界银行的收入阶段划分标准，提出中国农村减贫实践和政策的三阶段说，即低收入阶段、中等偏下收入阶段和中等偏上收入阶段。对贵州扶贫战略及政策的演变的研究中极少出现明确的战略及政策的总结，多以扶贫阶段代替或者直接以全国扶贫战略及政策的演变规律代替，十分零碎和模糊，未能提出明确的界定。如孙景隆提出贵州的战略目标是消除贫困奔小康③，战略思路是整体推进，战略原则是两转变一提高，战略重点是两增一控制。金莲、王永平认为贵州省的扶贫开发经过了有组织有计划大规模扶贫开发阶段（1986—1993 年）、国家八七扶贫攻坚计划阶段（1994—2000 年）、扶贫开发阶段（2001—2010 年）④。燕安、刘明辉认为 1978 年改革开放以来，贵州反贫困进程大体上可以分为三个阶段⑤，第一阶段是以经济增长为主导的缓解贫困的阶段；第二阶段是以开发式扶贫政策为主导的扶贫阶段；第三阶段是以多种利农惠农政策并举为特征的扶贫阶段。

已有文献对中国及贵州省扶贫战略及政策演变均有探析和定义，这些研究对贵州省的扶贫工作做出了总结并为扶贫工作推进做出了较大贡献。但是，这些探析和定义多以时间节点和重要扶贫文件的出台为依据，多按阶段划分，缺乏针对性和规律性总结。同时，已有研究整体上对贵州省扶贫战略与政策演变的规律总结过于依赖我国扶贫战略与政策演变的规律，宽泛而缺乏现实意义。此外，贵州省作为贫困大省及中国

---

① 龚娜、龚晓宽：《中国扶贫模式的特色及其对世界的贡献》，《理论视野》2010 年第 5 期。

② 吴华：《"刘易斯拐点"的中国现实判断》，《人口与经济》2012 年第 4 期，第 51—54 页。

③ 孙景隆：《贵州扶贫开发战略浅议》，《贵州省社会科学》1996 年第 2 期，第 37—38 页。

④ 金莲、王永平：《贵州省生态移民可持续发展的动力机制》，《农业现代化研究》2013 年第 4 期，第 404—405 页。

⑤ 燕安、刘明辉：《统一战线参与贵州扶贫开发问题初探》，《贵州社会主义学院院报》2012 年第 4 期，第 19 页。

减贫事业的主战场之一,经过长期的扶贫探索与实践,取得了较好的扶贫成效并形成了独特的"贵州经验",但已有文献对独具贵州省特色的扶贫战略与政策的研究不足,"贵州经验"还需要进一步研究和总结。在贫困人口与贫困地区越来越分散、进入扶贫攻坚新阶段的背景下,我们认为非常有必要在已有研究基础上对贵州省的扶贫战略与政策演变规律做出更为全面的总结,为新形势下更具瞄准性的扶贫工作提供研究支撑和相关建议。

二 研究思路与框架

(一)制度变迁理论

制度提供了人类相互影响的框架,它们建立了一种经济秩序的合作与竞争关系,所谓变迁是指制度创立、变更及随着时间变化而被打破的方式[1]。故制度变迁实指一种制度框架的创新和被打破,制度创新和制度改进都属制度变迁的范畴。制度是一种公共物品,制度供给是有限的、稀缺的。随着社会发展,人们为实现利益增长,会不断提出新制度需求。因此,当制度供给与制度需求均衡时,制度则稳定;当制度供给不能满足制度需求时,就会发生制度变迁。这是制度变迁的基本动因,在此基础上,只有制度变迁达到如下变迁条件:即制度变迁带来的预期收益大于其产生的预期成本,制度变迁才会实现,反之,制度变迁将受到阻碍[2]。在一个较短时期内,制度均衡也可能出现,此时制度有一定的稳定性特征,制度并不是每时每刻都在变化中。但从长期来看,制度非均衡又是必然的。一项制度不可能适应所有的环境情况,即不存在任何环境下都适用的制度。社会经济环境变化了,经济主体就会对新制度、新规则的需求,进行自我创新,此时,旧制度要么被抛弃,要么进行自我扬弃以适应新环境,要不就是补充新的内容进行制度的"生老病死",就形成了制度变迁[3]。

---

[1] 诺思:《经济史中的结构与变迁》,上海三联书店1994年版。
[2] 王振涛、王利娜:《诺思制度变迁理论及其对中国改革的启示》,《前沿》2007年第1期,第45—46页。
[3] 洪名勇:《制度经济学》,中国经济出版社2012年版,第128—129页。

林毅夫用"需求—供给"这一经典理论构架把制度变迁方式划分为诱致性变迁与强制性变迁两种①，其认为诱致性制度变迁指的是一群（个）人在响应由制度不均衡引致的获利机会时所进行的自发性变迁；强制性制度变迁指的是由政府法令引起的变迁。可以说，当由旧制度安排转变到新制度安排的个人净收益超过制度变迁的费用时，自发的诱致性制度变迁就出现了；又由于自发的诱致性制度变迁存在着较高昂的交易费用，且常常存在"搭便车"问题，导致新制度安排供不应求，此时，就需要政府采取行动来弥补制度供给不足，从而产生强制性制度变迁。诱致性制度变迁的特点有：改革主体来自基层；程序为自下而上；具有边际革命和增量调整性质；在改革成本的分摊上向后推移；在改革的顺序上，先易后难、先试点后推广、先经济体制改革后政治体制改革和从外围向核心突破相结合；改革的路径是渐进的。强制性制度变迁的特点有：政府为制度变迁的主体；程序是自上而下的；激进性质；具有存量革命性质。

（二）技术路线

总体上看，贵州省扶贫战略与政策的演变包括诱致性变迁与强制性变迁。目前，我国总体战略思想是科学发展、和谐发展。我国扶贫战略是我国经济社会发展总体战略的重要组成部分，服从和服务于我国总体战略思想。我国的扶贫包括政府扶贫和社会扶贫，扶贫有两大内在功能，一是直接功能，即减少贫困人口、缓解贫困程度；二是拓展功能，即保持社会稳定，促进社会和谐，为经济社会发展创造更加良好的社会环境。扶贫的内在功能体现了我国扶贫能够实现"缩小发展差距，促进社会和谐"这一国家战略目标。扶贫战略不仅不是单一的工业发展战略，也不是纯粹的经济发展战略，它是一种将扶助穷人与实现贫困地区经济发展相结合的战略②。由于从属关系，我国扶贫战略与扶贫政策则是省级行政单位制定扶贫战略的依据。同时，我国扶贫战略是我国开展扶贫工作的指向标，也是我国扶贫政策制定的依据，一个扶贫战略的诞生必然会产生配套的扶贫政策。扶贫政策主要包括经济政策和社会政

---

① 林毅夫：《关于制度变迁的经济学理论：诱致性变迁与强制性变迁》，上海三联书店1990年版。科斯等：《财产权利与制度变迁》，上海三联书店1996年版，第374页。
② 余华银：《论我国扶贫战略的误区》，《农业经济问题》1998年第9期，第23页。

策两个方面。行政单位的扶贫政策则根据省级行政单位的扶贫战略确定。由此可见，我国的扶贫战略与政策直接影响了贵州省扶贫战略与政策的演变，而贵州省扶贫战略与政策的实践经验又为全国扶贫战略与政策的制定提供了参考。此外，我国扶贫治理结构的顶层是国务院扶贫领导小组，最后一层是农户，扶贫政策的传达经过多层机构，同时这也表明扶贫政策和压力是层层传递的。由于制度的严谨性和强制性，每一个层次的执行者都必须遵循既有的规则，在制定自身地方性文件和政策时多会参照纲领性文件，据资料显示，历年贵州扶贫措施的数量与全国扶贫措施的数量有着高度一致的变动规律。本章研究的基本框架包含理论层面、全国层面及贵州层面，技术路线如图 4-1 所示。

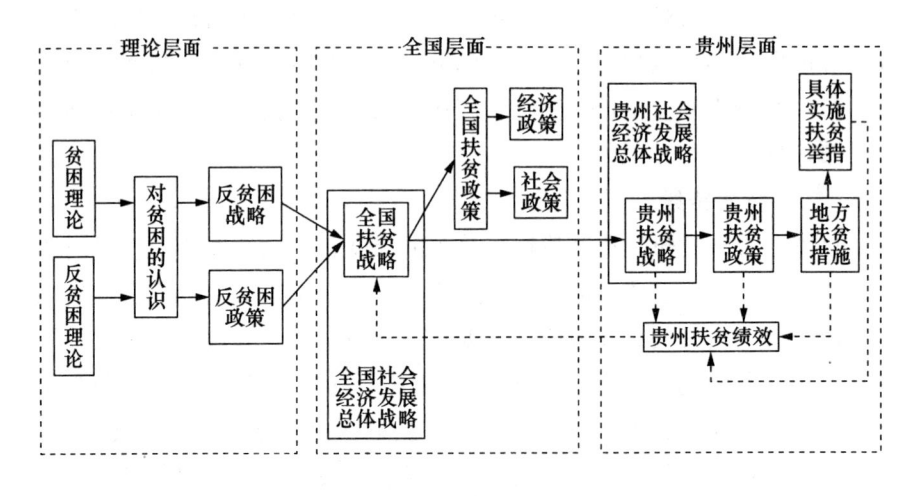

图 4-1 本章技术路线

三　贵州扶贫开发战略演变

中国的扶贫开发战略不断演变，主要有五个阶段：体制改革拉动减贫战略、区域开发扶贫战略、八七扶贫攻坚战略、全面建设小康社会的综合开发式扶贫战略、全面建成小康社会的大扶贫战略。由于传导机制的存在，中国扶贫战略的演变直接影响了贵州扶贫开发战略的演变，经历了体制改革拉动减贫战略、区域开发扶贫战略、八七扶贫攻坚战略、

"一体两翼"扶贫战略、工业强省和城镇化带动战略、精准扶贫战略、大扶贫战略，主要扶贫战略如表4-1所示。

表4-1　　　　　　　　　贵州扶贫战略演变

阶段	全国扶贫开发战略	贵州扶贫开发战略	战略目标
1978—1985年	体制改革拉动减贫阶段	体制改革拉动减贫战略	减缓贫困问题
1986—1993年	区域开发扶贫战略	区域开发扶贫战略	基本解决贫困人口温饱问题
1994—2000年	八七扶贫攻坚战略	八七扶贫攻坚战略	全面解决贫困人口温饱问题
2001—2010年	全面建设小康社会的综合开发式扶贫战略	"一体两翼"扶贫战略	解决少数贫困人口温饱问题
2011年至今	全面建成小康社会的大扶贫战略	工业强省和城镇化带动战略、精准扶贫战略、大扶贫战略	巩固温饱成果、实现全面小康

（一）体制改革拉动减贫战略（1978—1985年）

1978年以前我国实行的是高度集中的政府控制性计划经济体制，经济总体发展战略属于均衡发展战略时期，以优先发展重工业为主。农村经济发展以人民公社化生产为主，土地和生产资料为集体所有，土地产出率低。同时，分配制度保障了城市和农村内部的收入平等。但是，全国经济发展低迷，缺乏应有的活力，造成了严重的贫困问题。我国的贫困现象一直以来都是以农村贫困为主，在1978年，农村贫困人口达到2.5亿，占当时全国农村总人口的30%左右。由于制度的层级传递，与全国情况类似，贵州此时也实行高度集中的政府控制性计划经济，不能满足社会成员的多样性需求，竞争能力及大多数人的工作动力被磨灭。同时，由于贵州本身经济发展落后，缺乏经济带动导致贫困问题更加凸显。从多方面致贫原因看，导致大面积贫困的主要原因是人民公社的集体制不适应农村生产力的发展。由于对贫困认识不足及社会经济发展落后等原因，当时贵州的扶贫也主要是自上而下的民政救济，主要表现在农村为弱势群体提供食物、衣服、住处、医疗和丧葬的"五保"救济，建立起了有普遍覆盖性的、以人民公社制度下的集体经济为依托的救济式农村社会保障体系，但这些无法从根本上解决贵州的贫困问题。因此，提高农村生产力成为解决贵州贫困问题的主要途径。

基于当时的国情，中央政府在进一步认识国家发展的规律上，在1978年党的十一届三中全会启动了农村改革，作出了把工作重点转移到经济建设上来的战略决策，实现了历史性的转折。自此我国开始进入了以经济发展为中心，以改革促进发展的时代。并决定集中主要精力于农业发展，在调整国民经济的基础上，采取一系列解放和发展农村生产力的经济政策，推动了农村经济的迅速恢复和发展。1978年开始的中国改革首先突破于农村，主要包括农业经营体制、乡镇企业改革和农村金融改革。制度改革在此后的减贫中起到了很大作用，农村贫困大量减少。在1986年之前，由于中国都没有专门的扶贫战略和政策，主要实施的是以平均分配加社会救济为特征的高度计划经济的发展战略，以解决贫困人口物质资本缺乏的救济式扶贫为主。这一阶段贵州省逐步建立起了以集体为单位的社会网络来保障农民的基本生活，在人民公社的体系中，建立以生产队为基础的社会救助、社会福利和优抚安置为内容的集体保障体系，并对五保户、特重灾人口和贫困农村的特困人口实施救济性扶贫，以保障其基本生活①。

简言之，1978年改革开放前，中国经济发展缓慢，贫困问题严峻，"救济式"减贫为这一阶段扶贫的主要特征，也就是说，宏观政治层面政策垄断形成了"救济式扶贫"，贵州省同样沿袭了这一扶贫战略，主要通过解决物质资本的困难为主，但这一方法无异于杯水车薪，对于缓解贫困助益不大，减贫缓慢。因此，随着经济继续低迷，人民生活困难，新的问题围绕是否改革制度以促进经济发展、解决贫困展开，随着1978年改革开放，扶贫政策进入了一个平衡时期，也就是1978—1985年的"体制改革拉动减贫战略"时期。

（二）区域开发扶贫战略（1986—1993年）

"体制改革拉动减贫战略"时期全国绝对贫困人口数从2.5亿减少到1.25亿，减贫的主要动力是经济发展的推动作用，但总体上仍以"救济式扶贫"为主，主要以识别五保户、特困户，建立集体保障体系，发放扶贫、救灾物资等方式进行扶贫。贵州逐步建立起了以集体为单位的社会网络来保障农民的基本生活，在人民公社的体系中，建立以生产队为基础的社会救助、社会福利和优抚安置为内容的集体保障体

---

① 张磊：《中国扶贫开发政策演变》，中国财政经济出版社2007年版，第227页。

系，并对五保户、特重灾人口和贫困农村的特困人口实施救济性扶贫，以保障其基本生活。这一阶段，人们对贫困的认识有所转变，但仍旧停留在认为贫困主因是物质资本的短缺，扶贫战略的侧重点放在对基础设施的投资和就地解决贫困问题，这导致偏好目标出现偏差，政府偏好搞大型工程项目，而贫困人口和其他弱势群体的基本需求是土地、资本、技术和信息资源等，同时，由政府主导的投资倾向而产生的低效率问题凸显。贫困农户的物质资本一般只能维持自身生产和生活的需要，在面临风险的时候不具有转换性，不能转变为可以交换的资产来降低生计脆弱性。单纯的个体分散救济性扶贫远不能满足贵州贫困人口的基本生活需求，绝对生存贫困问题异常严峻，温饱成为首要难题。基于此，贵州仍旧面临着严峻的贫困状况，扶贫战略和政策的变革随之而来。

中国是一个发展中国家，它不是只有某些地区、某些阶层是贫困的，而是从总体说仍然处于贫困状态①。《中华人民共和国国民经济和社会发展第七个五年计划（1986—1990年）》对老、少、边、穷地区的经济发展问题做了专门部署，将解决贫困地区贫困群众的温饱问题作为这一阶段的扶贫战略目标，随着"国家五年计划"首次聚焦扶贫问题，政府主导的大规模扶贫开发在全国开展。20世纪80年代，通过制度改革释放的生产力使大部分贫困人口摆脱了贫困，贫困人口由大面积贫困向重点贫困地区集中。这客观上要求我们的扶贫开发战略进行调整，将扶贫工作调整到以贫困县为重点的区域开发上来。贵州开始了有组织、有计划、大规模扶贫开发，扶贫开发工作不断向纵深推进。这一阶段的战略目标是基本解决1500万人温饱问题。贵州采取了减轻负担、增加投入、科技扶贫、部门承包、配套服务等措施，实现了救济式扶贫向开发式扶贫的转变，全省贫困地区的基础设施建设得到加强，贫困状况明显缓解。贵州重点发展优势产业和加强贫困地区基本设施建设，同时制定了减免各种税收、平价供应化肥、专项贷款等一系列优惠政策。贵州省和州、市、地、县分别建立了贫困地区开发基金，投入较多的资金和配套物资，培训贫困地区干部，抽调干部到贫困地方任职，号召各级党政机关、群众团体等积极参与扶贫工作。从1986年开始至1993年年

---

① 何燕凌：《中国贫困的原因和发展战略的转变》，《中国社会科学》1988年第3期，第120—123页。

底,贵州以 31 个国定扶贫开发工作重点县为扶贫主战场(贵州扶贫开发工作重点县占全国 258 个扶贫开发工作重点县的 12%),共投入各类扶贫资金 16.4 亿元,实施约 4000 个扶贫项目。主要政策有普惠与特惠政策、科技扶贫、"温饱工程"、加强基础设施建设等,主要文件有《贵州省委、省人民政府关于加强贫困地区工作的指示》《关于继续实施"温饱工程"的意见》等。贵州省 GDP 总量在全国的排名长期靠后,经济长期处于落后地位,自改革开放以来贵州的 GDP 均逐年上升,1993 年年底,全国 GDP 达到了 35524 亿元,贵州 GDP 达到了 417.69 亿元,经济发展无疑对减贫有着明显的带动作用。这一阶段,我国农村贫困人口由 1.25 亿人减少到 8000 万人,贵州贫困人口从 1500 万人减少到 1000 万人。

(三) 八七扶贫攻坚战略(1994—2000 年)

自 1986 年贵州开展了较大规模的扶贫开发工作,贵州的扶贫工作取得了巨大成就。但是,1993 年年底全省还有集中连片的贫困县 48 个,贫困人口近 1000 万人,占全国贫困人口总数的 1/8。这些贫困人口主要分布在深山区、石山区、高寒山区、地方病高发区和少数民族聚居区,文化教育落后,人畜饮水困难,生产生活条件极为恶劣,与其他省区相比,贵州的扶贫开发工作任务仍十分艰巨。同时,对于贫困的认识进一步深入,20 世纪 90 年代初期,贫困的传统定义得到了扩充,加入了能力因素,即缺少达到最低生活水准的能力,如健康、教育和营养等。扶贫工作由过去过分关注物质投资转向注重人力资本投资,在教育、卫生保健等人力资本项目上投入大量资金。强调贫困地区的综合发展及改善经济发展的基础条件,减贫战略的侧重点进一步突出经济增长的重要性,尤其强调通过市场化改革、经济开放和投资基础设施建设。由于贵州扶贫形势不断变化,扶贫环境始终呈现出复杂、多样以及变化的特点,随着扶贫工作向纵深推进,扶贫对象、扶贫方法等均发生了改变,同时人们对于贫困的认识有了质的飞跃。

"七五""八五"时期,我国基本完成了预定扶贫目标,解决了农村贫困地区大多数贫困人口温饱问题。为解决余下的近 8000 万贫困人口温饱问题,我国于 1994 年发布了《国家八七扶贫攻坚计划》,制定并且实施了我国第一个有明确目标、对象、措施的扶贫纲领性文件。"八七计划"提出用 7 年时间,至 2000 年年底解决 8000 万农村贫困人口温饱问题的主要目标,并且从解决温饱的标准、基础设施建设、教育医疗的角度提出了9条具体目标,"计划"的提出为贵州这一阶段的减贫工作提出了指导性方针和基本目标:到20世纪末全省基本实现解决贫困地区贫困人口的绝对贫困问题。该"计划"在加强基础设施建设、教育扶贫、卫生扶贫、加强文化建设、控制人口增长、农村产业发展、劳动力转移、金融扶贫、搬迁扶贫、以工代赈、社会帮扶、科技扶贫等诸多方面都提出了要求。这标志着农村扶贫开发进入了以全面解决温饱问题为根本目标的阶段。我国采取了落实扶贫工作责任制、加大扶贫资金投入、实施科教扶贫、动员社会扶贫等一系列政策措施,并发布了《关于尽快解决农村贫困人口温饱问题的决定》《关于进一步加强扶贫开发工作的决定》等指导性文件。1996年贵州出台《关于贯彻落实中央扶贫开发工作会议精神,尽快解决农村贫困人口温饱问题的决定》,在农村产业发展、金融扶贫、加强基础设施建设、加强基本农田建设、教育扶贫、科技扶贫、劳动力转移、搬迁扶贫、社会帮扶、控制人口增长等方面提出了新的要求。贵州扶贫攻坚战略坚持以省为主、责任到县的原则,实行省长负责制,各贫困县实行县长负责制,贫困面大的地、州、市实行专员、州长、市长负责制。这一阶段,除了贵州自身在扶贫工作中的努力而取得的成果,东部地区及社会团体对贵州减贫进程亦做出了巨大贡献。"国家八七扶贫攻坚计划"阶段(1994—2000年),扶贫战略目标是全面解决贫困人口温饱问题,自1994年"八七扶贫攻坚计划"实施,全国范围内确定592个国定贫困县,这期间我国农村贫困人口每年平均减少500万—800万人,贫困人口从8000万减少到3209万。贵州同步开展攻坚式扶贫战略,贫困人口从1000万减少到313万。

(四)"一体两翼"扶贫战略(2001—2010年)

21世纪,人们对贫困认识继续深入,认为贫困除物质的缺乏外,还包括脆弱性、无助性以及缺乏权利和发言权等。尽管我国基本实现了八七扶贫攻坚计划的扶贫目标,但仍有近3000万贫困人口的温饱问题尚未解决,贫困发生率在3%左右,区域经济发展的规律表明,追求经济高速增长目标,大量资源和要素投入会追逐经济发展条件较好的区域及领域。政府开发式扶贫经过10多年的强势作用后的边际效益越来越低,使得各方面惠及贫困群体的程度越来越分散①。随着反贫困战略的持续推进,贫困人口越来越集中分布在交通条件极为不便、农业自然资源匮乏、生态环境条件显然不利于种养业开发、发展的地理空间,或者集中于不具备农业项目开发扶贫所需要的基本条件的区域,扶贫工作也进入了瓶颈时期。长期的扶贫实践使得贵州从经验上判断出强调物质资本投入的扶贫战略产出低于对人力资本的投入,这同样触发了新、旧政策的对抗,提出并且实施了注重贫困地区的软环境建设和贫困人口的自我发展能力的提高的"一体两翼"扶贫战略,重视劳动力转移培训、整村推进、产业化扶贫等多个方面。

我国拓展了20世纪90年代的减贫战略,进一步凸显了治理结构和机制在减贫方面的重要作用,提出采取超越经济领域的行动,包括创造机会、促进赋权、加强社会保障等来治理贫困的新的战略思路和总体框架,同时,我国综合国力的增强为扶贫开发工作带来了新的契机。基于此,我国制定了第二个农村扶贫开发战略的纲领性文件《中国农村扶贫开发纲要(2001—2010年)》,提出2001—2010年的扶贫开发工作的战略目标是尽快解决少数贫困人口温饱问题,进一步改善贫困地区的基本生产生活条件,巩固温饱成果,提高贫困人口的生活质量和综合素质,加强贫困乡村的基础设施建设,改善生态环境,逐步改变贫困地区经济、社会、文化的落后状况,为达到小康水平创造条件。这表明,我国已经突破了"物质生活困难"的思维局限性,将贫困地区的软环境建设和贫困人口的自我发展能力的提高融入战略目标之中。经过前一阶段的努力,贵州农村贫困现象极大地缓解,但仍存有近300万贫困人口,农村贫困问题从普遍性、区域性、绝对性贫困向点状分布和相对贫困演变。尤其在2008年,我国调整扶贫标准为1067元,全国贫困人口增至4007万,贵州贫困人口增至585万,扶贫工作十分艰巨。充分利用国家和社会各界大量优惠政策和资金、技术等的支持,提高贫困人口素质,大力实施农村劳动力实用技能培训②。在新阶段扶贫开发工作中,贵州注重与省情相符合的扶贫开发方式,坚持党委统一领导、政府

---

① 李小云、张雪梅、唐丽霞:《当前中国农村的贫困问题》,《中国农业大学学报》2005年第4期,第12页。
② 周丕东、崔嵬、詹瑜、孙秋:《贵州乌蒙山区农村扶贫开发对策研究》,《贵州民族研究》2012年第2期,第68页。

主导、社会参与，动员和组织全社会各方面力量共同搞好扶贫开发，以发展种养业为重点，以解决温饱为中心，以增加农民收入为目标，调整经济结构，大力实施开发式扶贫，坚持整体推进、重点突破，将推进新阶段扶贫开发与实施西部大开发有机结合，切实改善贫困地区生产生活条件，推进贫困地区教育、科技、卫生等社会事业全面发展，控制人口增长、提高人口素质。2001年《中国农村扶贫开发纲要（2001—2010年）》的颁布，标志着中国农村扶贫开发进入新阶段，国家根据扶贫开发形势变化，确定了"一体两翼"战略，"一体"即是以重点贫困村的整村推进为主体，"两翼"是加强贫困地区的劳动力转移培训和产业化扶贫。贵州于2003年出台《关于切实做好新阶段扶贫开发工作的决定》，于2005年出台了《关于切实抓好扶贫开发三项重点工作的意见》，将整村推进、劳动力培训转移、产业化扶贫列为扶贫开发三项重点工作并作了全面的部署，即以"少生快富工程"为主体，"产业扶贫致富工程"和"培训转移就业阳光雨露工程"为两翼，"三个一细胞工程"为补充，水、电、路、气、房等基础设施和科、教、文、卫、环境整治等社会事业为重点的扶贫开发战略。这一阶段，贵州把"三农"工作作为全省工作的重中之重、把扶贫开发作为"三农"工作的重中之重、把农民增收作为"三农"工作和扶贫开发的"重中之重"，围绕解决改善基本生产生活条件、拓宽基本增收门路、提高基本素质"三个基本问题"，采取开发式扶贫、搬迁式扶贫、救助式扶贫"三类扶贫措施"，抓好整村推进、劳动力转移和产业化扶贫"三项重点工作"，推动扶贫开发上了新台阶。贵州"一体两翼"扶贫战略比以往任何时期都更加注重贫困地区的软环境建设和贫困人口的自我发展能力的提高。从2004年起，贵州启动了"百乡千村"扶贫工程，贵州的整村推进进入全面实施阶段，配套了专项资金并逐年加大投入，2015年贵州完成780个贫困村整村推进。贵州逐年加大对劳动力转移培训的投入，2006—2010年，贵州每年拿出5000万元以上财政扶贫资金作为专项资金，并要求每年完成转移培训任务10万人，转移就业率达80%以上。

简言之，当大量资源和要素投入会追逐经济发展条件较好的区域及领域，只有更加贴切的扶贫政策才能真正解决贫困问题。贵州在以往的扶贫战略的制定中与全国扶贫战略高度一致，这表明了贵州在扶贫战略的制定中缺乏独立性和创新性。2000年，贵州进行有组织的扶贫开发工作已经十五年左右,在此过程中,贵州贫困人口大量减少、完成了攻坚式扶贫实现温饱的目标,同时,意识到自身的特点及省情需要更专业、更有针对性的扶贫战略,在总结经验的基础上判断强调物质资本投入的扶贫战略产出低于对人力资本的投入,贫困地区软环境建设和贫困人口自我发展能力的提高对于解决贫困问题更有裨益,提出并且实施了注重贫困地区的软环境建设和贫困人口的自我发展能力的提高的"一体两翼"扶贫战略,重视劳动力转移培训、整村推进、产业化扶贫等多个方面。这些重点方向均切合国家意志,同时也符合贵州省情,体现了贵州特色。

(五)精准扶贫战略(2011年至今)

经过对贫困定义的拓展和认识的深入,贫困的定义基本包含了机会、能力、安全水平和权利四个方面,强调个人的生存和发展能力。如果没有这种能力,就会陷入贫困。同时,贫困是经济、社会、文化落后的总称,是由低收入造成的缺乏生活必需的基本物质和服务以及没有发展的机会和手段这样一种生活状况。2011年我国调整贫困标准为2300元,全国贫困人口增至12238万人,扶贫规模巨大;特殊类型贫困地区的贫困矛盾突出;由于自我发展能力不足而导致的返贫现象大量存在;绝对贫困问题基本解决,但相对贫困问题凸显。这些突出的问题成为新阶段农村扶贫开发面临的重大问题。贵州的贫困人口主要集中在少数民族地区,随着贫困人口的减少与分布在更加偏远的地区和贫困程度更深的人群,贫困人口更为分散,扶贫难度也更为艰难,迫切需要扶贫战略与配套政策体系的完善。从前的扶贫工作注重成效,但往往忽视了扶贫资源使用效率的问题。从扶贫资源角度看,为避免扶贫资源的浪费,应从扶贫瞄准县域转向瞄准贫困家庭,从漫灌式的扶贫方式向滴管式的精准扶贫战略转变。同时,这有利于提高扶贫的效率和减贫的速度。

我国2011年发布第三个指导农村扶贫开发战略的纲领性文件《中国农村扶贫开发纲要(2011—2020年)》,提出了未来十年的总体发展目标:"到2020年,稳定实现扶贫对象不愁吃、不愁穿,保障其义务教育、基本医疗和住房。贫困地区农民人均纯收入增长幅度高于全国平均水平,基本公共服务主要领域指标接近全国平均水平,扭转发展差距扩大趋势。"也就是"两不愁、三保障、一高于、一接近、一扭转",这是解决新农村建设的关键问题,同时也是小康社会全面建成的助力。在这一阶段的扶贫工作中，我国更加注意扶贫的可持续性问题与总结扶贫规律。把更加注重转变经济发展方式、更加注重增强扶贫对象的自我发展能力、更加注重基本公共服务均等化等关键问题作为指导方针，确定了战略措施、战略重点和战略保证，提出了"两个重中之重"的指导思想，创造性地提出了"精准扶贫、科学扶贫、内源扶贫"的战略方针。"精准扶贫"主要针对贫困人口分散的特点提出，从将扶贫资源撒向贫困地区转向瞄准贫困者。这为贵州扶贫工作瞄准扶贫对象、避免资源浪费做出了贡献。贵州出台了"1+10"文件，力促精准扶贫，全力推进扶贫攻坚，具体施行了具有本省特色的"33668"扶贫攻坚计划与精准扶贫"十项行动"、建档立卡、"精准扶贫云"工程、"33112"比例投向、包干扶贫贫困村责任制、产业精准扶贫等措施。同时，这一阶段贵州在扶贫政策中更加关注贫困人口自我发展能力的培养和开发，从技术培训、产业扶贫到教育扶贫等均加大了力度。贵州从2014年起，中央补助和省级安排的财政专项扶贫资金，除重大扶贫专项和以奖代补项目资金外，其余资金由省级主要按因素法分配，尤其强调扶贫的精准性。精准扶贫是粗放扶贫的对称，是指针对不同贫困区域环境、不同贫困农户状况，运用科学有效程序对扶贫对象实施精确识别、精确帮扶、精确管理的治贫方式。相较前一阶段的扶贫开发工作，这一阶段的扶贫开发工作力度、广度和精准方面都做出了更多尝试和努力。贵州有50个国家级扶贫开发贫困县，2011年起贵州探索实施"减贫摘帽"机制，以"摘帽不摘政策"和目标奖励为手段，正向激励贫困县"减贫摘帽"，2011年至2015年，贵州已有30余个贫困县主动退出贫困县认定。2016年，贵州计划减少贫困人口100万人，全省将有8个贫困县、120个贫困乡镇摘除贫困的"帽子"，2000个贫困村将退出。同时，贵州着力打造"大数据精准扶贫云"平台，在实现精准扶贫和精准脱贫上发挥了重大作用，为全国利用大数据支撑精准扶贫树立"省级样板"和典范标杆。目前，贵州正加速精准扶贫云建设，建成后，将通过大数据技术，掌握贫困人口信息、致贫原因等，围绕帮扶结对情况、帮扶计划制订、帮扶计划落实情况、帮扶措施情况，针对省、市（州）、县、镇、村，分别对结对、帮扶计划、帮扶项目进行监测落实情况，识别出已落实、未落实的贫困人口分布，关联显示帮扶的人或单位等相关信息。通过帮扶情况分析，清晰了解省、市（州）、县、镇、村贫困人口的实际帮扶情况，协助帮扶任务的落实。

简言之，由于以前的扶贫战略均忽视了扶贫资源使用效率的问题，部分扶贫政策针对性不强，导致扶贫项目粗放"漫灌"，更多的是在"扶农"而不是"扶贫"，新村扶贫、产业扶贫、劳务扶贫等项目，受益多的主要还是贫困社区中的中高收入农户，只有较小比例贫困农户从中受益，且受益也相对较少。基础设施落后，社会服务体系不完善，也是阻碍贫困地区社会经济发展的主要因素[①]。因此，这些实践经验和对扶贫的更深入的理解，致使人们质疑当前扶贫政策的可行性，通过会议、文件等形式，贵州逐渐否定了前一阶段实施的扶贫战略继续实施的可能性，投入新战略的制定当中来。因此，具有贵州特色的"建档立卡""精准扶贫云"等政策和措施相继开展，精准扶贫战略成为扶贫攻坚新阶段的主要战略之一。

（六）工业强省和城镇化带动战略（2011年至今）

正如发展经济学所强调的，经济增长对反贫困作用重大，应通过促进资本形成、平衡增长和不平衡增长、促进结构转换等方法来减少贫困。针对目前农村"双失"人口面临的问题，可以实施供养和生产资料集中经营[②]。《中国农村扶贫开发纲要（2011—2020年）》对新阶段扶贫开发工作作出了重大判断：我国扶贫开发已从解决温饱为主要任务的阶段转入巩固温饱成果、加快脱贫致富、改善生态环境、提高发展能力、缩小发展差距的新阶段。贵州在扶贫工作中，坚持以政府为主导，强调对扶贫开发的投入。然而，贵州的经济发展长期落后全国水平，这是贵州贫困状况严重的根本原因。近年来，贵州GDP增速蝉联榜首，然而GDP总量却位列全国最低水平，解决经济发展落后问题是解决贵州贫困问题的重要途径。

2010年贵州召开历史上第一次工业发展大会，作出了"工业强省"战略抉择，提出做大做强工业作为调整产业结构、转变增长方式、增强经济实力的重大举措。在《中共贵州省委贵州省人民政府关于贯彻落实〈中国农村扶贫开发纲要（2011—2020年）〉的实施意见》中提出：

---

① 李小云、叶敬忠、张雪梅、唐丽霞、左停：《中国农村贫困状况报告》，《中国农业大学学报》2004年第1期，第2—5页。

② 廖东民、肖同建：《探索解决农村特困人口"双失"问题研究》，《农村·农业·农民》2016年第10期，第54—55页。

总体目标是深入实施工业强省战略和城镇化带动战略,在工业化、城镇化深入发展中同步推进农业现代化,实现工业化致富农民、城镇化带动农村、产业化提升农业,推动贫困地区经济社会"五年上台阶,十年大跨越"。贵州第十一次党代会明确提出,把同步推进"工业化、城镇化、农业现代化"作为基本途径,促进生产要素在城乡之间、区域之间合理流动、有效配置,使工业获得更多的发展资源、城市获得更广的发展空间、农村获得更大的发展支持。贵州工业主要存在产业和产品结构不合理、布局不合理、创新能力极弱、工业总量太小四个突出问题,主要矛盾是工业基础薄弱、工业经济总量严重不足。立足贵州省情,基于贵州慢发展、发展慢、经济社会建设长期滞后的现状,制定符合贵州长期发展需要的"工业强省"战略,提出加大对电力、煤炭、化工、装备制造、有色金属、建材、烟酒、钢铁、高新技术、民族制约及特色食品十大振兴产业投资。贵州出台了一系列推进工业园区和城镇化建设与发展的政策措施,为大力实施工业强省、城镇化带动两大战略提供保障。贵州围绕"加速发展、加快转型、推动跨越"的主基调,确定了重点打造 100 个示范工业园区、100 个示范小城镇和 100 个城市综合体,100 个示范小城镇山区特色突围"乡村贵州"。自然、环境、历史、经济、民俗等诸多因素,使过去的高原山区在城镇化发展中举步维艰,贵州城镇化率低于全国 15 个百分点,特殊的山区环境、喀斯特地貌、在历史中形成的民风民俗、经济基础薄弱等,这些都是贵州城镇化发展的最大瓶颈,大力实施城镇化带动战略,促进"乡村贵州"向"城市贵州"转变,从而实现贵州高原山区的跨越发展。工业强省和城镇化带动战略是具有贵州省特色的扶贫战略,对贵州实现与全国同步小康和减贫进程意义重大。贵州对固定资产的投入逐年增加,在对三次产业的投入中,对第二产业尤其是工业的投资增加迅速。2015 年全省呈现"三、二、一"投资结构,三次产业投资构成为 2.1∶25.6∶72.3。值得注意的是,贵州第三产业产值高于第一、第二产业,说明了贵州以第三产业为主导的形势,也表明了贵州在第三产业中仍旧具有很大的发挥优势。贵州在第二产业中的投入比第三产业低得非常多,增加对工业的投入势必引起工业产值的大幅度增加,这也是贵州抓住工业强省战略的一大依据。

简言之,贵州的扶贫战略往往与宏观政策保持高度统一,但这产生了"不接地气"等问题,使得很多政策无法落地。随着贵州自我认识能力及创新能力加强,贵州意识到经济落后对扶贫工作的阻碍巨大,并进行了问题的界定,随即提出工业强省和城镇化带动战略,提出以经济增长带动脱贫。经济增长带动脱贫对现阶段的贵州来说,是一个能够双赢的举措,既能改变贵州贫困状况,也能促进贵州经济增长。

(七)"大扶贫"战略(2011年至今)

要素禀赋,包括劳动力、资本、土地、技术、管理等,制度变迁、农业落后、社会环境不稳定等使得一部分人陷入贫困,反贫困不仅是为贫困人口提供物质帮助,同时还需要针对贫困人口实施社会、政治、科教等专门措施。我们应该着力提升自身人力要素禀赋、适宜性创新模式选择与全要素生产率提升中国宏观经济论坛资本水平和市场化改革步伐,加快经济发展转型,从而可以更早地越过自主创新驱动技术进步的门槛[①]。为壮大其人力资本和社会资本,为其提供平等就业机会,并提高脱贫能力。这表明,脱贫应该是社会经济"合力"作用的结果,需要多方面的合作。经过三十余年的反贫困历程,贵州在扶贫工作中取得了巨大成就,随着扶贫面不断收窄,扶贫形式及内容日趋复杂,扶贫任务日益艰巨。然而在以往的扶贫工作中,往往单方面强调一种扶贫方式或者几种扶贫办法,而且对于扶贫工作的技术创新及支持力度不足,然而,这种理念造成了扶贫力度因力量不足而不够等问题,这些扶贫战略无法适应新的贫困形势。因此,新的形势呼唤一种具有持续性、力量更大的扶贫方式出现,大扶贫战略应运而生。

2015年贵州根据省情提出,稳固形成专项扶贫、行业扶贫、社会扶贫"三位一体"的大扶贫战略,突出大数据、大扶贫两大战略行动,培植后发优势,奋力后发赶超,大力实施精准扶贫,走出一条有别于东部、不同于西部其他省份的发展新路,统筹推进经济建设、政治建设、文化建设、社会建设、生态文明建设和党的建设,确保与全国同步全面建成小康社会。大扶贫战略行动的核心要义是强化全力扶贫、全面扶贫的大格局,动员各方面力量,坚决打赢科学治贫、精准扶贫、有效脱贫

---

① 余泳泽、张先轸:《要素禀赋、适宜性创新模式选择与全要素生产率提升》,《管理世界》2015年第9期,第29页。

的攻坚战。大扶贫、大数据是守底线、走新路、奔小康必须实施的战略行动,也是实现转型升级、跨越发展的重要引擎。2015年,贵州出台《中共贵州省委贵州省人民政府关于坚决打赢扶贫攻坚战确保同步全面建成小康社会的决定》,确定分两步实现扶贫攻坚目标任务。第一步,扎实推进"33668"扶贫攻坚计划,大力实施"六个到村到户"和"六个小康建设",到2017年年末,实现农村贫困人口脱贫300万人以上,按照省定标准24个贫困县、375个贫困乡镇脱贫"摘帽",5800个贫困村出列,贫困县农村人均可支配收入达到8000元。第二步,深入落实发展生产、易地搬迁、生态保护、加强教育、社会保障兜底"五个一批"扶持措施,到2020年年末,50个国家扶贫开发工作重点县全部"摘帽",实现623万现有贫困人口全部脱贫,贫困群众收入迈上新台阶,贫困地区生产生活条件明显改善,基本公共服务水平大幅提高,扶贫对象自我发展能力显著增强,全面消除绝对贫困。2016年贵州继续推进大扶贫战略,"四在农家·美丽乡村"六项行动计划优先向贫困村倾斜,计划减少贫困人口100万人,计划摘除8个贫困县、120个贫困乡镇贫困的"帽子",2000个贫困村将退出。此外,贵州积极推进棚户区和危旧房改造,实施城镇保障性安居工程和农村危房改造,改善困难群众住房条件。贵州的贫困发生率自2010年以来,发生了极大变化。2011年贫困发生率激增至33.4%,经过4年的扶贫开发,贫困发生率大幅度下降至14%。从贵州贫困发生率分布上看,除黔中地区、遵义地区等贫困发生率较低外,贵州东部、南部、西部的贫困发生率均偏高,尤其是少数民族聚居地贫困发生率很高,甚至达到50%—60%。整体上,贵州南部贫困发生率高于北部贫困发生率。

简言之,贵州提出独具特色的大扶贫战略,在扶贫中注重社会各界合力扶贫,这得益于贵州对发展、扶贫环境的准确判断。同时,贵州在制定扶贫战略过程中越来越重视自身的特点,从过于依赖国家层面的战略的制定转为更加注重创新和完善,形成了宝贵的"贵州经验"。在2010年以后,精准扶贫战略、工业强省和城镇化带动战略及大扶贫战略三个战略都是新阶段中重要的扶贫战略,形成了三足鼎立的状态。

四 贵州扶贫政策变迁

消除贫困是中国农村发展政策的重要内容之一[①]。我国的扶贫开发政策的制定主要以扶贫战略为依据。自1986年开始政府主导的区域开发扶贫以来，我国在每个扶贫战略确定之后都会出台相应的配套措施，扶贫政策涵盖了社会经济的多个领域。贵州扶贫政策的制定主要依据国家扶贫战略及政策、贵州扶贫战略，在数十年的扶贫开发工作中，出台了多个扶贫政策，并且取得了显著成效。国家及贵州实行的扶贫政策都是在特定的历史和现实背景下形成的。总体上看，扶贫政策将扶助穷人与实现贫困地区经济发展相结合，但由于它的实现过多地依靠地方政府的参与，计划体制的诸多弊端在扶贫中体现出来。确定扶贫重点县实际上是区域开发扶贫的政策，一方面把非贫困地区的穷人排除在外，另一方面不可避免地也使贫困地区的非穷人受了益[②]。这些扶贫政策无形中也减小了有限的正常扶贫资金的实际使用规模，从而影响了扶贫的进程。因此，现在贵州的扶贫瞄准政策从以区域开发扶贫为主向直接瞄准贫困人口的扶贫政策转变。扶贫政策的趋势表明，今后的扶贫政策会从主要依靠政府扶贫转向主要依靠市场运行。贵州扶贫政策的演变如表4-2所示，贵州各个扶贫战略配套政策具体措施使用频率如表4-3所示。

表4-2　　　　　　　　　贵州扶贫政策的演变

阶段	贵州扶贫战略配套政策	具体政策
1978—1985	体制改革拉动减贫战略配套政策	建立集体保障体系，实施救济性扶贫
1986—1993	区域开发扶贫战略配套政策	普惠政策、产业扶贫、科技扶贫、温饱工程

[①] 苗齐、钟甫宁：《中国农村贫困的变化与扶贫政策取向》，《中国农村经济》2006年第12期，第12页。

[②] 王红茹：《过去5年减贫1亿人还剩5575万人脱贫的"硬骨头"如何啃？》，《中国经济周刊》2016年第42期，第30—31页。

续表

阶段	贵州扶贫战略配套政策	具体政策
1994—2000	八七扶贫攻坚战略配套政策	金融扶贫、社会扶贫、以工代赈、教育扶贫等
2001—2010	"一体两翼"扶贫战略配套政策	整村推进、劳动力转移培训、异地搬迁等
2011年至今	工业强省和城镇化带动战略配套政策	大力发展工业、加速城镇化等
	精准扶贫战略配套政策	"十项行动""精准扶贫云""减贫摘帽"等
	大扶贫战略配套政策	大数据扶贫、社会各主体合力扶贫等

表4-3　　贵州各个扶贫战略配套政策具体措施一览

政策措施	体制改革拉动减贫战略配套政策（1978—1986年）	区域开发扶贫战略配套政策（1986—1993年）	八七扶贫攻坚战略配套政策（1994—2000年）	"一体两翼"扶贫战略配套政策（2001—2010年）	工业强省和城镇化带动战略、精准扶贫战略、大扶贫战略配套政策（2011年至今）
产业扶贫	—	•	•	•••	•••••
科技扶贫	—	•	••	••	•••
温饱工程	—	•	••	—	—
教育扶贫	—	•	••	••	•••••
金融扶贫	—	—	•	•	•••
社会帮扶	—	•	••	•	•••
以工代赈	—	—	•	•	••
农村普惠、特惠政策	—	•	—	—	—
控制人口增长	—	•	•	•	•••
救灾救济扶贫	—	•	•	•	••
农村基础设施建设	—	•	••	•••	•••••

续表

政策措施	体制改革拉动减贫战略配套政策（1978—1986年）	区域开发扶贫战略配套政策（1986—1993年）	八七扶贫攻坚战略配套政策（1994—2000年）	"一体两翼"扶贫战略配套政策（2001—2010年）	工业强省和城镇化带动战略、精准扶贫战略、大扶贫战略配套政策（2011年至今）
医疗卫生扶贫	—	—	•	•	••••••
生态扶贫	—	—	—	••	••••
劳动力转移培训	—	—	•	••	••••
加强文化建设	—	—	•	•	••••
社会保障扶贫	—	—	•	•	••••
旅游扶贫	—	—	—	•	••••
搬迁扶贫	—	•	—	••	••••
整村推进	—	—	—	••	••••
精准扶贫	—	—	—	—	••••
党建扶贫	—	—	—	—	•••
工业化带动	—	—	—	•	•••
城镇化带动	—	—	—	•	••
大数据扶贫	—	—	—	—	•
合力扶贫	—	—	—	—	••
互联网扶贫	—	—	—	—	•

注：表中的•代表主要减贫措施在每个扶贫战略期间扶贫政策中的出现频率，•越多，表示该减贫措施在对应的扶贫战略期间越受到国家政府的关注。其中频数1—2标记为•，频数3—4标记为••，频数5—6标记为•••，频数7—8标记为••••，频数9—10标记为•••••，频数11以上标记为••••••。

资料来源：课题组从1978—2016年贵州省颁布的43个专门针对农村扶贫的政策中整理得出。

（一）体制改革拉动减贫战略配套政策（1978—1983年）

改革开放之前，扶贫政策以解决贫困人口物质资本缺乏的救济式扶贫为主，这一阶段贵州逐步建立起了以集体为单位的社会网络来保障农民的基本生活。在人民公社的体系中，建立以生产队为基础的社会救助、社会福利和优抚安置为内容的集体保障体系，并对五保户、特重灾人口和贫困农村的特困人口实施救济性扶贫保障其基本生活。但单纯的个体分散救济性扶贫远不能满足贵州贫困人口的基本生活需求，绝对生存贫困问题异常严峻，温饱成为首要难题。通过改革释放制度活力，提高了要素配置效率，使农民收入大幅度提高，极大地缓解了贫困。可以说，体制改革红利与物质救济是这一阶段减贫的主要特征，但是随着经济稳定发展，改革的推力无法再满足贵州减贫的需求，同时，贫困向更加偏远的地区分散，单纯的经济带动和物质救济无疑是杯水车薪。一个导火索是我国从国家层面出台了第一个进行大规模扶贫的文件，这为贵州扶贫政策的转变提供了契机，贵州随即完成了体制拉动减贫向大规模开发式扶贫战略配套政策的转变。

（二）区域开发扶贫战略配套政策（1986—1993年）

1986年，《关于1986年农村工作的部署》即中央一号文件提出，要深入进行农村经济改革及改变农村贫困现状，提出了调整产业结构，正确处理粮食生产和多种经营的关系。在一般的贫困地区主要是落实政策，端正生产方针，在开发林、牧、矿业及其他土特产方面给予必要的支持，把经济搞活。农村商品生产的发展，要求生产服务社会化。同年，《关于在全国大中城市募集多余衣被支援贫困地区请示的通知》提出适当进行募集，支援贫困地区。1987年在《关于加强贫困地区经济开发工作的通知》中提出，贫困地区的经济开发主要是利用本地资源优势，发展商品经济，优化产业结构，提出把科学技术作为经济开发的支柱、发展农村扶贫经济实体、加强扶贫资金及项目管理等。随后的《关于九十年代进一步加强扶贫开发工作的请示》《全国救灾扶贫经济实体管理暂行办法》《关于加强贫困地区基本农田建设的报告》等文件中，均对扶贫政策作出了细化的要求。贵州根据国家层面及自身扶贫战略的要求，根据经济形势和扶贫目标的变化，在不同阶段制定、实施了不同的政策。此阶段，贵州相继出台了《贵州省委、省人民政府关于加强贫困地区工作的指示》《关于继续实施"温饱工程"的意见》等文件，贵州的扶贫从救济式扶贫向开发式扶贫转化，这一阶段主要政策见表4-4。

表 4-4　　　　　　　贵州区域开发扶贫战略主要配套政策

主要扶贫政策	主要内容
农村普惠政策	减免税收、专项贷款等
贫困地区特惠政策	确定国家级贫困县,扶贫开发的各项资金和工作力量向这些区域倾斜等
产业扶贫	重视"三农"问题,发展农村特色产业,建立区域支柱产业等
科技扶贫	科技扶贫通过农业、科研、教育三结合等形式,向贫困地区输入科技和管理人才
基础设施建设	发展农村生产和保证农民生活而提供的公共服务设施,农业生产性基础设施、农村社会发展基础设施等
"温饱工程"	采取资金、技术、地膜、化肥、良种等综合配套服务措施和"以物放贷、以粮还贷"的办法,增加对农业的投入,提高粮食产量

1. 产业扶贫

1986年《贵州省委、省人民政府关于加强贫困地区工作的指示》提出大力发展优势产业,进行产业扶贫。贵州大力发展农业,关注"三农"问题,增加农业投入。1994年在《贵州省扶贫攻坚计划》中提出发展支柱产业,重点发展投资少、见效快、覆盖大、效益高、有助于直接解决群众温饱的种植业、养殖业和相应的加工业。要面向市场,统一规划,户为基础,连片开发,形成商品基地。积极发展能够充分发挥贫困地区资源优势,又能安排贫困户劳动力就业的资源开发型和劳动密集型的乡镇企业,并逐步形成龙头企业,带动群众脱贫致富。通过土地有偿使用和转让、拍卖荒山使用权等方式,加快荒山、荒坡、荒水的开发利用,促进区域性支柱产业的建立。在此之后,产业扶贫作为贵州扶贫的重要政策得到发展和完善,又出台了《贵州省核桃产业化扶贫建设规划(2011—2015年)》(2011)、《贵州省草地畜牧业产业化扶贫规划(2014—2020年)》(2014)、《贵州省长毛兔产业化扶贫规划(2015—2020年)》(2015)、《关于扶持生产和就业推进精准扶贫的实施意见》(2015)等数十个扶贫文件中涉及了与产业扶贫相关的政策。自1986年贵州开始实施产业扶贫政策,到1993年年底,贵州实现了农村经济的全面发展,农业生产增长和农民收入均有所增加,乡镇企业发展继续加快。从各种产业比重变化看,整个"八五"期间,产业结构变化力度较弱。而"八五"期间贵州第一产业中的产值结构也因为经济战略的调整产生了变化。农业比重从1990年的59.1%上升到1995年的64.8%，林业、牧业产值均有所下降。调整产业结构是激活农村经济的一个主要举措，由于经济对于减贫的带动作用，产业扶贫在整个扶贫工作中起到了重要作用，经过多次调整和修正，作为扶贫重要举措被保留至今。

简言之，贵州实施产业扶贫政策之后，产业扶贫作为经济拉动减贫的重要措施在全国推广使用①。贵州的产业扶贫主要经过了重点发展优势产业、重点发展支柱产业到产业精准扶贫等几个阶段，当优势产业发展到一定程度，必然成为贵州的支柱产业中的一部分，因此从发展优势产业到发展支柱产业的转变很容易理解。产业精准扶贫主要是为了高效率地使用扶贫资源、更有针对性地发展产业，强调扶贫的针对性。这个过程中，产业扶贫政策转变的新问题的产生，就是演变的动机，主要是产业发展阶段的不同，随着产业发展的成熟，相应的产业扶贫重点必然发生变化，而在子系统政治层面，产业扶贫作为一个有效的扶贫政策，始终得到保留。

2. 加强贫困地区基础设施建设

基础设施建设的落后，制约着贵州经济社会的发展，阻碍了全省反贫困工作的开展。农业基础设施是农村生产力提高、农村经济社会发展和农民生产生活改善的硬件条件，是农村农民反贫困的基础。加强贫困地区基础设施建设是贵州长期实施的扶贫政策。《贵州省委、省人民政府关于加强贫困地区工作的指示》（1986）对加强贫困地区基础设施建设提出了明确要求，随后《贵州省整村推进扶贫开发实施细则》（2009）、《关于加快创建全国扶贫开发攻坚示范区的实施意见》（2012）、《滇桂黔石漠化片区（贵州省）区域发展与扶贫攻坚实施规划（2011—2015年）》（2013）等都对进一步加强基础设施建设提出了要求，发展农村生产和保证农民生活而提供的公共服务设施，包括交通邮电、农田水利、供水供电、商业服务、园林绿化、教育、文化、卫生事业等生产和生活服务设施，农业生产性基础设施、农村生活基础设施、生态环境建设、农村社会发展基

---

① 聂春根：《产业扶贫应成为扶贫开发的工作重点》，《老区建设》2010年第1期，第34-36页。

础设施四个大类。它们是农村中各项事业发展的基础，也是农村经济系统的一个重要组成部分，应该与农村经济的发展相互协调。近年来，贵州实施"县县通高速"计划，迅速推进高速公路路网建设。

在交通方面，贵州修建县乡公路，深入实施通达通畅工程，2012年实现"双百"目标；对多地、部分重要干线公路进行拓宽改造，提高了等级标准；实施公路"保畅工程"和GBM工程，超龄柏油路大幅下降；新建市、县、乡三级汽车客运站，改善了人民群众乘车条件；先后开通了乌江、赤水河、北盘江、南盘江、红水河、都柳江、清水江等内河航运。但尽管如此，贵州农田水利基础设施、现代农业机械装备和交通基础设施建设仍旧不够发达，农业抗风险能力差，"因灾致贫""因灾返贫"现象仍旧严峻。贵州实施"县县通高速"计划，高速公路路网建设迅速推进，至2015年年底，全省高速公路通车里程5128千米，全省88个县市区全部贯通高速公路，贵州也成为我国西部地区第一个实现"县县通高速"的省份。高速公路的建设使得贵州快速融入长江经济带、成渝经济区、泛珠三角经济区及周边经济圈，成为助推贵州经济快速发展的"加速器"。

简言之，基础设施建设的落后，制约着贵州经济社会的发展，阻碍了全省反贫困工作的开展，扶贫工作举步维艰。因此，当意识到加快基础设施建设的必要性和基础设施与反贫困的关系，决策者提出了一个新的扶贫政策：加强贫困地区基础设施建设。通过分析贵州基础设施建设现状，结合省内反贫困的环境与条件，针对相关问题研究提出对策，以实现城乡经济的发展和农村农民尽快脱贫致富。发展农村生产和保证农民生活而提供的公共服务设施的相关政策在长期的实践中得到完善。贵州省在进行基础设施建设减贫方面达成了共识，由于基础设施建设成本高、周期长，因此该政策的实施是一个长期的、渐进的过程。

3. "温饱工程"

1980年至1984年的5年间，中国的扶贫资金总额达400亿元，但单纯投入式的扶贫不能完全解决贫困问题，尤其是无力消除贫困的根源。因此，从1984年起扶贫工作转向以温饱工程为主。20世纪90年代初，贵州开始实施"温饱工程"。1992年，贵州出台了《关于继续实施"温饱工程"的意见》以及《关于贯彻落实中央扶贫开发工作会议精神尽快解决农村贫困人口温饱问题的决定》（1996）等文件，持续关注贫困人口"温饱问题"。"温饱工程"覆盖46个贫困县，资金滚动使用，投入"温饱工程"的资金和物资实行"三公开，一监督"。采取资金、技术、地膜、化肥、良种等综合配套服务措施和"以物放贷、以粮还贷"的办法。同时，积极推广农业实用新型技术，种植杂交水稻，实行两段育秧，拉线插秧；种植杂交玉米，采取营养袋（肥球、营养块）育苗定向移栽；增施植物生长调节剂"叶面宝"等，提高了粮食产量。1994年，贵州有宽余户、富裕户和小康户仅占29.46%，贫困人口近千万、需个别帮助扶持的比例仍然很大[①]。随后在1994年的《贵州省扶贫攻坚计划》中对"温饱工程"资金的使用提出了规范规定，即在1990年以来投入贫困县实施"温饱工程"的扶贫信贷资金，到期收回后仍留在贫困县用作"温饱工程"发展粮食生产。1991年后新增贫困县实施"温饱工程"的扶贫信贷资金，在省切换到县的资金中自行安排，到期收回后仍留在贫困县滚动使用。实施"温饱工程"所需的农用生产资料，由农资、种子部门优先优惠供应。贫困县要切实按照省扶贫办等部门联合文件的要求，建立"温饱工程"风险基金，严格基金的审批和使用。"七五"期间，贵州贫困地区人民生活水平有了提高。截至1993年年底，贵州人均纯收入为576.67元，其中人均年纯收入不到200元的极贫人口392万人，集中连片的贫困县48个；人均年纯收入在400元以下的困难户，占总户的26.875%，共975.9万人，贫困人口大幅度下降，基本解决了大多数贫困人口的温饱问题。

简言之，从救济式扶贫到产业扶贫，民众及决策者意识到单纯投入式的扶贫不能完全解决贫困问题，尤其是无力消除贫困现象的根源。贫困地区基本上集中于西南高寒山区和北方冷凉、干旱半干旱地区，由于坡陡、土层瘠薄、气候差异大，加之当地科技落后，劳动者素质不高，使粮食问题长期得不到解决，"温饱工程"成了解决人们吃饭问题而开展的一系列科技扶贫的总称。由于国家层面提出的"温饱工程"也契合贵州扶贫的需要，贵州在20世纪90年代初开始实施"温饱工程"，

[①] 房伟臣、梁会中：《贵州农民经济生活状况简析》，《农村经济技术》1994年第11期，第30页。

并逐渐形成了占主导地位的政策垄断状态。"温饱工程"的实施为贵州的扶贫工作做出了巨大贡献，但是"以物放贷、以粮还贷"、增加粮食产量的方式无法再适应农村劳动力大量外出、土地荒芜等，加上贵州逐渐解决了温饱问题的扶贫目标，无论民众还是决策者均意识到"温饱工程"的局限性，因此，该项政策在2000年年初逐渐退出主导地位，其他扶贫政策，如社会扶贫等逐渐取代了"温饱工程"的主导地位。

（三）八七扶贫攻坚战略配套政策（1994—2000年）

1994年贵州依据我国"八七扶贫攻坚计划"制定并且实施了《贵州省扶贫攻坚计划（1994—2000年）》，在该计划中，贵州提出了以下扶贫政策：金融扶贫，每年安排资金用于扶贫，并随着经济的发展增加扶贫投入；重点扶持贫困县、地区；扶贫贷款主要用于经济效益显著的种植业、养殖业和相关的加工业、运输业；推进融资机制建设，逐渐形成了从基础设施建设到民生社会事业发展的多种融资，进行支持农村基础建设、民生事业及产业发展贷款。社会扶贫，通过社会捐助、扶贫协作、对口帮扶、企业联姻方式扶贫。以工代赈，通过财政渠道无偿援助的扶贫物资，在20世纪80年代以修筑道路、农田基本建设、水利工程和人畜饮水工程为主要内容，其安排的项目是贫困地区进行的大规模基础设施建设。这个阶段，我国及贵州扶贫文件增多，主要扶贫文件如表4-5所示。

表4-5　　　　　　　　中央及贵州省若干扶贫文件

年份	扶贫文件
1994	《民族区域自治法》《关于试办国家扶贫基础工程试验项目贷款的通知》《中国农业银行扶贫基础工程试验项目贷款管理暂行办法》《农村五保供养工作条例》《关于切实安排好当前灾区贫困地区群众生活的紧急通知》《贵州省扶贫攻坚计划（1994—2000）》
1995	《关于加强流动人口管理工作的意见》《"三西"农业建设专项补助资金使用管理办法》
1996	《中共中央国务院关于尽快解决农村贫困人口温饱问题的决定》《1996—2000年全国科技扶贫规划纲要》
1997	《国家扶贫资金管理办法》《关于小城镇户籍管理制度改革试点方案》《关于进一步做好组织民工有序流动工作的意见》
1998	《中共中央关于农业和农村工作若干重大问题的决定》《残疾人扶贫攻坚计划（1998—2000年）》《农村残疾人扶贫开发实施办法（1998—2000）》

社会扶贫

我国于1988年提出了"两个大局"战略思想,即一个大局就是东部沿海地区加快对外开放,使之先发展起来,中西部地区要顾全这个大局;另一个大局就是当发展到一定时期,就要拿出更多力量帮助中西部地区加快发展,东部沿海地区也要服从这个大局。"两个大局"既是我国实现经济增长的途径,也是我国通过发展经济消除贫困的一大战略。我国提出开创全社会扶贫济困的新局面,国家机关、人民解放军、民主党派、社会团体,以及一切有条件的企事业单位积极支持、参与扶贫工作,并积极争取国际援助。

1996年我国推出东西部"优势互补、互利互惠、长期合作、共同发展"工程,大连、青岛、深圳、宁波与贵州开展扶贫协作、对口支援。单靠自身的发展难以脱贫,通过东部发达城市对贵州的对口扶贫,东西协作也是扶贫工作和政策的重要创新。借助国家优惠政策向西部倾斜的战略,富裕起来的东部地区伸出援手①。贵州本着"统筹安排,相对固定,项目交叉"原则,确定大连帮扶遵义地区、六盘水地区,青岛帮扶安顺地区、铜仁地区,深圳帮扶黔南自治州、毕节地区,宁波帮扶黔东南自治州和黔西南自治州。以上四个城市与贵州省通过企业联姻、科技扶贫、经贸合作、劳务输出、社会扶贫等形式的协作,进一步推进扶贫工作。自1996年8月起,大连、宁波、青岛、深圳、上海、苏州、杭州、广州8个发达城市"一对一"对口帮扶贵州除贵阳市以外的8个市(州),对口帮扶城市向贵州省捐资330万元,投资1.83亿元,新建项目30余个,捐赠衣物608.92万件。当年息烽、凤冈、独山、荔波、镇宁、岑巩等县越过温饱线。2013年,在原来宁波、青岛、大连、深圳对口帮扶贵州的基础上,新增上海、杭州、苏州、广州帮扶贵州,实现了"一对一"帮扶全覆盖,帮扶城市与受帮扶地区广泛开展产业合作、教育培育、人才交流、经济贸易合作等。据统计,2013年以来,这8个帮扶城市累计向贵州投入帮扶资金和物资折款11亿元,资金为原计划的130%以上,实施帮扶项目1000多个,集中用于受帮扶地区产业发展、基础设施建设以及社会事业等方面。其中,在基础设施建设方面,8个帮扶城市投入资金4.1亿元,兴修乡村道路829千

---

① 王芳:《借智借力战贫困》,《经济》2016年第2期,第114页。

米,建设农村饮水工程,帮助建设农民住房,受益农户逾15万户。2014年8个帮扶城市共向贵州投入各种帮扶资金和物资折款累计37183.26万元。这些资金和物资与贵州受帮扶市(州)其他资金捆绑整合,实施各类帮扶项目。主要集中在产业发展、基础设施建设以及教育、文化、卫生、人才交流、科技培训等社会事业各个方面,改善了贫困群众的生产、生活条件,增强了贫困地区基本公共服务能力,促进了贫困地区经济和社会发展[1]。2016年,继续开展8市对口帮扶贵州,加大帮扶力度。对口帮扶情况如表4-6所示。

表4-6　　　　　　　贵州社会扶贫:对口帮扶

年份	对口帮扶情况	主要内容及成效
1996	首次对口帮扶	以企业联姻、科技扶贫、经贸合作、劳务输出、社会扶贫等形式协作,大连、青岛、深圳、宁波对口帮扶贵州
2013	新一轮对口帮扶	新增上海、杭州、苏州、广州帮扶贵州,实现"一对一"帮扶全覆盖
2016	加强帮扶力度	大量向贵州省投入各种帮扶资金和物资,资金捆绑整合,实施各类帮扶项目

总之,社会扶贫,尤其是通过对口帮扶享受东部优先发展的红利,是扶贫工作的重大创新,通过发达地区向贵州的对口扶贫,不仅优化了资源配置,促进了贵州经济发展,而且创新了扶贫工作的体制机制,促进了扶贫政策的持续演进。

(四)"一体两翼"扶贫战略配套政策(2000—2010年)

目标偏离与精英俘获在移民扶贫项目当中出现,即真正贫困的地区和农户并没有享受到搬迁移民扶贫政策的利益,而获益明显的是富裕的地区和农户。21世纪,面对新形势下的扶贫工作,贵州省具体实施了整村推进、搬迁扶贫、劳动力转移培训等扶贫举措。整村推进——"百乡千村"工程,整村推进是以扶贫开发工作重点村为对象,以增加贫困群众收入为核心,以完善基础设施建设、发展社会公益事业、改善群

---

[1] 郭正伟:《山海相连　携手十年——宁波对口帮扶贵州侧记》,《中国民族》2007年第2期,第30页。

众生产生活条件为重点,以促进经济社会文化全面发展为目标,整合资源科学规划、集中投入、规范运作、分批实施、逐村验收的扶贫开发工作方式。贵州省实施"百乡千村"工程,每年实施1000个村以上的贫困村整村推进。劳动力转移培训,"雨露计划"工程,专门针对贫困家庭劳动力进行转移培训;贵州每年拿出5000万元以上财政扶贫资金作为专项资金,并要求每年完成转移培训任务10万人,转移就业率达80%以上。搬迁扶贫,对贵州居住在生存条件恶劣、自然资源贫乏的特困人口实施搬迁扶贫,采取异地安置的办法;实施"四坚持、五为主、四结合、一确保"原则的扶贫生态移民工程;与"5个100工程"、危房改造等措施相呼应。自2001年《中国农村扶贫开发纲要(2001—2010年)》发布以来,全国及贵州相继出台了众多扶贫文件,数量及力度皆空前,主要扶贫文件如表4-7所示。

表4-7　　　　　　　　2001—2010年贵州主要扶贫文件

年份	扶贫文件
2001	《关于实施以工代赈异地扶贫安置(试点)工程的意见》
2003	《中共贵州省委关于加大新阶段扶贫开发工作力度的决定》
2005	《关于切实抓好扶贫开发三项重点工作的意见》
2006	《关于进一步加强扶助贫困残疾人工作的意见》
2008	《关于切实加强农业基础建设进一步促进农业发展、农民增收的实施意见》
2009	《贵州省整村推进扶贫开发实施细则》
2010	《贵州省农村最低生活保障制度和扶贫开发政策有效衔接扩大试点工作实施方案》

1. 整村推进——"百乡千村"工程

整村推进是这一阶段贵州颇具特色的扶贫政策。整村推进是以扶贫开发工作重点村为对象,以增加贫困群众收入为核心,以完善基础设施建设、发展社会公益事业、改善群众生产生活条件为重点,以促进经济社会文化全面发展为目标,整合资源、科学规划、集中投入、规范运作、分批实施、逐村验收的扶贫开发工作方式。"整村推进"作为实现新阶段扶贫目标所采取的一项关键措施,有利于瞄准贫困群体、扶贫资金进村入户、整合各类扶贫资源、发挥贫困农户的积极性及提高贫困人口综合素质和贫困村可持续发展能力。

贫困是经济、社会、文化落后的总称，表现为个人或家庭依靠劳动所得和其他合法收入不能维持个人生活和社会文化可以接受的生活水平[①]，因此贫困是一个整体的状况。从2004年起，贵州启动了"百乡千村"扶贫工程，贵州的整村推进进入全面实施阶段，配套了专项资金并逐年加大投入。2005年对1100个整村推进村每村安排财政扶贫资金20万元；从2006年起，除了每村安排20万元财政扶贫资金外，贵州省财政还安排了2000万元小额信贷贴息资金；2008年，贵州共投入财政扶贫资金7.2亿元实施整村推进，平均每村投入35万元，其中人口较少民族所在贫困村和国定革命老区贫困村，每村投入50万元以上；从2009年起，全省对未实施整村推进的贫困村，每村投入财政扶贫50万元以上，同时，要求大连、青岛、深圳、宁波四个城市的对口帮扶资金，50%以上要用于贵州的整村推进项目。2009年，《贵州省整村推进扶贫开发实施细则》中明确规定"财政扶贫资金的70%以上要集中用于整村推进""各级各部门都要承担整村推进扶贫的责任"。至此，贵州累计实施8775个贫困村的整村推进计划，占13973个扶贫开发重点贫困村总数的62.8%，其中实施"两个确保"贫困村2060个，占"两个确保"贫困村总数的75.18%。2010年实施2000个村整村推进，剩余680个"两个确保"贫困村和所有一类重点村全部纳入整村推进计划。2012年，根据《关于进一步做好水库移民示范新村建设"整村推进"工作的通知》，贵州9个市（州）65个县180个村分别编制了2012—2016年"整村推进"规划。2013年贵州启动"四在农家·美丽乡村"基础设施建设小康寨行动计划整村推进。2015年，贵州完成780个贫困村整村推进。

简言之，贵州"千百乡村"扶贫工程的目标是实现贫困乡村的整村推进，以扶贫开发工作重点村为对象，从增加贫困人口收入、完善基础设施、社会公益等方面，促进社会经济文化全面发展。与以前的扶贫政策不同，整村推进的开展是基于扶贫实践中得出的绝对贫困人口在农村基层治理结构中处于弱势地位，这是一个显著的政策变迁的动机，急于解决扶贫资源使用不公平等问题，整村推进产生了并且在2009年达

---

① 徐光、罗敏：《贵州省农村贫困问题及其对策研究》，《安徽农业科学》2007年第33期，第11页。

到顶峰时期，提出"财政扶贫资金的70%以上要集中用于整村推进"，但是，整村推进扶贫资源和项目无可避免地排斥最贫困群体，整村推进扶贫开发仍然会漏出最贫困群体，整村推进扶贫政策的执行难免偏离绝对贫困群体，因此，随着问题产生，在目前的扶贫政策中更加强调精准扶贫，扶贫资源"到村"，就是为了弥补以县为扶贫重点产生的各种问题。

2. 搬迁扶贫

2001年针对全国扶贫工作的新特点，贵州决定对目前极少数居住在生存条件恶劣、自然资源贫乏的特困人口实施搬迁扶贫，采取异地安置的办法，帮助这部分群众走上脱贫致富之路。《贵州省2012年扶贫生态移民工程实施方案》《贵州省2013年扶贫生态移民工程实施方案》《贵州省2014年扶贫生态移民工程实施方案》《贵州省2015年扶贫生态移民工程实施方案》《关于进一步加大扶贫生态移民力度，推进精准扶贫的实施意见》（2015）等多个关于异地扶贫搬迁的文件相继出台，成为贵州的扶贫搬迁工作风向标。贵州提出，实施扶贫生态移民工程要切实做到"四坚持、五为主、四结合、一确保"。即坚持政府主导、群众自愿，坚持统筹规划、合理布局，坚持因地制宜、分类指导，坚持先易后难、有序推进。搬迁对象以居住在深山区、石山区特别是石漠化严重地区的贫困农户为主，迁出地点以生态位置重要、生态环境脆弱地区为主，搬迁区域以三个集中连片特困地区和民族地区为主，安置地以县城及县城规划区、产业园区、重点小城镇为主，实施方式以发挥基层党委、政府积极性、农民自力更生为主，积极引导社会资金参与支持扶贫生态移民工程。工程实施与推进工业化、信息化、城镇化、农业现代化相结合，与发展旅游等特色小城镇相结合，与"5个100工程"、与农村危房改造相结合，与基础设施向县及县以下延伸相结合。2016年8月，省政府出台《关于深入推进新时期异地扶贫搬迁工作的意见》，提出"十三五"时期对全省"一方水土养不起一方人"地方的130万建档立卡贫困人口实施异地扶贫搬迁，其中2016年实施搬迁34.5万人，2017—2018年每年实施搬迁40万人，2019年实施搬迁15.5万人。对少数贫困发生率高，自然生产生活特别困难的自然村寨中的非建档立卡贫困人口，可以实施整村整寨同步搬迁，同步搬迁的非建档立卡人口总规模控制在32.5万人内。

搬迁扶贫成效明显,至 2015 年,贵州累计已实施搬迁 62 万人,"十三五"时期将再搬迁农村建档立卡贫困人口 130 万人。贵州搬迁扶贫的成效是综合效益叠加释放:其一,增加了农民收入。例如,榕江县首批搬迁的 303 户扶贫生态移民户进城一年后生活水平变化显著,贫困发生率从搬迁前的 68.9% 降到 8.8%,降低了 60.1 个百分点;人均年收入从搬迁前的 3164 元提高到 6428 元。其二,提升了就业能力。整合部门培训资源,优先覆盖搬迁对象,确保受到培训的人员都有一门终身受用的谋生技能,移民的市民意识和市场意识不断增强,逐渐变成了有技术、懂经营、思发展的新型农民,增收方式也逐步由"靠土吃饭"向"农旅工商共同发展"转变。其三,改善了人居环境。在集中安置点,房屋外观统一设计、体现民族和地域特色,水、电、路等基础配套设施完善。其四,带动了城乡建设,搬出了城镇扩容的强大引擎。依托小城镇为主的集中安置,有利于提高城镇化率。其五,保护了生态环境,搬出了守住底线的发展空间。实施整村整组搬迁的地方,减少或杜绝了人为因素对生态环境的破坏。贵州搬迁扶贫成效显著,但是在旧房拆除、就业机会、持续保障、精准搬迁、有效监管和宣传动员等方面仍然存在一些问题。

简言之,对于"一方水土养不起一方人"的贫困地区,贵州提出搬迁扶贫政策,是基于前一阶段这些地区扶贫效果不佳作出的新的尝试。环境异常艰苦的地区,贫困人口有搬迁出去发展的意愿,而由于条件恶劣,投入扶贫资源成效不大,政府也有意愿将其搬迁至条件相对较好的地区。虽然在实施过程中面临诸多困难和产生了新的问题,但不足以改变其垄断地位,搬迁扶贫在目前贵州扶贫工作中仍旧广泛适用。

(五)精准扶贫战略配套政策(2010—2020 年)

在扶贫政策的制定过程中,长期以来以区域瞄准设计有关政策安排,但随着扶贫工作的推进,围绕区域瞄准的政策安排,存在部分扶贫政策针对性不强,导致扶贫项目粗放"漫灌",更多的是在"扶农"而不是"扶贫"。新村扶贫、产业扶贫、劳务扶贫等项目,受益多的主要还是贫困社区中的中高收入农户,只有较少比例的贫困农户从中受益,且受益也相对较少,等等问题,已经不能满足精准扶贫的要求。2014 年我国提出要实施精准扶贫,瞄准扶贫对象,进行重点施策,出台了《扶贫开发建档立卡工作方案》《建立精准扶贫工作机制实施方案》。在

《关于扶持生产和就业推进精准扶贫的实施意见》(2015)、《关于坚决打赢扶贫攻坚战,确保同步全面建成小康社会的决定》及10个配套文件中,贵州提出实行贫困人口收入级差分类扶持、脱贫路径分类管理,深入推进产业化扶贫,着力促进贫困人口创业、就业,大力实施扶贫攻坚"三个十工程",促进第一、第二、第三产业融合发展,大力发展劳务经济,推动产业分类更科学、脱贫路径更精准、实现方式更具体,进一步提高产业和就业对贫困人口的扶持带动作用,加快脱贫致富奔小康步伐。贵州在精准扶贫工作中探索出了一条充分与贵州特点相适应的扶贫政策,形成了独特的"贵州经验",率先完成了"建档立卡"工作,率先开发了"精准扶贫云系统"在精准扶贫方面实践经验丰富,为全国扶贫事业做出了榜样,贵州成为脱贫攻坚的省级样板。贵州精准扶贫配套政策见表4-8。

表4-8　　　　　　　　贵州精准扶贫配套政策

主要扶贫政策	主要内容
"33668"	"33"是"从2015年到2017年,用3年时间减少贫困人口300万人以上;"66"是指深入实施精准扶贫的"六建设六项行动计划";"8"是指使贫困县农村居民人均可支配收入达到8000元以上
"十项行动"	基础设施建设扶贫行动、扶贫生态移民行动、社会保障兜底扶贫行动、社会力量包干扶贫行动、特困地区特困群体扶贫行动等十项扶贫攻坚行动计划
"精准扶贫云"	贵州省依托云计算、大数据技术,利用"互联网+"思维开展扶贫工作
"33112"	中央补助和省级安排的财政专项扶贫资金,除重大扶贫专项和以奖代补项目资金外,其余资金由省级主要按因素法分配
建档立卡	贵州率先在全国组织全省20多万名省、市、县、乡、村领导干部开展遍访贫困村贫困户工作,建立了较为完善的农村贫困动态监测网络
包干扶贫	建立了省、市(州)、县三级制,省、市、县三级党政机关、事业单位、人民团体、大中专院校分别按"2、1、1"的标准包干扶贫贫困村
"减贫摘帽"	以"摘帽不摘政策"和目标奖励为手段,正向激励贫困县"减贫摘帽",重点县摘帽,贫困乡(镇)摘帽,贫困村退出

由于扶贫工作已进入攻坚的新阶段,2010年以来,全国与贵州都

将扶贫放在重要战略位置，这是前所未有的。形成了全国上下扶贫潮流，全省紧抓扶贫工作的局势，总体上而言，扶贫工作力度加强、速度加快。这期间，我国出台了大量扶贫文件，数量和力度比前一阶段更甚，贵州亦根据国家号召、结合省情制定了诸多扶贫文件。经过扶贫实践探索，精准扶贫、工业化与城镇化带动战略以及大扶贫战略开展以来，形成了全省多种扶贫方式同时进行的大扶贫格局。根据扶贫工作开展趋势，扶贫力度还将进一步加强。全国及贵州这期间的主要扶贫文件如表4-9所示。

表4-9　　　　　　　　2011—2016年贵州主要扶贫文件

年份	主要扶贫文件
2011	《关于大力实施乡村旅游扶贫倍增计划的意见》《贵州省核桃产业化扶贫建设规划（2011—2015年）》
2012	贵州省委省政府《关于贯彻落实〈中国农村扶贫开发纲要（2011—2020年）〉的实施意见》《贵州省"十二五"扶贫开发规划》《关于加快创建全国扶贫开发攻坚示范区的实施意见》《贵州省2012年扶贫生态移民工程实施方案》
2013	《贵州省扶贫开发条例》《滇桂黔石漠化片区（贵州省）区域发展与扶贫攻坚实施规划（2011—2015年）》《贵州省三大集中连片特殊困难地区教育扶贫工程实施方案》
2014	《关于以改革创新精神扎实推进扶贫开发工作的实施意见》《创新产业化扶贫利益联结机制的指导意见》
2015	《关于坚决打赢扶贫攻坚战确保同步全面建成小康社会的决定》《贵州省乡村教师支持计划实施办法（2015—2020年）》《关于进一步动员社会各方面力量参与扶贫开发的意见》《关于提高农村贫困人口医疗救助保障水平推进精准扶贫的实施方案》《贵州省长毛兔产业化扶贫规划（2015—2020年）》《贵州省2015年扶贫生态移民工程实施方案》
2016	《贵州省教育精准脱贫规划方案（2016—2020年）》《贵州省大扶贫条例》

1. "精准扶贫云"工程

2015年，贵州省与浪潮集团签署建设"云上贵州战略合作协议"，着力打造"大数据精准扶贫云"平台，在实现精准扶贫和精准脱贫上发挥了重大作用，为全国利用大数据支撑精准扶贫树立了"省级样板"和典范标杆，依托云计算、大数据技术，利用"互联网+"思维开展扶贫工作，为社会提供更为广泛、到位的扶贫服务。扶贫云技术是以GIS（地理信息系统）作为主要展示手段，利用大数据技术，依据贫困发生率和"四看法"衡量指标，直观反映贫困人口的分布情况、致贫原因、帮扶情况、脱贫路径以及脱贫情况。贫困人口被科学识别，退出也要走规范的程序。为此，贵州省建立了扶贫对象退出程序、办法。如贫困乡"摘帽"按照县乡逐级申报、市（州）考评、省级核实、社会公示、省扶贫开发领导小组认定的程序进行。精准扶贫云的建立，采用大数据技术采集，比对内、外部数据，对贫困人员实施全面真实地识别与评估，为扶贫开发工作的规划与实施打下坚实的基础。此后，将用大数据甄别贫困人口、用大数据管理扶贫项目和资金、用大数据开展贫困监测和评估。通过扶贫攻坚贫困人口监测，实现贫困人口的精准定位，全面监测贵州省贫困人口状况。同时还能展示省、市（州）、县、镇、村贫困人口的致贫原因情况，包括：因病、因残、因学、因灾、缺土地、缺水、缺技术、缺劳力、缺资金、交通条件落后、自身发展动力不足等，通过对致贫原因分析，协助制定精准的扶贫措施。目前，贵州正加速精准扶贫云建设，建成后，将通过大数据技术，掌握贫困人口信息、致贫原因等，围绕帮扶结对情况、帮扶计划制订、帮扶计划落实情况、帮扶措施情况，针对省、市（州）、县、镇、村，分别对结对、帮扶计划、帮扶项目进行监测落实情况，识别出已落实、未落实的贫困人口分布，关联显示帮扶的人或单位等相关信息。通过帮扶情况分析，清晰地了解省、市（州）、县、镇、村贫困人口的实际帮扶情况，协助帮扶任务的落实。

简言之，贵州率先提出依托云计算、大数据技术，利用"互联网+"思维开展扶贫工作，为社会提供更为广泛、到位的扶贫服务，将用大数据甄别贫困人口、用大数据管理扶贫项目和资金、用大数据开展贫困监测和评估。贵州提出该扶贫政策有几个主要动机：其一，贵州大数据产业发展迅速，为精准扶贫云的建设设想打下了基础；其二，长期的扶贫工作使得贵州在扶贫工作中更注重科学识别贫困、退出贫困；其三，贵州在扶贫工作中越来越注重创新性和针对性。以上三点均为贵州建设"精准扶贫云"工程提供了动机和条件，这表明了未来贫困识别和贫困退出机制更加注重科学化的趋势。

2. 建档立卡

2014年贵州根据《国务院扶贫办关于印发〈扶贫开发建档立卡工作方案〉的通知》，结合省情出台了《贵州省扶贫开发建档立卡工作实施方案》。确定了工作步骤和时间安排，主要采用规模控制、分级负责的办法，由省级逐级分解到行政村。贫困户识别以农户收入为基本依据，综合考虑住房、教育、健康等情况，通过农户申请、民主评议、公示公告和逐级审核的方式，整户识别。在全省范围内建立贫困户、贫困村、贫困县和连片特困地区电子档案，并向贫困户发放《扶贫手册》。以此为基础，建立全省精准扶贫信息平台，构建全省扶贫信息网络。贵州建档立卡工作取得了阶段性成效，基本实现"四个精准"的目标，初步建成具有基础数据、扶贫工作、绩效考核、与各部门数据互联互通且能满足不同部门需求等四个功能的制度性、功能性平台，建档立卡数据真实、完整、准确，为各行业部门、社会力量在贫困地区开展工作提供了数据支撑，成为各级党委、政府制定政策和开展精准扶贫的重要依据。

2015年贵州出台《贵州省领导干部遍访贫困村贫困户试行办法》，率先在全国组织全省20多万名省、市（州）、县、乡、村领导干部开展遍访贫困村贫困户工作。贵州省扶贫办编制了访谈问卷、工作手册、工作流程和遍访专题片，并将把遍访数据与建档立卡数据进行比对，进一步完善建档立卡数据。在贫困村和贫困户的识别工作中，除在国家建档立卡指标的基础上根据贵州省实际增加了部分特色指标外，严格执行国家规定的流程，省、市（州）、县、乡、村分别制定了建档立卡工作实施方案，按照"县为单位、规模控制、分级负责、精准识别、动态管理"的原则，完成贫困村和贫困人口识别及贫困县、乡、村、贫困户基本信息录入工作，建立了较为完善的农村贫困动态监测网络。

贵州贫困人口众多，贫困状况复杂，为更合理开展扶贫工作，贵州创造性地提出了"建档立卡"政策，用规模控制、分级负责的办法，由省级逐级分解到行政村，贫困户识别以农户收入为基本依据，综合考虑住房、教育、健康等情况，通过农户申请、民主评议、公示公告和逐级审核的方式。在全省范围内建立贫困户、贫困村、贫困县和连片特困地区电子档案，建立了较为完善的农村贫困动态监测网络和数据资料库。

3. "减贫摘帽"政策

贵州有 50 个国家级扶贫开发贫困县,部分地区戴着贫困县帽子,依赖心理严重,越扶贫越想保贫。为破解"等靠要"思想惰性,2011 年起贵州探索实施"减贫摘帽"机制,以"摘帽不摘政策"和目标奖励为手段,正向激励贫困县"减贫摘帽"。《贵州省贫困县退出实施方案》提出,以实现扶贫对象精准扶贫、精准脱贫为主要目标,通过确定规范的贫困县退出标准和程序,对贫困人口、贫困村、贫困乡(镇)、国家扶贫开发工作重点县(以下简称重点县)发展情况和脱贫进程实行有效动态管理。主要包括贫困重点县摘帽、贫困乡(镇)摘帽、贫困村退出、贫困人口脱贫几个方面。重点县在继续执行省定"减贫摘帽"政策的基础上,做好省定"减贫摘帽"标准与国定退出标准(全县贫困发生率低于4%)的有效衔接,确保与国定退出标准保持一致,并按退出计划实行分期退出。贫困县退出按照省确定退出名单、公示公告、省级核实、报国家备案的程序进行。贫困乡(镇)"摘帽"继续执行省定标准。一是已经实现省定标准"摘帽"的 525 个贫困乡(镇),按"贫困发生率年度下降4.3个百分点以上"的标准,由市(州)进行年度复查,确保稳定脱贫。二是尚未实现省定标准"摘帽"的 409 个贫困乡(镇),在年度考核时,达到"贫困发生率年度下降4.3个百分点以上"和"农村居民人均可支配收入达到年度考核标准"两个指标,即可"摘帽"。贫困人口脱贫以贫困户年人均可支配收入稳定超过当年国家贫困标准、有安全住房、家庭无辍学学生为主要衡量指标。当地最低生活保障标准超过当年国家贫困标准的地区,凡纳入低保的家庭,视为脱贫人口。贫困人口脱贫按照乡村提名、民主评议、入户核实、户主签字确认、村委会公示、乡(镇)审核、县级公告、市(州)汇总、省级备案管理和信息录入的程序进行。

贵州贫困县考核、减贫摘帽和项目资金"三项改革"走在全国前列。近 5 年来,贵州减少贫困人口 656 万人,35 个贫困县、744 个贫困乡镇摘帽,贫困发生率从 33.4% 下降到 14.3%。2016 年,贵州扶贫开发办公室公共预算支出 82023.79 万元,省级支出 3795.79 万元,占4.63%,补助市县支出 78228.00 万元,占 95.37%。省级项目支出 1859.20 万元,占项目总支出的 2.32%,补助市县项目支出 78228.00 万元,占项目总支出的 97.68%。其中,根据省委省政府办公厅《关于对国家扶贫开发工作重点县加快脱贫攻坚步伐进行奖励的意见》规定，安排减贫摘帽奖励资金47660.00万元，巩固"减贫摘帽"成果。

简言之，"等靠要"思想严重阻碍了脱贫进程，扶贫资源无法得到合理配置和最大化利用。这些新问题的产生和界定结果，使得人们重新审视原来的贫困县政策，催化了扶贫政策变革，2011年，贵州省率先提出了一种与"戴贫困县帽子"相反的扶贫政策："减贫摘帽"。贵州探索实施"减贫摘帽"机制，以"摘帽不摘政策"和目标奖励为手段，正向激励了贫困县"减贫摘帽"。从激励机制角度来看，正向激励往往起着重要作用。目前贵州的"减贫摘帽"成效显著，发展迅速，形成了各县争相摘帽的潮流，因此目前扶贫政策仍大力倡导"减贫摘帽"，并且还将持续至贫困县等完全退出。

（六）工业化和城镇化带动战略配套政策

贵州经济总量小、人均水平低、发展速度慢，最主要的原因是工业化、城镇化落后，这也是经济发展慢、群众收入低的主要原因。贵州经济社会发展最有拉动力且目前比较薄弱的两个环节，就是工业化和城镇化，而二者的发展将大大促进减贫进程。

1. 工业化带动政策

2010年贵州在召开历史上第一次工业发展大会上做出了"工业强省"战略抉择，提出做大做强工业作为调整产业结构、转变增长方式、增强经济实力的重大举措。《2011年贵州省人民政府工作报告》提出以重点骨干企业为龙头，以重大技改项目为抓手，以名优品牌为引领，发展壮大支柱产业，增强电力、煤炭、烟酒、装备制造、民族医药等产业对工业经济增长的支撑能力；改造提升传统产业，切实提高建材、化工、冶金、林产品等产业的竞争力；加快培育战略性新兴产业，大力发展电子信息、新材料、生物医药、节能环保等产业。促进非公有制经济加快发展，进一步提高非公有制经济在国民经济中的比重。从速度看，贵州工业发展速度比全国慢。即使在西部，与一些省份相比，贵州也有较大差距。从总量看，全国工业增加值占GDP的比重达到50%左右，贵州要低十几个百分点。与经济总量排前三位的广东、山东、江苏相比，经济总量相差甚远，主要是差在工业上。从效益和竞争力看，贵州工业结构性矛盾依然突出，大企业、大集团、知名品牌偏少。因此，提出工业强省战略是实现经济增长的重要途径，也是扶贫的一大举措。

"十二五"以来，贵州装备制造业保持年均增速20%以上的高速发展态势，规模以上装备制造业工业增加值增速21.2%，占全省工业的6.2%，形成航空航天、新型电子元器件和电力装备、特色装备、轨道交通装备、汽车及汽车零部件、精密数控装备及关键基础件、能矿装备及工程机械等七大系列。2015年，贵州省新建投产纳入规模以上工业统计范围企业（不含成长性企业）432户，其中，非公有控股工业企业417户，占新建投产纳入规模以上工业统计范围企业的比重为96.5%。从产品分布看，全省规模以上工业企业共生产567种统计范围内的工业产品282种，产品覆盖率49.7%。

2. 城镇化带动

城镇化水平是一个国家和地区工业化、现代化程度的重要标志。城镇化建设的发展对社会经济的发展起到了巨大的推动作用。城镇化建设与调整产业结构、乡镇企业改革、发展特色产业、农业产业化发展相结合有利于发挥城镇化对人口、资金、技术、信息的积聚功能，带动当地产业向第二、第三产业转移。2012年，贵州出台的《关于加快推进小城镇建设的意见》提出，到2015年，建成100个交通枢纽型、旅游景观型、绿色产业型、工矿园区型、商贸集散型、移民安置型等各具特色的示范小城镇。通过示范小城镇的带动作用，到2017年，每个县（市、区）建成3—5个特色小城镇。其中，省级示范小城镇30个，市（自治州）级示范小城镇70个。《贵州省100个示范小城镇建设2013年工作方案的通知》要求，进一步完善总体规划和专项规划，合理确定建设规模和发展定位。加快建设一批基础设施项目、产业项目和民生项目，提升小城镇综合承载能力。注重特色发展，彰显自然景观、建筑风格、民族风情和文化品位特色，建设"小而精、小而美、小而富、小而特"城镇。坚持多元投入，整合各类资金，统筹推进小城镇机构改革、户籍制度改革和公共服务体系建设。城镇化是经济社会发展的火车头和主要推动力。

贵州城镇化建设实现了五带动：带动投资增长和消费增加、带动要素聚集和布局优化、带动产业升级和就业扩大、带动农业农村发展和农民增收以及带动了基础设施建设和公共服务改善。贵州在城镇化强调注重顶层设计，以黔中经济区规划、贵安新区总体规划为代表的重大规划，解决了城镇化空间布局和发展时序问题，避免了无序建设和低水平重复建设。在城镇化战略带动下,贵州农村基础设施得到改善,农民收入得以增加,2015年,农民人均纯收入7386.87元,增长10.7%,增速继续全国保持前列,比城镇化带动战略实施前的2009年增加了2429元。同时,城镇保障性住房自2010年开工建设,改善了困难群众住房条件。城镇化是工业化的载体,是稳增长、调结构、惠民生的重要抓手。工业化和城镇化带动战略的提出及强力推进,在贵州发展史上至关重要。贵州发展的差距在工业化和城镇化,潜力也在于工业化和城镇化。为此,贵州紧抓契机,大力提倡以工业化和城镇化带动战略及相关配套政策来为新阶段的扶贫做出贡献。

(七)大扶贫战略配套政策

近年来,贵州按照中央要求,全力聚焦扶贫攻坚,大力实施"33668"扶贫攻坚行动计划,出台了"1+10"配套文件,打出了一套"组合拳",创造了扶贫开发的省级样板,扶贫产业稳步推进,农民人均收入增长,民生得到明显改善。贵州走出了一条不同于东部、有别于西部其他省份的扶贫开发新路。但是贫穷落后仍然是贵州省主要矛盾,加快发展仍然是贵州省的根本任务。"十二五"时期为全面建成小康社会奋斗目标打下了坚实的基础。贵州省提出大扶贫战略,提出紧紧围绕"守底线、走新路、奔小康"这个总要求,牢固树立科学治贫、精准扶贫、有效脱贫"三大理念",重点实施大扶贫战略,强化工作措施,做到精准扶贫;全面开展以"五个一批十项行动"为核心内容的扶贫攻坚重大项目的建设;全面实施"大数据+制度性框架平台+政策"三位一体的扶贫攻坚战略;全面落实"党委主责、政府主抓、干部主帮、基层主推、社会主扶"五个责任制;充分发挥考核指挥棒的约束机制作用,凝聚各方正能量,提高扶贫开发效率,进一步提高扶贫开发精准度,深入推进精准扶贫,精准脱贫,增强贫困群众获得感,奋力闯出一条贫困地区全面建成小康社会的新路子,打赢扶贫攻坚战。2016年9月,贵州省十二届人大常委会第二十四次会议表决通过了《贵州省大扶贫条例》。该条例已于2016年11月1日起施行。分为总则、扶贫对象和范围、政府责任、社会参与、扶贫项目和资金管理、保障和监督、法律责任、附则共八章九十二条,旨在落实国家脱贫攻坚规划,推进大扶贫战略行动,促进科学治贫、精准扶贫、有效脱贫,加快贫困地区经济社会发展,与全国同步全面建成小康社会。

贵州的贫困发生率自2010年以来，发生了极大变化。由于贫困标准改变，2011年贫困发生率激增至33.4%，经过四年的扶贫开发与发展，贫困发生率大幅度下降至14%。扶贫新阶段，贵州省面对着2020年全面小康的目标及扶贫力量薄弱的矛盾，恰逢大数据发展在贵州省的兴起，这引起了公众及决策者的注意，他们意识到如果在扶贫工作中融入大数据及合力扶贫理念能够更好地减贫，并且意识到合作的重要性，而大扶贫战略也逐渐成熟并且稳定下来。值得注意的是，与以往一个扶贫战略完全处于垄断地位的情况不同，在2010年以后，精准扶贫战略、工业强省和城镇化带动战略及大扶贫战略三个战略都是新阶段中重要的扶贫战略，形成了三足鼎立的状态。

五 改革开放以来贵州扶贫战略与政策演变的总体评价

本章研究的逻辑起点是扶贫战略与政策的层级传递，贵州扶贫战略与政策的制定主要依据来源于国家层面宏观的扶贫战略与政策的制定，但实践扶贫经验会刺激贵州保留有用部分政策并不断调整、修正扶贫政策以适应新的形势，在此过程中逐渐形成了富有贵州特色的、符合贵州实情的扶贫战略与政策。政策的传导机制是多向的，如"晴隆模式"等"贵州经验"，会通过传导机制向下级传导、横向传导或者向上级传导，从而最终影响到我国扶贫战略与政策的制定和发展方向。贵州扶贫战略与政策演变是一个长期的渐变的过程，由于需要不断适应新的发展形势，也会出现扶贫政策突变，因此扶贫政策的启动和被弃用时有发生，这是贵州扶贫战略与政策演变的一大机制。可总结如图4-2所示。

（一）贵州扶贫战略演变的动机和路径

由于政策能够层级传递，贵州作为子政治系统，服从中国宏观政治系统是必然的。同时，子系统对宏观政治系统政策改变的反应灵敏，每一个新问题出现直至新的政策产生，都会映射到贵州的扶贫政策之中。如"体制改革拉动减贫进程战略"有一个主要的前提——改革开放，这种制度的转变显然是全国性的，贵州省也迅速进行了改革，经济发展速度加快，加速了贵州的减贫进程。而这些战略转变为贵州的减贫战略的制定提供了最可靠的依据,甚至成了贵州这一阶段的扶贫举措。

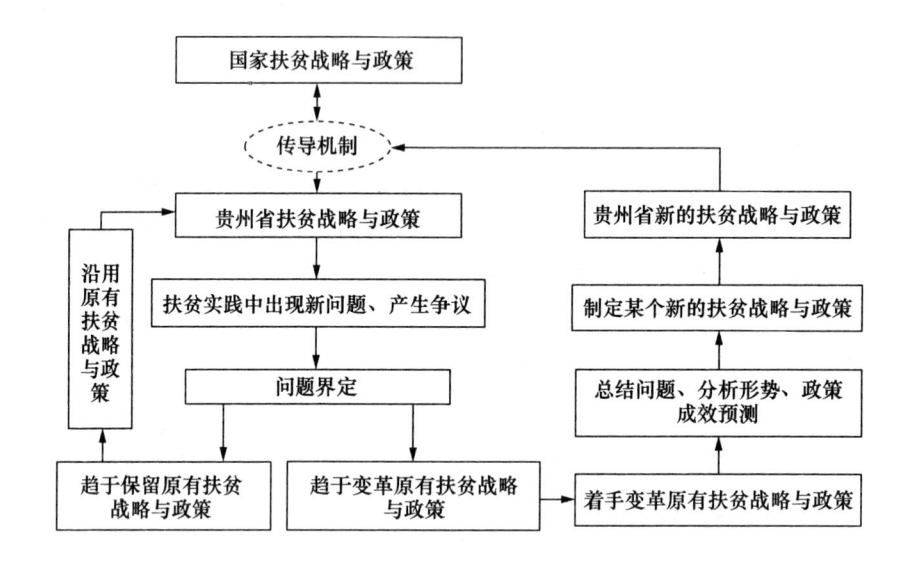

```
                    ┌─────────────────────┐
                    │  国家扶贫战略与政策  │
                    └──────────┬──────────┘
                           ╱ 传导机制 ╲←──────────────┐
                               │                      │
          ┌────────────────────┼──────────────────────┼──────────────┐
          │                    ↓                                     │
   ┌──────┴──────┐   ┌─────────────────────┐    ┌─────────────────────┐
   │ 沿用        │   │ 贵州省扶贫战略与政策 │    │ 贵州省新的扶贫战略与政策│
   │ 原有        │   └──────────┬──────────┘    └──────────↑──────────┘
   │ 扶贫        │              ↓                           │
   │ 战略        │   ┌─────────────────────┐    ┌─────────────────────┐
   │ 与          │   │扶贫实践中出现新问题、│    │ 制定某个新的扶贫战略│
   │ 政策        │   │    产生争议          │    │    与政策            │
   │             │   └──────────┬──────────┘    └──────────↑──────────┘
   │             │              ↓                           │
   │             │   ┌─────────────────────┐    ┌─────────────────────┐
   │             │   │      问题界定        │    │ 总结问题、分析形势、│
   │             │   └──────────┬──────────┘    │ 政策成效预测        │
   │             │              │                └──────────↑──────────┘
   └──────↑──────┘              │                           │
          │                     ↓                           │
   ┌──────┴──────┐    ┌─────────────────┐       ┌───────────┴─────────┐
   │ 趋于保留原有│    │ 趋于变革原有扶贫│       │ 着手变革原有扶贫    │
   │ 扶贫战略与  │    │ 战略与政策      │──────→│ 战略与政策          │
   │ 政策        │    └─────────────────┘       └─────────────────────┘
   └─────────────┘
```

图 4 - 2　贵州扶贫战略与政策演变的机制

当对贫困的认识是认为贫困主因是物质资本的短缺,则这一时期减贫战略的侧重点放在对基础设施的投资和就地解决贫困问题;当意识贫困人口和其他弱势群体的基本需求是土地、资本、技术和信息资源等全面的支持,则扶贫战略转向解决贫困人口的发展能力等方面。由于贵州对贫困、反贫困认识的深入,这使得决策者重新审视原先的扶贫方法和战略的缺陷,因此公众及机构、团体等主体意志的转变动摇了原来的政策平衡,从而产生新一阶段的扶贫战略。这也是贵州扶贫方式由"体制改革拉动减贫进程"中的救济式方法向大规模开发式扶贫战略转变的主要原因,解决贫困人口物质资本缺乏不具有可持续性,只能暂时缓解贫困问题,这些暴露出来的问题引起了扶贫战略向大规模的开发式的扶贫战略转变。对贫困、反贫困的认识直接影响了贵州贫困战略的制定。

长期的扶贫实践使得贵州从经验上判断出强调物质资本投入的扶贫战略产出低于对人力资本的投入,而由于正反馈作用,改革攻坚式扶贫战略得到普遍认可,提出并且实施了注重贫困地区的软环境建设和贫困人口的自我发展能力的提高的"一体两翼"扶贫战略,重视劳动力转移培训、整村推进、产业化扶贫等多个方面。从强调物质投入到强调人力资本投入。贵州的扶贫战略往往与宏观政策保持高度统一，但这产生了"不接地气"等问题，使得很多政策无法落地。贵州意识到经济落后对扶贫工作的阻碍巨大，提出工业强省和城镇化带动战略，提出以经济增长带动脱贫。同时，不失时机抓住贵州省大数据发展契机，提出大扶贫战略，注重社会各界合力扶贫。贵州在制定扶贫战略过程中越来越重视自身的特点，从过于依赖国家层面的战略的制定转为更加注重创新和完善，形成了宝贵的"贵州经验"。经过30余年的反贫困历程，贵州在扶贫工作中取得了巨大成就，随着扶贫面不断收窄，扶贫形式及内容日趋复杂，扶贫任务日益艰巨。

近年来，贵州省开始从多视角、全面看扶贫问题，从前的扶贫工作注重成效，但往往忽视了扶贫资源使用效率的问题。从扶贫资源角度看，为避免扶贫资源的浪费，扶贫瞄准从县域转向瞄准贫困家庭，从漫灌式的扶贫方式向滴管式的精准扶贫战略转变。同时，这也提高了扶贫的效率和减贫的速度。

（二）贵州扶贫政策演变的动机和路径

总体上，贵州扶贫政策演变的动机可以概括为：第一，政策传递动机。为应对复杂的扶贫环境，中国扶贫政策处于不断演变之中，由于政策的层级传递，贵州的扶贫政策势必受到影响，因此也处于不断的变化发展之中。贵州的扶贫政策总体上经历了重视物质救济、重视区域物质资本的投入到重视区域生产能力的提升，再到重视贫困人口自我发展能力的培育、重视扶贫资源使用效率、精准度等过程。这个过程既是扶贫政策转变的过程，也是贵州对贫困、反贫困认识深入的过程。第二，解决扶贫实践中新问题的需求动机。随着贵州反贫困进程的推进，贫困人口大量减少，阶段性减贫目标得以实现，因此扶贫政策必然会瞄准新的问题，着重解决新的问题，新的扶贫政策在反贫困进程中不断演变。"温饱工程"是颇具代表性的扶贫政策，它的出现是为了解决大多数贫困人口的温饱问题，21世纪初期，中国大面积的贫困问题得到缓解，因此"温饱工程"也逐渐退出。贵州经济发展迅速，有能力进行更大力度的扶贫开发。但是，区域差距没有缩小反而拉大，因此政府加强了对贵州的援助和扶持。其中最具代表性的是"社会扶贫"，东部发达地区对口帮扶贵州，并且逐渐从单一的扶贫方式向合力扶贫政策转变。第三，扶贫政策累积效果的推动。随着扶贫经验的丰富，贵州的扶贫实践中更注重扶贫的实际效果，积极改变扶贫方式，并且注重扶贫政策对自身的适应性。其中具有代表性的是异地搬迁，对于"一方水土养不起一方人"的地方实施异地搬迁更能起到扶贫的成效。以前的扶贫政策往往缺乏连贯性，视角比较单一，一般会从解决贫困本身的视角看待问题。但由于扶贫工作遭遇瓶颈等，省政府及社会各界开始从广视角、多方面看待扶贫问题，从扶贫挫败中学习广视角、多方面看待扶贫工作，其中"减贫摘帽""精准扶贫"颇具代表性，"减贫摘帽"转变了激励的视角，"精准扶贫"则注重扶贫的精准度。贵州贫困现状与其落后的经济发展紧密联系，因此，贵州在侧重对扶贫资源的投入的同时，提出了工业化和城镇化带动的相关政策，找准了贵州新阶段扶贫的主要动力，扶贫与经济社会发展趋势相适应，注重经济发展的带动作用。

(三) 各战略期贵州减贫成效

上一部分从制度变迁视角，分析了贵州五个扶贫开发过渡期的演变机制，这里运用贵州贫困发生率、农民人均纯收入等相关统计数据的纵向变化趋势来更进一步地补充、展现出贵州扶贫开发战略与政策的演变规律与其变迁的科学性、合理性。我们将贵州各扶贫战略时期，即体制拉动减贫战略，区域开发式扶贫战略，八七扶贫攻坚战略，"一体两翼"扶贫战略，工业强省和城镇化带动战略、精准扶贫战略、大扶贫战略，分别用 T_1、T_2、T_3、T_4、T_5 表示。从不同时期来看，贵州出台的扶贫政策数量与国家扶贫政策数量具有一致性，又有差异性，尤其是近年来，贵州出台的扶贫政策明显多于全国（见图 4-3），扶贫政策对于减贫的效果如何？这需要我们做进一步的研究。

1. 时间维度

自开始扶贫工作以来，贵州农村贫困发生率大幅度降低。1985—1993 年，刚开始扶贫开发阶段贫困率的减少非常显著，高达 23%；1994—2000 年扶贫攻坚阶段是贵州反贫困成绩最辉煌的时期，贫困率的减少最大高达 25%。21 世纪以来贵州贫困率还在下降，但下降速度趋缓。自扶贫工作开始，贵州扶贫投入很大，尤其对贫困县的扶持力度很大，如从 1986 年开始截至 1993 年年底，贵州以 31 个国定扶贫开发工作重点县为扶贫主战场（贵州扶贫开发工作重点县占全国 258 个扶贫开发工作重点县的 12%），共投入各类扶贫资金 16.4 亿元，实施约 4000 个

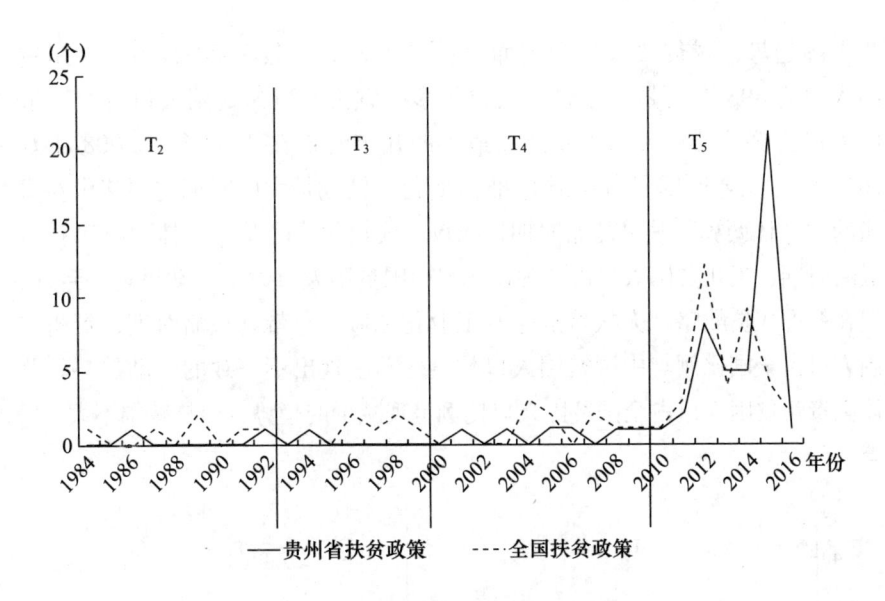

图 4-3 贵州省与全国扶贫政策数量对比

资料来源：作者根据历年扶贫文件整理。

扶贫项目。贵州省农村贫困发生率一度减少到 2007 年的 6.5%，贵州扶贫工作重点县农村贫困发生率则达到最低值 8.1%。2011 年，我国贫困标准提高，贵州的贫困发生率激增至 33.4%，扶贫工作重点县农村贫困发生率则达到 40.6%。可见，贵州贫困发生率以 2008 年和 2011 年为结点，在 2003—2007 年、2008—2010 年、2011—2014 年这三个阶段呈大幅下降趋势。在新阶段扶贫中，贵州贫困发生率大幅度减少，2014 年贫困发生率为 18%，2015 年则比上年降低了 4 个百分点，达到了 14.3%，如图 4-4 所示。

我国 1994 年贫困线标准为 440 元，贵州农村贫困人口 860 万，贵州农村贫困人口占全国农村贫困人口的 12%。其后贵州和全国农村贫困人口逐年下降，减贫效果显著。到 2008 年贫困线标准提高到 1196 元，全国农村贫困人口增至 4007 万人，贵州农村贫困人口占全国农村贫困人口的 15%。经过三年减贫，到 2010 年，贵州贫困人口 418 万，占全国农村贫困人口的 16%，这一时期减贫难度增大，减贫效果不明显。2011 年，贫困线标准提高到 2300 元，贵州农村贫困人口高达 1149 万，占全国农村贫困人口的 9%。其后农村贫困人口占全国百分比呈稳步下降趋势，减贫效果较全国而言，较为显著。截至 2015 年，贵州贫困人口为 493 万，是全国贫困人口最多的省份。贵州贫困人口占全国贫困人口比例波动较大，主要波动最大的几个时期在 2007 年、2008 年及 2010 年，主要原因是贫困县标准的变化。波动最大的时期主要集中在贵州的"一体两翼"扶贫战略时期，在攻坚式扶贫战略及"一体两翼"扶贫战略时期，贵州贫困人口占全国比例与中国贫困人口数量变动呈现一致性，但在精准扶贫战略、大扶贫战略及工业化和城镇化带动战略时期，贵州贫困人口占全国比例与中国贫困人口数量变动呈现出不一致的变动趋势。总体上贵州贫困人口占全国贫困人口比例呈现减少的趋势，但是减幅不大。

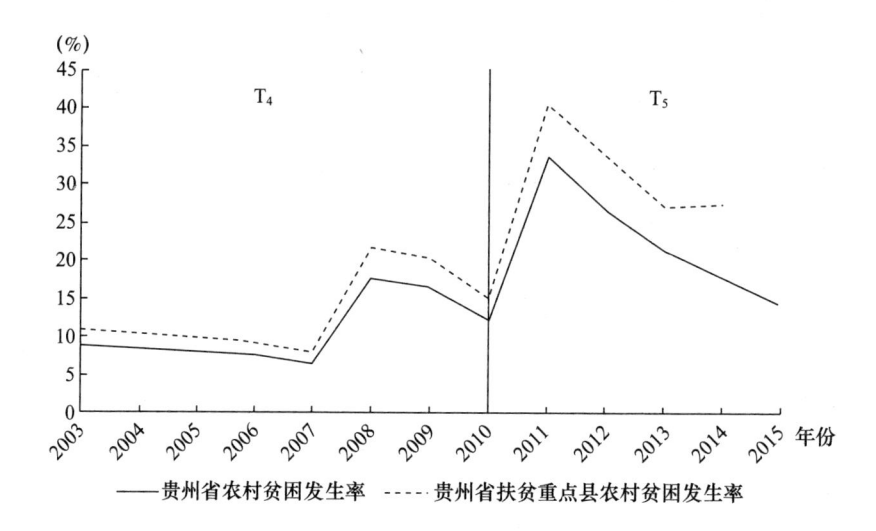

图 4-4　贵州农村贫困发生率与扶贫重点县贫困发生率对比趋势

资料来源：贵州省统计年鉴（2003—2015 年）。

农村贫困人口的经济状况得到改善，通过农民人均纯收入的指标来反映。整体上看，全国农民人均纯收入与贵州农民人均纯收入均保持较快的增长速度，通过扶贫开发，贵州农民人均纯收入与全国农民人均纯收入的差距相对缩小，扶贫增收效果显著。在精准扶贫战略、大扶贫战略及工业化和城镇化带动战略扶贫开发新时期，贵州省人均纯收入增幅略高于攻坚式扶贫战略时期及"一体两翼"扶贫战略时期。同时，根据统计年鉴数据的对比，贵州扶贫开发县农民人均纯收入略低于全国扶贫开发县平均水平，但差距不大，数据略小于贵州全省人均纯收入同全国数据的差距,说明扶贫开发县的农民生活水平与全国农民平均水平相比仍需提高。贵州农民人均纯收入从1996年的1277元增长到2015年的7386.87元,增长了5.78倍(见图4-5)。但2015年贵州农民人均纯收入占全国农民人均纯收入的64.7%,与1996年的66%相比,变化不大(见图4-6)。

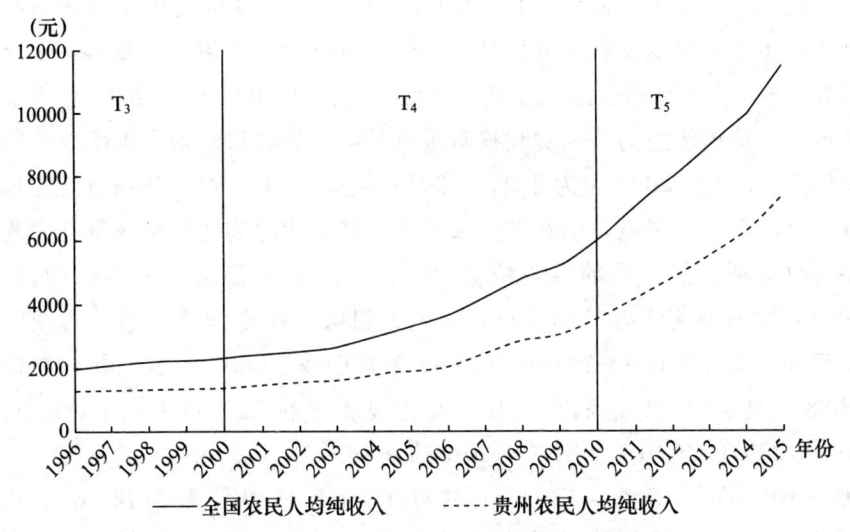

图4-5 贵州农民人均纯收入与中国农民人均纯收入

资料来源:《中国统计年鉴》《贵州省统计年鉴》(1996—2015年)。

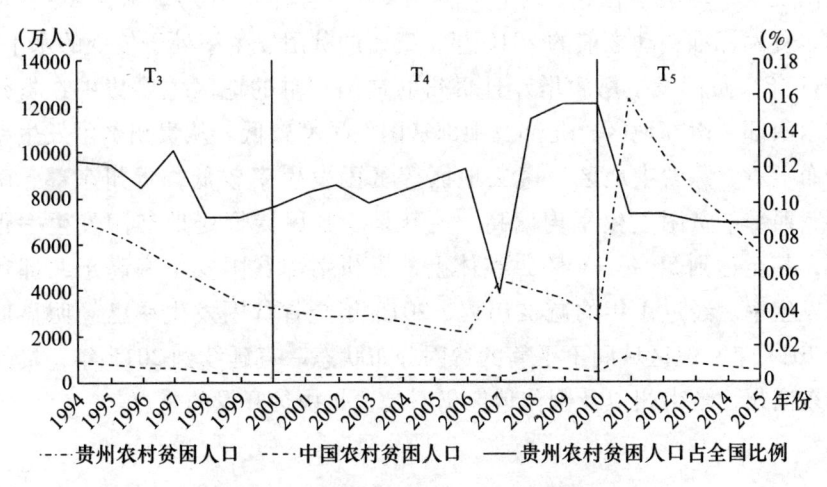

图4-6 贵州农村贫困人口占全国比例

资料来源:《中国统计年鉴》《贵州省统计年鉴》(1994—2015年)。

2. 空间维度

贵州贫困状况不断向纵深推进，贵州的扶贫瞄准也从县域转向瞄准贫困村、贫困户。与贫困人口减少相似，贵州贫困发生率以2008年和2011年为结点，在2003—2007年、2008—2010年、2011—2014年这三个阶段呈大幅下降趋势，如2003—2007年贵州贫困发生率和贵州扶贫工作重点县贫困发生率分别从8.74%下降到6.5%和从10.94%下降到8.1%。由于贫困标准的变化，贫困发生率在2008年和2011年也显著增长。值得注意的是，贵州扶贫重点县与全省农村贫困发生率之间的差值逐渐增大，2003年为2.2%，2014年为9.3%。这表明扶贫难度提升，贫困人口更多地集中在贫困重点县。贫困状况的变化是扶贫开发战略与政策制定最重要的参考依据之一，是政策创新需求的直接动力。2015年全省有493万贫困人口，贫困人口数量排全国第1位，占全国8.77%。全省共有66个贫困县、190个贫困乡、9000个贫困村，在贵州88个县（市、区、特区）中，贫困发生率在22%以上的有13个，20%—22%的有10个，15%—20%的有16个，10%—15%的有22个，5%—10%的有15个，5%以下的有12个，其中黔东南州16个县（市），有13个贫困发生率集中在20%以上；遵义市14个县（市、区），有9个贫困发生率集中在5%—10%；贵阳市10个县（市、区），贫困发生率均集中在5%以下（见图4-7至图4-10）。从图4-6可知，贫困标准变动之前的2010年，贵州的贫困发生率处于较低的水平。2011年，贫困发生率激增，且贵州的贫困严重的地区主要集中在贵州省东南部、南部地区，北部及中部贫困发生率较低。从贵州贫困发生率分布上看，除黔中地区、遵义地区等贫困发生率较低，贵州东部、南部、西部的贫困发生率均偏高，尤其是少数民族聚居地贫困发生率很高，甚至达到50%—60%。整体上，贵州南部贫困发生率高于北部贫困发生率。经过4年的减贫历程，2015年全省贫困发生率已经明显低于2011年，但区域间不平衡的贫困分布状态一直延续到2015年，贵州黔东南州、黔南州以及铜仁地区仍旧是贵州扶贫开发的重点。

图 4-7 贵州 2003 年贫困发生率分布示意

资料来源：贵州省统计年鉴。

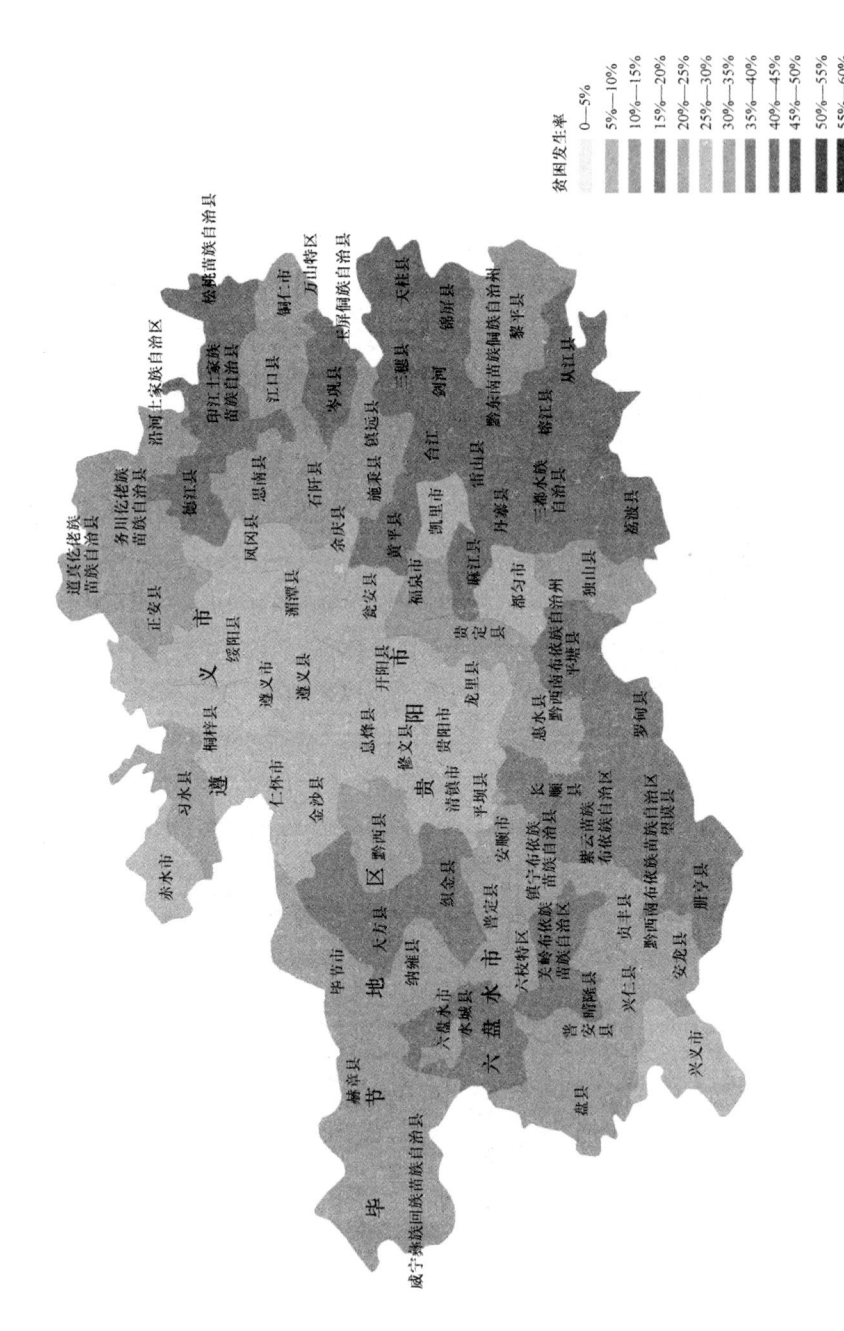

图 4-8 贵州 2010 年贫困发生率分布示意

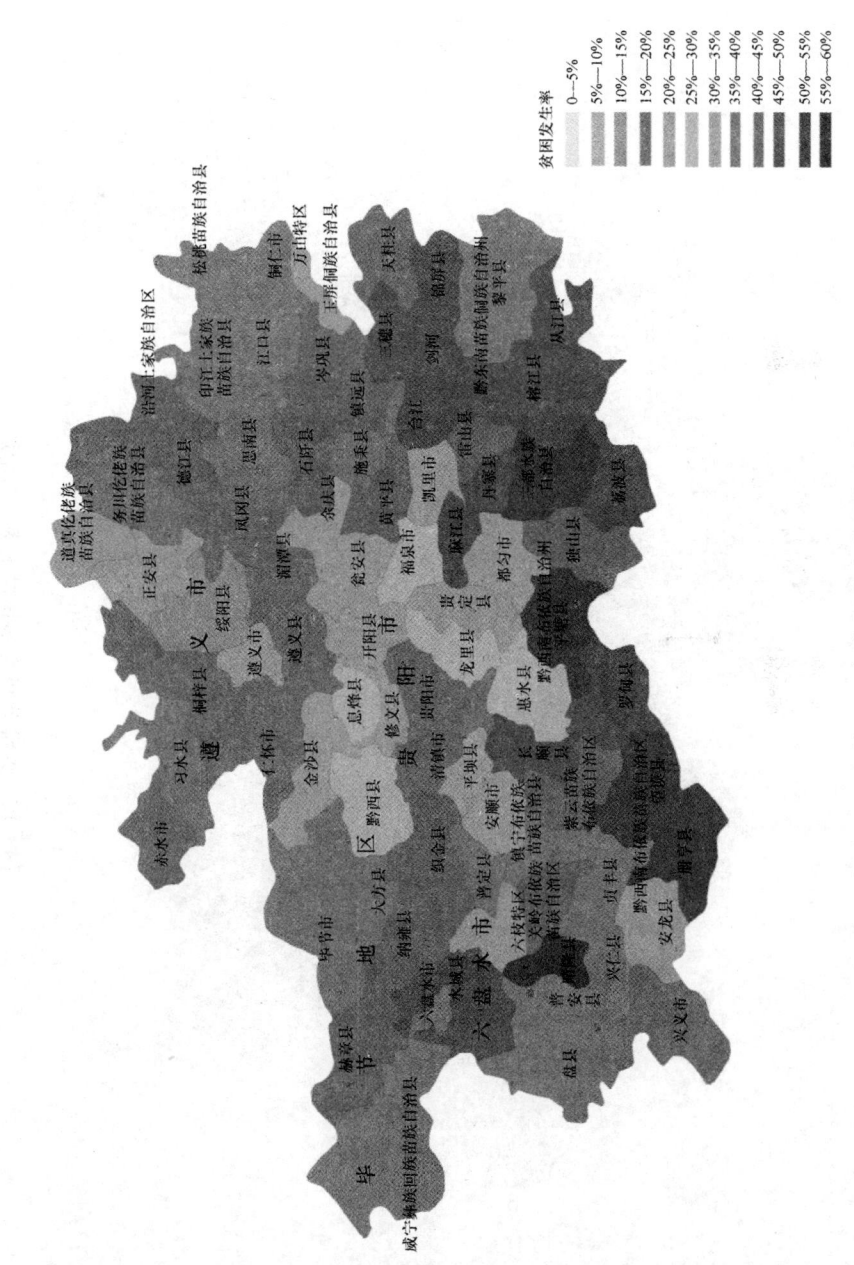

图 4-9 贵州 2011 年贫困发生率分布示意

图 4-10 贵州 2015 年贫困发生率分布示意

资料来源：贵州省统计年鉴

六 "十三五"时期贵州减贫形势分析

为确保到2020年所有贫困地区和贫困人口共同迈入全面小康社会,22个脱贫任务重的省在2015年中央扶贫开发工作会议上同中央签订了《脱贫攻坚责任书》。其中,贵州省立下了扶贫"军令状",对扶贫开发工作的最后冲刺进行了规划,提出今后五年全省将坚持"六个精准",实施"五个一批",彻底解决现行标准下493万农村贫困人口脱贫问题,并绘制了"十三五"脱贫蓝图,提出到2017年年末,24个贫困县、375个贫困乡镇脱贫"摘帽",5800个贫困村出列,贫困县农村人均可支配收入达到8000元。到2020年年末,50个国家扶贫开发重点县全部摘帽。

(一)贵州扶贫开发取得的重要成就

扶贫开发是中国一大发展战略。自20世纪80年代中期中国扶贫工作开展以来,全国各地也提出相应的解决贫困问题的决策,其中,贵州作为贫困强度、贫困深度均高的省份,在以往的扶贫工作中取得了较好的扶贫成效,贫困人口从1986年年底的1500万减少到2015年的493万。1986年至1993年,贵州以31个国定扶贫开发工作重点县为扶贫主战场(贵州扶贫开发工作重点县占全国258个扶贫开发工作重点县的12%),投入大量资金及项目,这一时期贫困率减少显著,高达23%。1994—2000年扶贫攻坚阶段是贵州反贫困成绩最辉煌的时期,贫困率减少高达25%。21世纪以来贵州贫困率持续下降,但下降速度趋缓。2008年和2011年贫困标准上调,贵州贫困发生率也以2008年和2011年为节点,在2003—2007年、2008—2010年、2011—2014年这三个阶段呈大幅下降趋势。从贫困发生率分布看,除黔中地区、遵义地区等贫困发生率较低,贵州东部、南部、西部的贫困发生率均偏高,尤其少数民族聚居地贫困发生率很高,甚至达到50%—60%。整体上,贵州南部贫困发生率高于北部贫困发生率。近年来,随着"大扶贫"战略深入推进、"1+10"精准扶贫配套文件深入落实,2015年,贵州共减少贫困人口130万人,减少量排全国第二位,次于河南(河南减少135万)。2015年,贵州贫困发生率为14.0%,比2014年降低4.0个百分点,降幅排全国第二位,次于甘肃(甘肃降低5.3个百分点)。

(二) 贵州扶贫新形势

贵州2015年年底尚有农村贫困人口493万人,是全国贫困人口最多的省,且其中91.2%的贫困人口、90.6%的贫困乡镇、92.1%的贫困村、82.5%的民族乡镇都处于集中连片特困地区,都是最难啃的"硬骨头"。贵州省9个市(州)均存在不同程度的贫困人口,部分市(州)贫困人口总量还很大。如仅毕节市农村贫困人口,就比辽宁省、福建省之和还多(两省为111万)。黔东南州84.32万人,占17.1%;铜仁市58.32万人,占11.8%;黔南州58.29万人,占11.8%。2015年,全省有新阶段扶贫开发工作重点县50个,88个县(市、区、特区)中,贫困发生率在22%以上的有13个,20%—22%的有10个,15%—20%的有16个,10%—15%的有22个,5%—10%的有15个,5%以下的有12个。黔东南州16个县(市),有13个贫困发生率集中在20%以上;遵义市14个县(市、区),有9个贫困发生率集中在5%—10%;贵阳市10个县(市、区),贫困发生率均集中在5%以下。

(三) 贵州县域脱贫年份预测

针对历年农村贫困发生率的统计数据进行简单的回归预测,可以给我们在统计意义上一个大概的参考价值。但鉴于扶贫工作的复杂性、解决剩余贫困的艰巨性及部分影响因素的不可预测性等,本书预测,统计意义上简单回归预测的脱贫时间很可能早于实际脱贫时间,具体情况如下。

1. 总体情况

以2010年最新的贫困标准为基准,2011年以来贵州及9个市(州)农村贫困发生率的具体情况见表4-10。

表4-10　2011—2015年贵州及9个市(州)农村贫困发生率　　单位:%

地区\年份	2011	2012	2013	2014	2015
贵州省	33.4	26.8	21.3	18.0	14.3
贵阳市	16.8	2.9	2.2	1.37	0.8
铜仁市	38.8	30.5	24.6	10.61	15.5
遵义市	21.9	17.4	13.8	10.8	8.4

续表

年份 地区	2011	2012	2013	2014	2015
黔西南州	36.2	28.1	22.3	18.48	13.8
六盘水市	38.3	29.9	23.3	19.55	15.7
安顺市	30.8	25.7	20.8	17.72	13.7
毕节市	35.5	30.0	23.9	19.75	16.5
黔南州	36.0	29.5	24.1	20.7	16.5
黔东南州	42.1	37.8	30.1	26.58	21.7

资料来源：历年《贵州省统计年鉴》。

依据表 4-10 贫困发生率数据，可以制作散点图见 4-11。

通过图 4-11 可以判断，2011—2015 年贵州省及 9 个市（州）农村贫困发生率大致呈线性分布，对此，对贵州省农村贫困发生率进行普通最小二乘法（OLS）回归，得出回归结果如下：

$Y = 9604.58 - 4.76X$

$(12.369)(-12.34)$

$R^2 = 0.981, DW = 1.64$

根据上式可以算出，当 $Y=0$ 时，可以算出 $X=2017.77$，即大约 2018 年时，贵州省农村贫困发生率接近于零。据表 4-10 的有关资料对 9 个市（州）依次进行 OLS 回归，依据回归结果算出当前标准下，贵州 9 个市（州）农村贫困发生率接近于零时的主要年份（见表 4-11）。

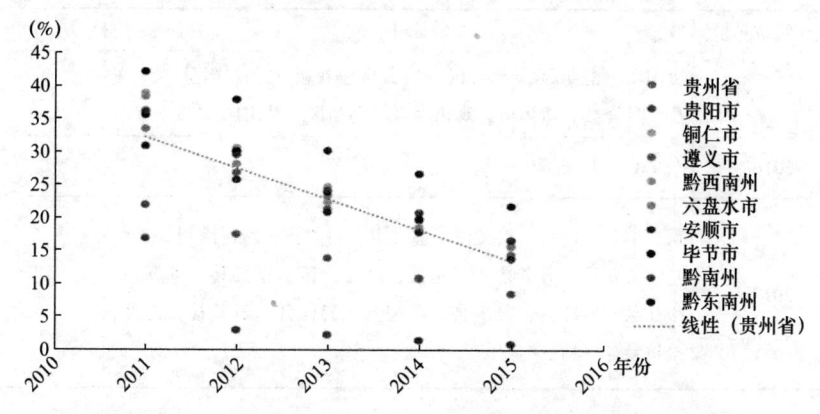

图 4-11 贵州省及 9 个市（州）农村贫困发生率散点分布

表 4-11　　　贵州省及 9 个市（州）预计脱贫年份　　　单位：个

预计脱贫年份	地区	个数
已脱贫	贵阳市、遵义市	2
2017	铜仁市、黔西南州	2
2018	毕节市、安顺市、黔南州、六盘水市	4
2019	黔东南州	1

2. 各地具体情况对比

对贵州各地依次进行 OLS 回归，依据回归结果算出当前标准下，各地农村贫困发生率接近于零时的主要年份，并将各县（市、区、特区）按照预计脱贫时间分为 7 个组（见表 4-12）。

从表 4-12 可以发现，根据 2010 年以来贵州各地的实际贫困状况的变化趋势，仅从统计意义出发，预测到绝大部分地区能在 2017 年及 2018 年脱贫，尤其集中在 2018 年，其中，贵阳市、钟山区等 11 个地区已经在 2016 年前脱贫，余庆县即将在 2016 年脱贫，而织金县、施秉县则预计在 2020 年实现脱贫目标，榕江县则预计在 2021 年才能脱贫，预计贵州全面脱贫时间在 2020 年。因此，如加大对榕江县等贫困发生率较大的县的扶贫力度，贵州能够实现 2020 年全面建设小康的扶贫开发目标。

表 4-12　　　　　　贵州各地预计脱贫年份　　　　　　单位：个

预计脱贫年份	地区	数量
已脱贫	贵阳市、南明区、云岩区、白云区、花溪区、开阳县、修文县、息烽县、清镇市、观山湖区、乌当区、钟山区	12
2016	余庆县	1
2017	铜仁市、江口县、兴义市、遵义市、湄潭县、黔西南州、兴仁县、普安县、册亨县、安龙县、红花岗区、遵义县、道真县、印江县、桐梓县、习水县、凤冈县、碧江区、石阡县、盘县、松桃县、平塘县	22

续表

预计脱贫年份	地区	数量
2018	六枝特区、绥阳县、务川县、赤水市、威宁县、六盘水市、仁怀市、万山区、纳雍县、平坝县、关岭县、玉屏县、普定县、赫章县、沿河县、汇川区、安顺市、紫云县、思南县、晴隆县、贞丰县、望谟县、凯里市、长顺县、水城县、麻江县、瓮安县、独山县、龙里县、正安县、毕节市、都匀市、荔波县、七星关区、黔南州、贵定县、惠水县、黔西县	38
2019	西秀区、大方县、金沙县、镇宁县、岑巩县、丹寨县、德江县、雷山县、福泉市、锦屏县、天柱县、罗甸县、黔东南州、黄平县、三穗县、镇远县、三都县、台江县、剑河县、从江县、黎平县	21
2020	织金县、施秉县	2
2021	榕江县	1

七 结论

综上所述，贵州的扶贫战略与政策的演变与中国扶贫战略与政策的演变有着密切联系，两者有着高度一致性。贵州践行国家意志，在扶贫工作中始终以实现全面小康为目标，在践行扶贫开发中积极发挥政府、社会各界力量的作用，积极探索独具贵州特色的"贵州经验"，因地制宜制定具体扶贫政策。贵州省扶贫战略及政策的演变是一个循序渐进的过程，一个从注重执行上级任务到自我探索、自我要求的过程，相继经历了体制改革拉动减贫战略、区域开发扶贫战略、八七扶贫攻坚战略、"一体两翼"扶贫战略、工业强省和城镇化带动战略、"大扶贫"战略等，扶贫政策涵盖了社会、经济、文化、资源与环境等多个方面，这些扶贫战略与政策的演变与扶贫主体对贫困、反贫困的认识的加深有着深刻联系，是对扶贫形势、条件等诸多方面变化的反应。

第五章　益贫式增长及实现路径
——来自湄潭绿色发展生态富农的探索

改革开放以来，我们走了一条城乡居民收入差距不断扩大之路。过大的城乡收入差距已经阻碍了经济的持续发展，需要对经济增长路径进行校调，经济增长由亲富人转向益贫式增长是一条可行之路。湄潭县充分依托自己的资源优势，发展茶叶种植、茶叶生产、茶叶加工及一体化经营、以茶为特色的生态旅游，不仅走出了一条经济发展的绿色之路、生态之路，而且还走了一条富农之路，从而较好地实现了经济增长由亲富人增长向亲贫困增长，由非益贫式增长向益贫式增长的路径转换。湄潭的实践启示我们，从自己的优势出发，走绿色发展生态富农之路是益贫式增长实现的有效形式。

一　文献综述与理论反思

经济增长不仅带来社会财富的增加，而且还使社会分化，形成不同阶层和不同的群体，尤其是在人类经济增长过程中形成了城镇居民和农村居民两大群体。就两大群体的总体状况而言，城镇居民人均拥有的财富一般多于农村居民拥有的财富。在经济增长过程中，新增财富除按照要素贡献进行分配之外，一是会在城镇居民和农村居民间分配，二是由于滴漏效应会使城镇居民和农村居民受益。不管是哪一种情况，都会使城镇居民和农村居民的收入增加或者减少，其最终结果体现在居民收入变化上。城镇与农村居民收入的不同变化长期积累的结果就是城乡居民收入差距，对城乡居民收入差距的测度是近年来学术研究的热点课题。

城乡居民收入差异的形成机制，朱子云构建了城乡居民收入差距及其成因的双层分解模型，并利用中国1995—2011年数据进行计量研究表明，产出分配率差异是导致城乡居民人均收入差距不断扩大的首要原因，城乡养老转移支付差异扩大、农村"三高"就业人口加速向城镇迁徙是城乡居民收入差距不断扩大的"放大器"，劳动生产率差异是影响城乡居民人均收入差距过大的重要因素[①]。

一般地，如果一个国家或者地区财富的增加速度高于居民收入水平的增加速度，我们说这种经济增长模式是非亲民的，是一种攫取式的、政府财富最大化的掠夺式经济增长；相反，如果在经济增长过程中，居民收入的增长速度快于经济增长速度，我们认为这种经济增长是亲民的，一种藏富于民的经济增长模式。但由于居民又是分层的，不同层次、不同区域的居民的财富禀赋又是有差异的，如果富人获得的财富增量的增长速度大于穷人，则这种经济增长模式就是非益贫的；相反，如果穷人获得的财富增量的增长速度大于富人，则这种经济增长模式就属于益贫式增长。

从经济增长后财富在不同人群的分布来看，如果经济增长的结果在所有人中是平均分布的，社会虽然不会有收入不平等，但经济发展就会缺乏动力。正是因为增长的财富在不同人之间的分布不均等，才会产生富人与穷人，贫穷与富裕这两条平行线才会随着人类社会的发展而不断向前延伸[②]。普世物质的丰富，并不意味着贫困的消失，经济增长虽然使穷人获得更多的财富，绝对贫困人口可能下降了，但相对贫困仍然存在，因此，贫穷与富裕依然平行没有交点。如果从城乡居民两大群体来看，虽然城镇内部和农村内部都有收入差距，但总体上而言，城镇居民比农村居民更富有，城镇居民属于富裕群体，农村居民属于穷人群体。从学者们的研究来看，城乡收入长期存在差异是城镇居民更为富裕，农村居民更为贫穷的重要原因。从改革开放以来中国城乡居民收入差距的变迁来看，目前过大的收入差距已经引起人们的广泛关注。

城乡居民之所以存在收入差距，原因是多方面的，对此不同学者的

[①] 朱子云：《中国城乡居民收入差距的分解分析》，《数量经济技术经济研究》2014年第2期，第52—67页。
[②] 王生云：《中国经济高速增长的亲贫困程度研究：1989—2009》，博士学位论文，浙江大学2013年。

认知是不一样的。制度安排及其变迁无疑是一个重要原因①②③,初始制度安排的不合理,而制度变迁的路径依赖使城乡收入差距进一步扩大④。制度变迁、地方政府行为对城乡居民收入差距有较大影响⑤,金融发展拉大了城乡收入差距⑥⑦,且具有门槛效应⑧⑨。陈斌开、林毅夫利用1978—2008年中国省级面板数据所进行的实证研究表明,旨在鼓励资本密集型部门优先发展的政府战略是城乡收入差距扩大的重要原因⑩。李宾、马九杰从农村劳动力流动生命周期的视角,将劳动力流动分为农村非农产业就业、进入城镇常住就业和迁移取得城镇户籍,并运用计量模型进行研究,结果表明:劳动力流动在第一阶段能够明显缩小城乡收入差距,在第二阶段不明显地扩大了城乡收入差距,第三阶段能够明显缩小城乡收入差距⑪。人力资本积累不足和高生育也是城乡收入差距的重要原因⑫,农村人力资本之所以投资和积累不足,一个重要的

---

① 赵霞、刘萌:《财政支出结构对城乡收入差距影响的区域分析——基于2007—2011年省级面板数据》,《福建论坛(人文社会科学版)》2014年第2期,第52—56页。

② 李伶俐、谷小菁、王定祥:《财政分权、城市化与城乡收入差距》,《农业技术经济》2013年第12期,第4—14页。

③ 朱润喜:《论财税制度建设与城乡收入差距》,《中南财经政法大学学报》2014年第1期,第22—27页。

④ 董全瑞:《路径依赖是中国城乡收入差距扩大的内在逻辑》,《经济学家》2013年第1期,第89—93页。

⑤ 余菊、邓昂:《制度变迁、地方政府行为与城乡收入差距——来自中国省级面板数据的经验证据》,《经济理论与经济管理》2014年第6期,第16—27页。

⑥ 罗珊、黎富森:《金融发展与城乡收入差距——基于政府角色分析的新发现》,《上海经济研究》2013年第1期,第3—13页。

⑦ 魏丽莉、马晶:《双重滞后型区域城乡金融非均衡发展对城乡收入差距影响的实证分析》,《兰州大学学报(社会科学版)》2014年第1期,第118—126页。

⑧ 杨楠、马绰欣:《基于面板门槛模型的我国金融发展对城乡收入差距影响机制研究》,《数理统计与管理》2014年第3期,第478—489页。

⑨ 随着金融市场的发展,固定成本逐渐降低,最终所有个体都可获得金融资源以及相同的报酬率,收入差距逐渐缩小。这样,作用机制的变化主要取决于进入金融市场所需的财富门槛值。当门槛值随着时间推移发生数量上的变化时,金融发展对城乡收入差距的作用就会经历不同的阶段。我们将各阶段的分界点称为门槛值。

⑩ 陈斌开、林毅夫:《发展战略、城市化与中国城乡收入差距》,《中国社会科学》2013年第4期,第81—102页。

⑪ 李宾、马九杰:《劳动力流动对城乡收入差距的影响:基于生命周期视角》,《中国人口资源与环境》2013年第11期,第102—107页。

⑫ 郭剑雄:《人力资本、生育率与城乡收入差距的收敛》,《中国社会科学》2005年第3期,第27—38页。

原因在于 De Soto 效应的存在①，De Soto 效应影响了农村居民的人力资本投资②。

城乡收入差距过大已经影响了中国经济的持续增长，为促进经济持续增长，应该对经济增长路径进行校调。由此，"包容性增长"这种新的经济增长模式引起学术界和政府的关注，在 2007 年亚洲开发银行的研究报告中首次出现"包容性增长"这一概念，2009 年 11 月以来，胡锦涛同志就多次论及包容性增长，理论工作者对包容性增长进行了研究。包容性增长的核心是通过扶贫或是益贫、生产性就业、提升人力资源能力、加强社会保障等，让那些贫困人口在国家政策的扶持和自身能力的提高中，能够均衡分享社会财富③。笔者认为，包容性增长对持续扩大的城乡收入差距具有一定的抑制作用，能缩小城乡收入差距。但让农村居民与城镇居民均衡分享财富，只是消除农村居民参与分配财富的歧视，并不能实现农村居民在财富分配和积累上对城镇居民的赶超，如果不能实现农村居民在财富积累方面对城镇居民的赶超，就不可能缩小城乡居民的收入差距。因此，要缩小城乡居民收入差距，经济增长积累的结果只有更有利于穷人积累财富，这种增长就是亲贫困增长或称益贫式增长。益贫式增长是经济学的一个新领域，它重点关注经济增长、不平等和贫困三者之间的关系。益贫式增长思想的萌芽最早出现于 20 世纪 70 年代，在《增长中的再分配》这一研究报告中，Chenery 等人分析了 60 年代以来的世界经济增长历程发现，一些国家的经济增长的结果是使穷人获得更多的好处，而另一些国家经济增长并没有让穷人获得好处或者获得的好处很少，前者扩大贫富差距，而后者则缩小了贫富差距④。Chenery 等人的研究虽然具有益贫式增长的思想，但并没有正式提出"益贫式增长"这一概念，直到 1997 年英国国际发展白皮书中才首次出现"益贫式增长"这一术语。在国内，学术界对亲贫困、益贫式增长

---

① 蔡晓慧、余静文：《De Soto 效应、人力资本与城乡收入差距》，《经济问题》2013 年第 6 期，第 44—49 页。

② De Soto 效应即为由于物品所有权并没有得到清晰的划分和保护，物品所有者难以利用此物品作为抵押借贷进行生产性的活动，有效率地将资产转变为能够再生产的资本，换言之，De Soto 效应使得借贷约束进一步加强，从而阻碍了资本的产生和积累。

③ 王志章、王晓蒙：《包容性增长：背景、概念与印度经验》，《南亚研究》2011 年第 4 期，第 105—116 页。

④ Chenery, H., Ahluwalia, M. S., 1974, *Redistribution with Growth*, Oxford University Press.

已经开始关注,并进行了不少研究①②③④⑤。

从缩小城乡居民收入差距的视角来看,走益贫式经济增长之路是一种有效的抉择。但问题在于,我们如何结合中国的实际,找到一条益贫式经济增长之路。同时,我们已经进行的经济增长过程中,是否已经有地方进行了益贫式经济增长的实践探索?如果有这方面的实践,它们是如何走过来的?基于此,我们在承担教育人文社科重点研究基地重大项目研究时,在调研过程中发现贵州省湄潭县在这方面进行了有效的探索,湄潭走了一条绿色发展、生态富农的经济发展路径⑥。本书拟对湄潭县在这方面的探索和贡献进行分析,愿我们对益贫式经济增长的湄潭个案研究,能够对其他地区缩小城乡收入差距有所裨益。

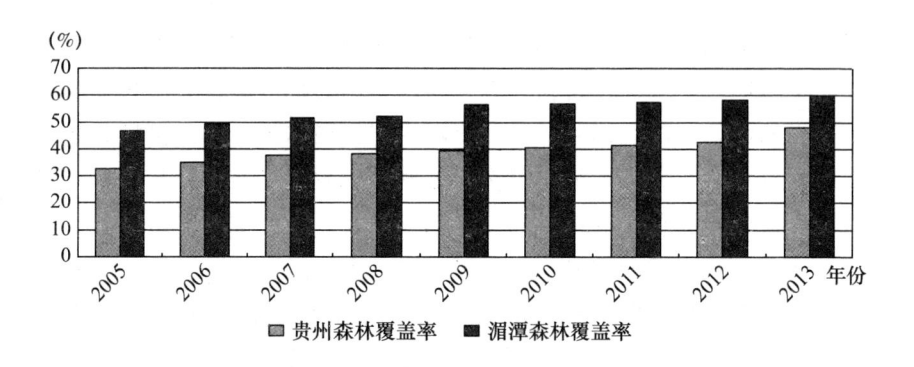

图 5-1 湄潭县与贵州省森林覆盖率比较

---

① 周华:《益贫式增长的定义、度量与策略研究——文献回顾》,《管理世界》2008 年第 4 期,第 160—166 页。

② 刘畅:《中国益贫式增长中的经济政策研究》,中国社会科学出版社 2010 年版。

③ 阮敬、詹婧:《亲贫困增长分析中的 Shapley 分解规则》,《统计研究》2010 年第 5 期,第 58—66 页。

④ 周华、李品芳、崔秋勇:《中国多维度益贫式增长的测度及其潜在来源分解研究》,《数量经济技术经济研究》2011 年第 5 期,第 37—50 页。

⑤ 韩秀兰:《中国经济增长的益贫性评价——基于 PEGR 方法和微观数据的实证》,《统计与信息论坛》2013 年第 2 期,第 37—41 页。

⑥ 洪名勇:《绿色富民湄潭》,浙江大学出版社 2012 年版。

二 湄潭现象：为什么经济增长慢而农民收入增长快

长期以来，湄潭县不仅大力发展生态农业，重视对生态环境的保护，而且还在保护生态过程中，积极促进农民增收致富。从图5-1提供的资料可以看出，由于湄潭县长期重视森林资源保护，同时，大力开展茶叶栽培，加强茶园建设，2005年以来湄潭县森林覆盖率一直高于贵州省森林覆盖率10个百分点以上，湄潭县森林覆盖率与贵州省森林覆盖率相差最小的年份是2013年，这一年湄潭县森林覆盖率高于全省平均水平12.1个百分点（见图5-2）。

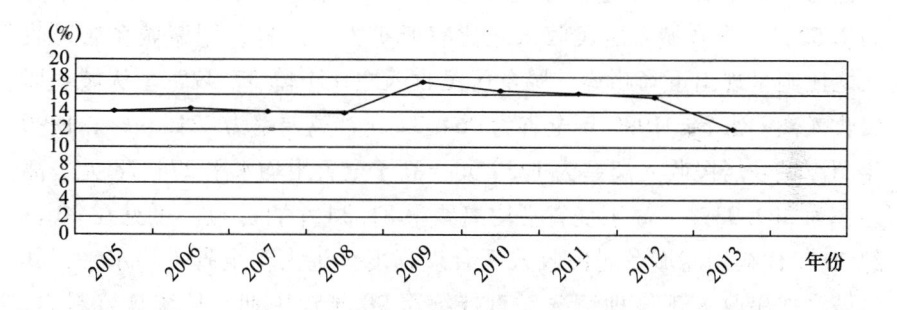

图5-2 湄潭森林覆盖率与贵州森林覆盖率之差

湄潭县提高森林覆盖率的过程中，促进农民增收，实现绿色发展、保护生态与农民富裕三个目标。图5-3是1990年以来贵州省与湄潭农民人均纯收入的变化情况，1990年湄潭农民人均纯收入为409元，贵州省平均为435.14元，湄潭农民人均纯收入比贵州平均水平低26.14元，湄潭为全省平均水平的94%。与贵州平均水平相比，虽然湄潭县农民人均纯收入低，但差距不大，基本上在同一水平。经过24年的发展，至2013年湄潭县农民人均纯收入达到7975元，比1990年增加7566元，增长18.5倍；2013年贵州农民人均纯收入为5434元，比1990年增加4998.86元，增长了11.49倍。从图5-3描述的情况来看，两条曲线的位置在前几年基本上没有太大的差距，但从20世纪中期开始,两曲线的位置开始有了差距,由于湄潭县农民人均纯收入增长速度明显快于贵州平均水平,因此,两条曲线的变化趋势呈喇叭口状,两者之间的差距越来越大,进入 21 世纪之后,湄潭县农民人均纯收入曲线所在位置越来越高。图 5-4 则对湄潭县农民人均纯收入与全省农民人均纯收入的偏离程度的变迁轨迹进行了描述,从图 5-4 描述的情况来看,除个别年份之外,湄潭县农民人均纯收入与全省农民人均纯收入的偏离均为正,这说明在经济增长过程中,湄潭县农民人均纯收入增长速度快于贵州全省平均增长速度。

从城乡居民收入差距变化来看,1990 年贵州平均城乡居民收入之比为 3.22,2006 年达到峰值时为 4.59,之后有一定程度下降,2013 年为 3.80,与 1990 年相比,城乡居民收入差距不仅没有缩小,反而有所扩大,城乡居民收入比扩大为 18.01%。湄潭县 1990 年城乡居民收入之比为 4.03,1993 年达到峰值时为 5.04,之后开始下降,2013 年下降为 2.52,与全省城乡居民收入之比有所扩大不一样,湄潭城乡居民收入之比则呈现出下降趋势,城乡居民收入之比下降 37.47%。从城乡居民收入离差来看,1990 年全省为 964.22 元,离差率为 221.59%;1990 年湄潭城乡居民收入离差为 1239 元,高于全省平均水平 274.78 元,离差率为 302.93%,高于全省平均离差率 81.34 个百分点。可见在 20 世纪 90 年代初湄潭城乡居民收入不合理程度远远大于全省平均水平,并且城乡居民收入不合理情况一直持续至 90 年代中期。从统计资料看,让人奇怪的是从 90 年代中期开始,湄潭城乡居民收入之比很快进入一个较为合理的区间,而贵州全省仍然在不合理区间运行,尤其是从 90 年代中期开始,贵州城乡居民收入之比不仅没有下降,反而持续上升,至 2006 年达到顶峰,之后持续下降;从 1990 年以来的总体趋势看,贵州城乡居民收入差距呈一定程度的扩大趋势,城乡居民收入之比由 1990 年的 3.22 扩大为 2013 年的 3.80,比值扩大了 0.58,扩大程度为 18.01%,离差率由 221.59% 扩大为 280.33%,上升 58.74 个百分点。而湄潭县却不一样,城乡居民收入之比不是呈扩大之势,而是呈下降之势,城乡居民收入比由 1990 年的 4.03 下降为 2013 年的 2.52,比值下降 1.51,下降程度为 37.47%,离差率由 1990 年的 302.93% 下降为 2013 年的 151.67%,下降 151.26 个百分点(见表 5-1 和图 5-5)。

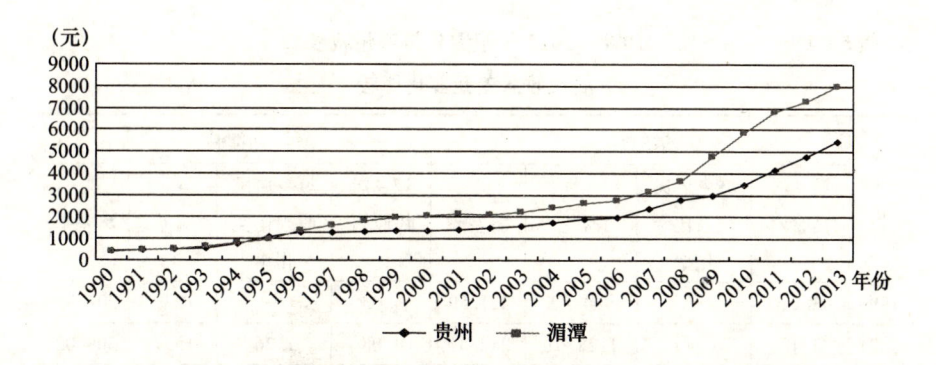

图 5-3　1990 年以来湄潭县与贵州省农民人均纯收入变化情况

资料来源：《贵州统计年鉴》(2013)、《遵义市统计年鉴》(2013)、贵州省国民经济和社会发展统计公报(2013)、湄潭县人民政府工作报告(2014)。

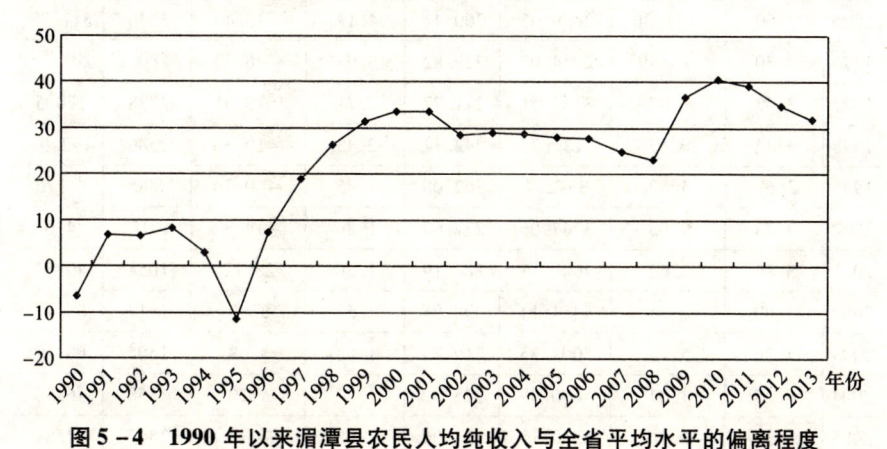

图 5-4　1990 年以来湄潭县农民人均纯收入与全省平均水平的偏离程度

图 5-5　1990 年以来湄潭县与全省城乡收入之比变化情况

表 5-1　　1990—2013 年湄潭县与贵州城乡居民收入差距变化比较　　单位：元、%

年份	贵州省				湄潭县			
	城乡居民收入比	城乡居民收入比变化率	离差	离差率	城乡居民收入比	城乡居民收入比变化率	离差	离差率
1990	3.22	—	964.22	221.59	4.03	—	1239	302.93
1991	3.42	6.44	1128.01	242.31	4.08	1.26	1537	308.02
1992	3.73	8.95	1381.38	272.93	4.51	10.61	1904	351.29
1993	3.97	6.41	1720.71	296.84	5.04	11.74	2551	404.28
1994	4.06	2.36	2409.22	306.19	4.76	-5.62	3045	375.93
1995	3.60	-11.30	2829.63	260.41	4.12	-13.48	3040	311.79
1996	3.30	-8.49	2934.07	229.82	3.04	-26.23	2808	203.77
1997	3.42	3.62	3139.51	241.77	2.71	-10.95	2728	170.5
1998	3.42	0.12	3231.71	242.17	2.43	-10.30	2586	142.64
1999	3.62	5.82	3572.4	262.08	1.45	-40.34	890	44.75
2000	3.73	2.93	3747.06	272.68	1.24	-14.32	497	24.02
2001	3.86	3.62	4040.18	286.19	1.50	20.72	1058	49.72
2002	3.99	3.31	4454.11	298.95	1.63	8.98	1317	63.17
2003	4.20	5.23	5004.25	319.83	1.68	3.08	1505	68.19
2004	4.25	1.31	5600.49	325.32	1.77	5.20	1858	76.94
2005	4.34	2.06	6270.17	334.06	1.98	11.80	2547	97.81
2006	4.59	5.83	7131.99	359.36	2.00	0.98	2746	99.75
2007	4.50	-2.08	8304.41	349.81	2.52	26.08	4795	151.84
2008	4.20	-6.53	8961.83	320.42	2.86	13.48	6759	185.79
2009	4.28	1.8	9857.12	327.98	2.47	-13.72	6974	146.57
2010	4.07	-4.82	10670.81	307.35	2.24	-9.27	7227	123.73
2011	3.98	-2.31	12349.66	297.92	2.23	-0.42	8369	122.78
2012	3.93	-1.12	13947.51	293.45	2.59	16.34	11620	159.18
2013	3.80	-3.33	15233.07	280.33	2.52	-2.90	12096	151.67

注：离差 = 城镇居民可支配收入 - 农民人均纯收入；离差率 = 离差/农民人均纯收入 ×100%。

资料来源：中国经济与社会发展统计资料数据库，2013 年《贵州省国民经济和社会发展统计公报》，湄潭县人民《政府工作报告》(2014)。

从结果看，2013年湄潭农民人均纯收入高于贵州全省平均水平；从1990年至2013年农民人均纯收入变化情况看，湄潭农民人均纯收入增长速度也高于全省平均水平。之所以会出现这种情况，从理论上看，有两种可能：一是湄潭的基础比全省平均水平要好，因为较好的初始条件可能决定今后的选择，还可能使经济发展走自己的路径，例如，城镇居民可能由于自己拥有更多的资产，通过资本的投资获得更多的资产收入，而贫困的农民由于缺乏相应的资产，只能维持自己的生存，没有多余的资产用于投资而无法获得资产收入。二是湄潭县经济发展速度快于全省平均水平，农民一方面由于对经济增长的贡献而获得收入，另一方面由于经济增长的"滴漏效应"的存在而使农民收入增长，这样更快的经济增长必然带来农民收入的更快增长。

从基础条件看，1990年湄潭城乡居民收入差距大于全省平均水平。因此，2013年湄潭县城乡居民收入差异小于全省平均水平，不是湄潭县初始条件好于全省平均状况的结果；相反，从前文的分析看出，在20世纪90年代初期至中期，湄潭县城乡居民收入差距一直高于全省平均水平。那么，湄潭县与全省不一样的结果，是否是第二个原因呢？从人均GDP增长来看，按照现价计算，1990年至2013年贵州省人均GDP由810元增加至22922元，增加22112元，增长27.30倍；湄潭县人均GDP由693元增加至14462元，增加13769元，增长19.87倍（见表5-2），从人均GDP增长幅度看，24年间贵州全省平均水平高于湄潭9153元，增长7.43倍。图5-6就湄潭县与贵州人均GDP的增长率进行了描述，从图5-6可以看出，除少数年份之外，多数年份湄潭县人均GDP增长率低于贵州全省人均GDP增长率。因此，湄潭农民获得比全省平均水平高得多的收入，也不能用第二条理由来进行解释。

以上分析说明，湄潭县农民人均纯收入增长快于贵州全省农民人均纯收入增长，既不是基础条件较好的结果，又不是湄潭经济增长快于全省经济增长的结果。这是一种反常现象，在这里，我们暂时将这一现象称为湄潭现象。那么，湄潭现象产生的原因是什么呢？

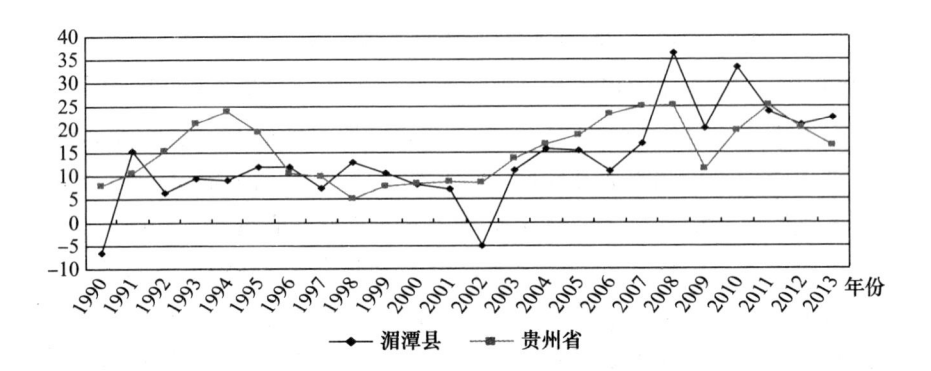

图 5-6 湄潭县与贵州省人均 GDP 增长率变化

注：人均 GDP 按现价计算。

资料来源：中国经济与社会发展统计资料数据库，2013 年贵州省国民经济和社会发展统计公报，湄潭县人民政府工作报告（2014）。

表 5-2　1990—2013 年贵州省与湄潭县经济增长情况

单位：亿元、元、%

年份	贵州省				湄潭县			
	GDP	GDP 增长	人均 GDP	人均 GDP 增长率	GDP	GDP 增长	人均 GDP	人均 GDP 增长率
1990	260.14	10.30	810	8.00	2.7721	-4.57	693	-6.48
1991	295.9	13.75	896	10.62	3.225	16.34	799	15.30
1992	339.91	14.87	1034	15.40	3.4588	7.25	850	6.383
1993	417.69	22.88	1255	21.37	3.8304	10.74	931	9.529
1994	524.46	25.56	1553	23.75	4.2533	11.04	1015	9.023
1995	636.21	21.31	1853	19.32	4.8023	12.91	1136	11.92
1996	734.4	15.43	2048	10.52	5.4295	13.06	1272	11.97
1997	805.79	9.721	2250	9.86	5.8951	8.575	1365	7.311
1998	858.39	6.528	2364	5.07	6.7354	14.25	1542	12.97
1999	937.5	9.216	2545	7.66	7.5146	11.57	1705	10.57
2000	1029.92	9.858	2759	8.41	8.3692	11.37	1842	8.035
2001	1133.27	10.03	3000	8.74	9.0704	8.378	1975	7.22
2002	1243.43	9.72	3257	8.57	8.66	-4.52	1874	-5.11

续表

年份	贵州省				湄潭县			
	GDP	GDP增长	人均GDP	人均GDP增长率	GDP	GDP增长	人均GDP	人均GDP增长率
2003	1426.34	14.71	3701	13.63	9.6955	11.96	2083	11.15
2004	1677.8	17.63	4317	16.64	11.4455	18.05	2411	15.75
2005	2005.42	19.53	5119	18.58	13.1873	15.22	2781	15.35
2006	2338.98	16.63	6305	23.17	15.7639	19.54	3088	11.04
2007	2884.11	23.31	7878	24.95	17.4813	10.89	3608	16.84
2008	3561.56	23.49	9855	25.10	21.0865	20.62	4919	36.34
2009	3912.68	9.86	10971	11.32	25.4123	20.51	5911	20.17
2010	4602.16	17.62	13119	19.58	30.1814	18.77	7883	33.36
2011	5701.84	23.89	16413	25.11	36.6219	21.34	9761	23.82
2012	6852.2	20.18	19710	20.09	44.11	20.45	11805	20.94
2013	8006.8	16.85	22922	16.30	54.04	22.51	14462	22.51

注：由于《贵州省统计年鉴》（2014）未出版，2013年湄潭人口按照2012年人口计算，2013年湄潭人均GDP为按照2012年人口计算而得。

资料来源：中国经济与社会发展统计资料数据库，2013年贵州省国民经济和社会发展统计公报，湄潭县人民政府工作报告（2014）。

三 益贫式增长：湄潭现象的一个描述性解释

（一）滴漏式增长与城乡收入差距的拉大

从经济增长方式的视角来看，经济增长必然带来人们财富的增加，而增加的财富会按照一定的规则在不同要素、不同群体之间进行分配。20世纪80年代的华盛顿共识奉行的滴漏式增长理论认为，一个国家或者地区的经济增长之后，有收入的群体将自动按比例从总体经济增长中受益。可能是受滴漏式增长理论的影响，OECD认为，如果经济增长能够让穷人的收入有所增长，即使穷人的收入增长远远低于平均收入增长,这种经济增长也是益贫式增长①。事实上,经济增长一般会使不同人群的收入或者福利有所改善,问题在于,在经济增长过程中不同群体的受益程度是不一样的,按照滴漏式增长理论和OECD的益贫式增长的定义,对于贫困人群而言,在经济增长过程中,收入虽然增加了,但可能与富人相比,其差距也可能会被拉大了。因此,真正的益贫式增长应该是在经济增长过程中,穷人分享到的财富增长速度更快,使穷人与富人的收入或者福利差距不断缩小。所以,随着经济增长,只有当穷人与富人的收入差距或者福利不断缩小时,这种经济增长才称得上是真正的益贫式增长。

从中国改革开放以来经济增长的变迁轨迹来看,在经济增长过程中一方面是农民收入的持续增长,另一方面是在农民收入增长的同时,城镇居民以更快的速度增长。按照华盛顿共识,这种经济增长属于滴漏式增长,由于"滴漏效应"的存在,现实生活中贫困人口不仅会下降,而且穷人的生活也会越来越好。但问题在于,我们生活是否贫困不仅与收入的绝对数有关,而且还与当时的物价水平相关,更重要的还在于贫困应该是一个相对的概念:居民是否贫困,不仅是相对于过去而言,更重要的是相对于同时期的其他居民而言。因此,滴漏效应虽然提高了农民平均的绝对收入水平,但由于物价的变动以及城镇居民收入水平以更快的速度增加,相对而言农民更加贫困。这可以说是改革开放之后在较长时期内中国经济增长的特征之一。图5-7对贵州1978年以来城乡居民收入之比的变化情况进行了描述,1978年贵州城镇居民人均可支配收入为261.26元,农民人均纯收入为109.30元,城镇居民人均可支配收入是农民人均纯收入的2.39倍,从此之后,在经济增长过程中,由于滴漏效应的作用,农民人均纯收入确实不断增加,至1990年农民人均纯收入达到435.14元,增加325.84元,增长2.98倍;同期城镇居民人均可支配收入也增至1399.36元,增加1138.1元,增长4.36倍,农民人均纯收入不管是增长的绝对数还是增长速度都低于城镇居民人均可支配收入。1990年贵州城镇居民人均可支配收入与农民人均纯收入之比第一次突破3以上,达到3.22。而城乡居民收入差距拉大趋势并

---

① 韩秀兰:《中国益贫式增长多维测度与形成机制研究》,博士学位论文,山西财经大学,2012年。

没有因此而停下来，而是继续扩大，1994 年农民人均纯收入达到786.84 元，比 1990 年增加 351.7 元，增长 80.82%；同期城镇居民人均可支配收入也增加至 3196.06 元，增加 1796.7 元，增长 1.28 倍，这一年城镇居民人均可支配收入与农民人均纯收入之比再次突破 4，达到4.06，1995 年和 1996 年有一定下降，从 1997 年又开始扩大，2006 年达到改革开放以来的最高峰（4.59）。

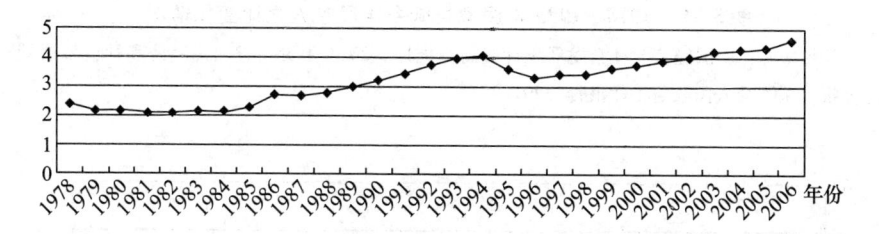

图 5-7 1978—2006 年贵州城镇居民人均可支配收入与农民人均纯收入之比
资料来源：中国经济与社会发展统计资料数据库。

从湄潭县 1978—1993 年经济增长过程中农民收入变化情况来看，农民收入增长一是来自经济增长的结果，二是由于"滴漏效应"带来的农民收入增长。1978 年至 1993 年，湄潭县农民人均纯收入同样处于不断上升时期，由 199 元上升为 631 元，增加 432 元，增长 2.17 倍；但同期城镇居民人均可支配收入由 311 元增加至 3182 元，增加 2871元，增长 9.23 倍。由此可以看出，在经济增长过程中，城乡居民收入之间的差距不仅没有缩小，反而扩大了。在此期间，城镇居民人均可支配收入比农民人均纯收入多增加 2439 元和 7.06 倍，使城乡居民收入之比也由 1978 年的 1.56∶1 上升为 5.04∶1，图 5-8 对 1978 年至 1993 年湄潭县城乡居民收入差异的变化情况进行了具体描述，从图 5-8 可以看出，1978 年至 20 世纪 90 年代初，城乡居民收入差距呈不断扩大的趋势。

（二）转向益贫式增长：湄潭现象的一个描述性解释

从湄潭县经济、城镇居民人均可支配收入、农民人均纯收入三者增长速度的变化轨迹来看，进入 20 世纪 90 年代中期，在经济增长过程中，不管是城镇居民还是农村居民都得到了更多的实惠。从经济增长模式的视角来看，经济增长由非益贫式增长转变为益贫式增长。分析可知，

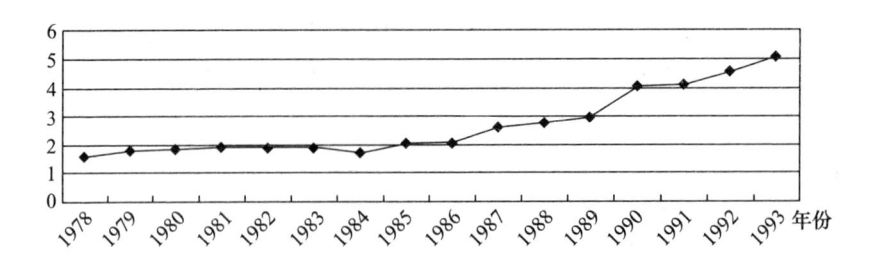

图 5-8 1978—1993 年湄潭县城乡居民收入之比变化情况

资料来源：中国经济与社会发展统计资料数据库，2013 年贵州省国民经济和社会发展统计公报，湄潭县人民政府工作报告（2014）。

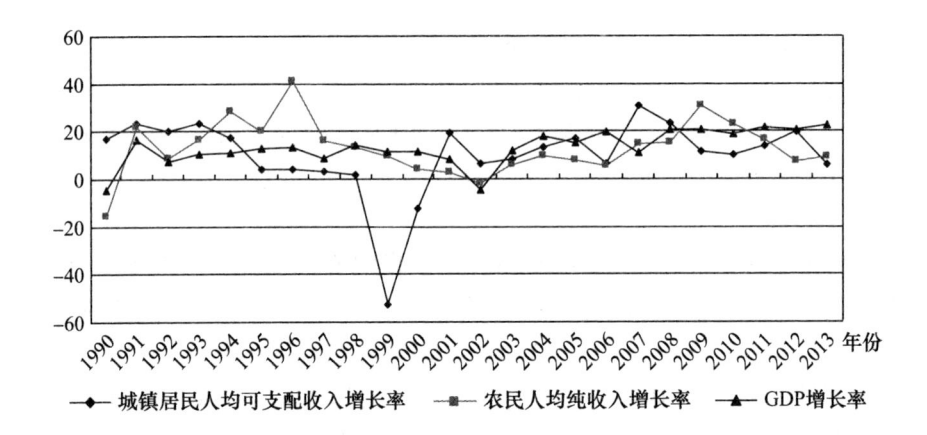

图 5-9 1990—2013 年湄潭县经济增长率、城镇居民收入与农民收入增长率变化情况

资料来源：中国经济与社会发展统计资料数据库，2013 年贵州省国民经济和社会发展统计公报，湄潭县人民政府工作报告（2014）。

1990 年湄潭经济为负增长，在经济增长波动中，农民收入受到非常大的影响，这一年，城镇居民可支配收入为正增长，而农民人均纯收入则呈较大幅度的下降；1991 年至 1993 年，城镇居民可支配收入和农民人均纯收入增长幅度皆大于经济增长，这说明湄潭的人民群众在经济增长得到了更多的实惠。但从城乡居民收入增长的趋势来看，城镇居民收入增长曲线位于农民纯收入增长曲线的上方，因此，在这一阶段城乡居民收入差距不是缩小，而是进一步拉大。1994 年是湄潭县经济增长模式的一个转折点，不仅城镇居民和农民收入增长速度双高于经济增长速度，而且农民纯收入增长速度大于城镇居民收入增长速度。从我们对益贫式增长的定义来看，可以将1994年视为湄潭县经济增长模式由非益贫式增长真正转入益贫式增长之年。如果只有1994年农民纯收入增长速度大于城镇居民可支配收入增长速度，这可能是某种因素导致的经济偶发现象，从图5-9描述的情况看，1994年至2000年，除1997年农民人均纯收入为负增长，城镇居民可支配收入为小幅度的正增长之外，其余6年农民人均纯收入增长速度均大于城镇居民可支配收入增长速度。因此，我们说自1994年起湄潭经济增长模式开始进行了转换。2000年之后，虽然城镇居民可支配收入增长速度总体上大于农民纯收入增长幅度，但从2000年至2013年的14年中，2000年至2008年城镇居民可支配收入增长速度大于农民纯收入增长速度，经济增长模式有由益贫式增长转向非益贫式增长的趋势，但这种趋势没有得到持续，在2009年开始有所调整。2009年至2011年连续3年农民纯收入增长速度又大于城镇居民可支配收入增长速度，2012年城镇居民可支配收入增长速度大于农民纯收入增长速度，2013年农民纯收入增长速度又大于城镇居民可支配收入增长速度。进入21世纪以来，总体上看城镇居民可支配收入增长速度大于农民纯收入增长速度，我们也应该看到，并不是每一年城镇居民可支配收入增长速度都大于农民纯收入增长速度，尤其是近5年经济发展过程中，有4年农民纯收入增长速度高于城镇居民可支配收入增长速度，城乡居民收入差距有收窄的趋势，这说明湄潭经济增长模式又由非益贫式增长转向益贫式增长。

  从总体上看，1994年以来，湄潭县经济增长总体上是益贫式增长，1993年至2013年11年间，城镇居民人均可支配收入和农民人均纯收入分别由3182元和631元增长至20071元和7975元，分别增加16889元和7344元、增长5.31倍和11.64倍，农民人均纯收入增长速度是城镇居民人均可支配收入增长速度的两倍以上。正因为农民人均纯收入增长速度明显快于城镇居民人均可支配收入的增长速度，城镇居民人均可支配收入与农民人均纯收入之比由1993年的5.04∶1下降为2.52∶1，城乡居民收入差距由非常不合理状态进入一个比较合理的区域，图5-10对1993年以来湄潭县城镇居民人均可支配收入与农民人均纯收入之比的变化进行了详细描述。

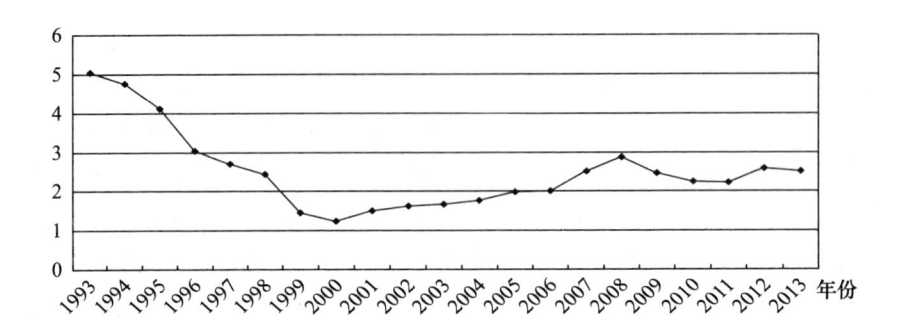

图 5-10　1993—2013 年湄潭县城乡居民收入之比变化情况

四　绿色发展生态富农：湄潭县走向益贫式发展的路径探索

从湄潭益贫式经济增长的具体路径来看，这条路径可以用一句话来概括，即绿色发展、生态富农。具体而言，这条路径又包括以下几个方面：一是茶叶富农之路，二是绿色工业富农之路，三是生态旅游富农之路。

（一）茶叶富农：初始条件与发展路径

茶叶种植不仅具有生态功能，而且还具有经济功能。在农村经济发展过程中，通过大力发展茶叶种植来调整、优化农业生产结构，不仅使农村经济更加生态，环境得以保护，而且还使产业更为绿色。同时，随着经济的发展，人们对茶叶的需求越来越大，茶叶的经济价值越来越高，农民种植茶叶又能够实现增收致富，因此，在农业生产结构优化过程中，加大茶叶种植的比例，可以说是走一条绿色发展、生态富农之路。

湄潭县发展茶叶种植具有良好的初始条件，一是自然环境条件，湄潭县年平均气温 14.9℃，年均降雨量 1141 毫米，无霜期 284 天，海拔 800—900 米，适宜发展茶、桑、果、药等多种经济林木[①]，全县土壤类型多样，共有 5 个土类，13 个亚类，主要土壤有黄壤、石灰土、紫色土等。从适宜种茶的土壤来看，适宜种茶的黄壤和石灰土分别为 12.67

---

① 湄潭县志编纂委员会：《湄潭县志》，贵州人民出版社 1993 年版，第 1 页。

万亩和 8.83 万亩，占自然土地面积分别为 49.06% 和 34.26%，茶叶适宜在酸性和微酸性土壤种植，从土壤的酸碱性看，酸性、中性和微酸性土壤面积分别为 48.84 万亩、61.71 万亩和 71.99 万亩，占自然土地面积分别为 25.18%、27.12% 和 37.12%。从湿度与地温条件看，湄潭年平均相对湿度为 82%，湿度最大的 10 月为 84%，湿度最小的 8 月为 81%；0—20 厘米平均地温为 16.5℃—16.9℃，20 厘米气温比 30 厘米气温低 0.3℃，40 厘米气温为 17.7℃，1.6 米气温为 17.9℃[①]。以上这些自然条件不仅利于茶叶生长，而且生长出的茶叶品质非常好。二是湄潭有悠久的种茶历史。湄潭是古茶树的主要产区之一，清代政府记录中就将茶叶作为土特产，同时作为贡品之一。民国时期就有 50 多个地方种植茶叶，茶区每户平均种茶为 1.37 亩，种茶农户有 9190 户，全县有茶园 1.2 万亩。新中国成立之后，政府又进行了茶场建设，茶叶生产一直没有间断，至 1978 年全县茶叶产量为 1093 吨。

从湄潭县茶产业的发展路径来看，首先，发展茶叶种植，增加茶园面积，加强茶叶种植的科学化和良种化。图 5-11 是湄潭茶园种植面积变化情况，2000 年茶园面积只有 2.8 万亩，至 2011 年增加至 35 万亩，增加了 32.2 万亩，增加 11.5 倍，同时，湄潭县茶叶种植已经形成了五大产业带。其次，发展茶叶加工业，并加强茶叶的市场营销。最后，以茶园为核心，以茶叶产业为纽带，以绿色生态为卖点，大力发展茶园生态旅游。综合起来看，2013 年茶叶产量为 3 万吨，增长 20%，产值 21.1 亿元，实现综合收入 41.2 亿元。

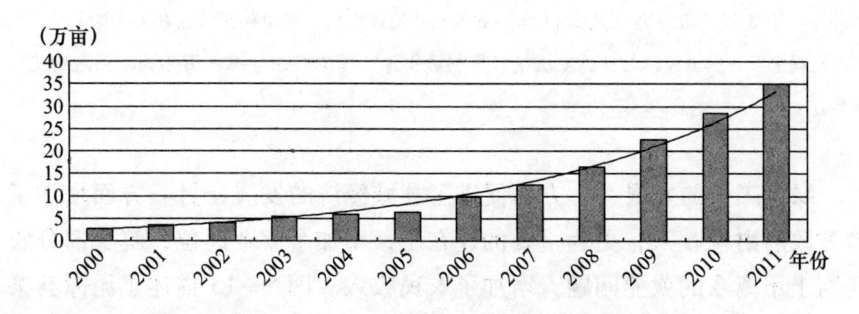

图 5-11 湄潭县茶园面积变化情况

资料来源：湄潭县茶叶志。

---

① 贵州省湄潭县地方志编纂委员会：《湄潭县志》，方志出版社 2011 年版，第 41—47 页。

（二）绿色工业富农：加工增值与增加就业之路

要促进县域经济持续发展，实现农民收入持续增长，只进行原材料生产是难以为继的。经济持续发展和农民收入的持续增加，必然走加工增值之路。一方面，茶叶等特色农产品种植规模的扩大、产量的增加为发展农产品工业提供了相应的原材料，另一方面，农民要实现增收、地方政府要增加税收和财政收入，只有选择发展农产品加工业之路。图5－12描述了湄潭县茶叶生产情况与工业发展的基本情况，从图5－12可以看出，茶叶生产的发展与湄潭工业发展之间具有较大的相关性，随着茶叶等规模的扩大和产量的增加，工业也随之发展起来，工业增加值也不断增加。在湄潭，农产品加工业是工业的核心支柱，例如，2012年农产品加工占工业总产值的近70%。

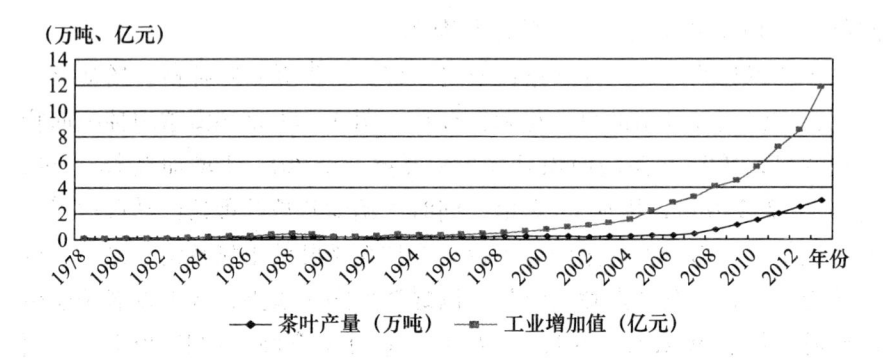

图5－12　1978年以来湄潭县茶叶产量与工业增加值变化情况

注：2008年、2009年以及2011年，缺乏相关统计资料，采用灰元白化方法推算。

资料来源：中国经济与社会发展统计资料数据库，湄潭县茶叶志，历年湄潭县政府工作报告。

绿色工业的发展，一方面促进了县域经济的发展，另一方面增加了地方政府财税收入，更为重要的还在于，增加了就业岗位，解决部分农民离土不离乡的就业问题，增加了农民收入。图5－13描述了湄潭县茶叶产量、工业增加值与农民人均纯收入增长率三者之间的变化趋势，从图5－13可以看出，除少数年份之外，三者之间的波动趋势基本一致。这说明，茶叶生产、工业发展及农民收入增长之间具有比较紧密的关系。以湄潭县绿色工业园区为例，湄潭县绿色食品工业园区周边的绿色食品原料覆盖湄潭县各个村镇，生产型模式为附近个体农民作辅助，而国营、集体、企业建设是主导，再配之以园区外乡镇的绿色加工企业。除了园区内的绿色企业外，在园区周边也有一些乡镇的绿色加工企业。至2010年年底，园区企业共完成销售收入5.2亿元，完成工业增加值8.12亿元，完成税金1800万元，解决劳动就业岗位3000人左右，2011年总产值为25亿元、实现工业增加值11.38亿元，税收5.04亿元，实现5000余人就业，带动20余万人就业。

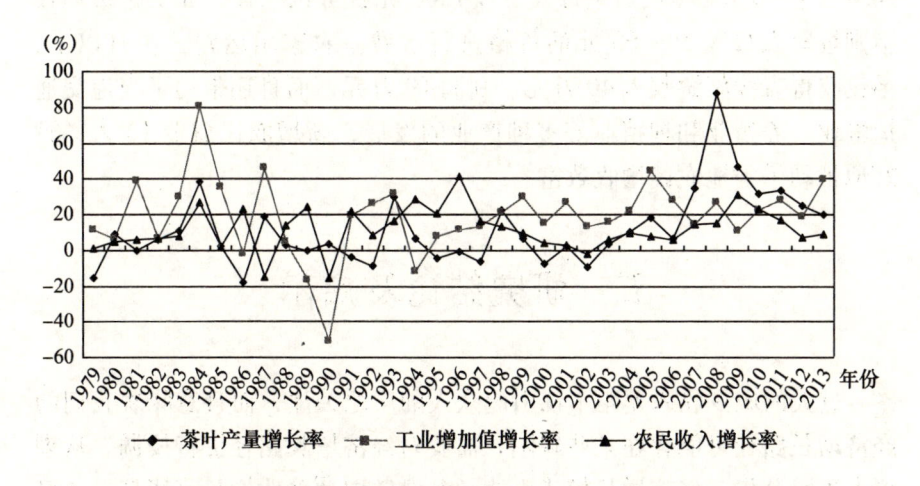

图5-13　1979年以来湄潭县茶叶产量、工业增加值与农民人均纯收入增长三者的变化趋势

（三）生态旅游富农：农民富裕的又一路径

茶叶种植的规模化和规范化，形成了大片规模化的茶园，连片、上万亩茶园形成的"茶海"在贵州喀斯特山区形成独特的旅游景观。湄潭县以万亩茶园为基础，加强以茶为依托的茶城镇建设，目前已经形成以"茶海""茶城""茶文化"为特点的生态旅游。2012年湄潭县在旅游中餐饮和住宿收入近5亿元，其中餐饮收入3.2亿元，住宿收入1.8亿元，极大地增加了农民的收入；2013年累计接待游客183万人次，实现旅游综合收入8.65亿元，如果平均到每户农民可增加2012元，旅游业作为后续优势产业的潜力得到显现。全县新建三星级以上宾馆两家，县级旅游服务中心1家，乡村旅游服务中心10家，乡村旅社50家，组建两家规模型旅行社，培育两家营业年收入100万元以上的旅游企业，同时也通过餐饮、住宿、向导直接增加了农户的收入。以茅坪镇为例，2011年茅坪成立了香樟树避暑山庄，这是当地第一家旅游避暑度假为主的农家乐，当年就有40余人长住3个月以上。当时的收费价格是：包吃住每人每月1000元，当年获益8万余元，净收益约4万余元。香樟树避暑山庄获得成功后，地方政府和旅游协会在2012年积极支持并引导，又建立3家农家乐，增加了130多张床位，客人来自四川、西安、重庆、广州等地，其中以重庆游客最多，占到了游客比例的90%以上。2013年农家乐每人每月1200元就可包吃住，如果是短期住宿则按每人每天50—60元的价格进行收费。农家乐运营三个月以来，不仅获得直接旅游收入40万元、利润19万元，而且还带动了当地交通运输业、养殖业和种植业等多种产业的发展，新增农民就业12人，较好地带动了当地农民增收致富。

五　研究结论及启示

过大的城乡收入差距不仅引起众人的广泛关注，而且意味着我们的经济增长路径可能存在某些缺陷，需要对经济增长路径进行校调。从理论上进行分析，经济增长模式由非益贫式转向益贫式增长可能是一条可行之路。但问题在于，我们如何寻找这条路径？这条路径应该如何去走？我们以湄潭为个案进行的分析和研究表明，湄潭县充分依托自己的资源优势，从发展茶叶种植、茶叶生产、茶叶加工及一体化经营、以茶为特色的生态旅游，不仅走出了一条经济发展的绿色之路、生态之路，而且还走了一条富农之路，从而较好地实现了经济增长由亲富人增长向亲贫困增长，由非益贫式增长向益贫式增长的路径转换。湄潭经济增长路径转换启示我们，缩小城乡收入差距，增加农民收入，提升经济增长质量，不同地区尤其是山区应从自己的优势出发，走绿色发展、生态富农之路。

第六章　贵州扶贫经验模式总结

我国扶贫开发战略与政策实施近三十年,扶贫开发的主要目的是消除贫困,促进社会经济的协调发展尤其是贫困地区的发展,简而言之,就是提高贫困地区的收入水平。处于西南地区的贵州,由于地域及资源等原因,造成贫困人口多、贫困发生率高、贫困面广、贫困程度深、贫困原因复杂等。但贵州省在近三十年的扶贫开发中效果显著,农村居民可支配收入由1986年的303.57元增加到2015年的7386.87元,"十二五"期间,贵州省的贫困人口减少656万,农村贫困发生率由33.4%降低到14.3%[1]。在近三十年的扶贫开发探索中,各地区根据当地的实际情况摸索出一系列扶贫经验,形成有特色的贵州扶贫模式。本章通过介绍贵州各地区的扶贫做法,以及总结的扶贫经验,为其他地区的扶贫工作提供一些启示。

一　湄潭经验——农村改革带动新产业,走出绿色富民之路

湄潭是位于贵州省北部的一个传统农业县,辖9镇6乡132村,国土面积1864平方千米,有94%的农业人口、29.6%的农业产值比、匮乏的地下资源、薄弱的工业基础[2],但是该县具有优良的生态自然环境——年平均气温14.9℃,降水丰富,年均降雨量1141毫米,无霜期284天,平均海拔800—900米,是个典型的西部欠发达地区。自20世

---

[1] 贵州省2016年《政府工作报告》,http://www.gzgov.gov.cn/xxgk/jbxxgk/gzbg/gzsgzbg/201602/t20160215_373814.htm.
[2] 安海燕、洪名勇:《中国农村改革的做法及启示——以贵州省湄潭县25年农村改革为例》,《改革与战略》2013年第4期,第60—63页。

纪80年代至今，湄潭作为第一批农村改革试验区经过四轮土地改革，激活农村制度。该县立足于当地工业基础薄弱、矿产资源贫瘠、缺乏发达城市依托的基本县情，坚持"生态立县"可持续发展战略，充分挖掘自身潜在优势，以"绿色发展"为目标，激活农村、激活农业，湄潭走出了一条"绿色富民"之路。

（一）三大改革激活农村

从产权经济学角度来看，产权是一个权利约束，产权的清晰界定不仅是资源有效配置的基础，而且是市场经济有效运行的必要前提。科斯定理表明，在价格机制完善的情况下，只要产权界定清晰，市场机制能够将土地资源配置效率达到或者接近帕累托最优化状态。马克思产权理论认为，土地产权是包括所有权、使用权、收益权、处分权等权能在内的一种权利，农村土地产权也是这样的。从湄潭的发展历史来看，自1987年成立湄潭县农村改革试验区，进行一系列的"以农为本"的农村改革，使得土地产权从模糊到清晰的转变，农民负担不断减轻，调整产业结构，增加农民收入激发农民的发展积极性，产权的明确不仅优化了土地资源，而且还改善了人与土地资源的关系，缓解了人地矛盾。

第一轮农村改革（1987—1993年），稳定完善农地承包权。新中国成立之后，农村土地制度经历了土地私有制、土地私有制基础上的农业互助组初级合作社、土地集体所有制下的高级农业合作社和人民公社、1978年的家庭联产承包责任制，由于人口不断增加，土地使用量有限，在按人头分地的家庭联产承包责任制下更加激化了人地矛盾。据统计，1979—1986年间全县农业劳动力增长31.7%，但播种面积仅仅增加10.6%[①]。外出打工潮更是导致土地的投入不足，土地产出率下降，农民生产积极性降低成为此次改革的重点。此次改革的总体思路是"坚持土地集体所有权，搞活土地使用权，强化土地管理权，提高土地利用率和产出率"[②]，主要做法有：

首先，明确土地所有权关系，确定集体所有权和农户家庭使用权，并对于集体所有权的土地推行农村集体土地有偿承包使用权，将所得收

---

① 安海燕、洪名勇：《中国农村改革的做法及启示——以贵州省湄潭县25年农村改革为例》，《改革与战略》2013年第4期，第60—63页。
② 李昌来：《湄潭县农村改革的历程、特点及建议》，《中国乡村发展》2013年第1期，第37—40页。

益用于农田建设方面。其次，为稳定农户的耕种权，首创"增人不增地、减人不减地"模式，对于15年的承包期限是不变动并且承包使用权是可以继承，有效解决人口的增长和有限的土地之间的矛盾。同时还完善配套改革，加强农村村级组织建设，改革购销体制，等等。

第二轮农村改革（1994—2008年），改善农村税费制度、加强农村基层组织建设。对于有偿的土地承包制度，农副产品的不景气，农民的土地耕种成本逐渐增加，导致农民负担越来越重，越来越多的农民倾向于开荒耕地而不再是承包土地。在此背景下湄潭县进行第二轮改革，此次改革的试验课题为"农村税费制度改革"及"推进农村税费制度改革，加强农村基层组织建设"。主要做法是规范农民的税负，逐步取消农业税，如取消乡统筹、取消农村教育集资等向农民征收的行政事业性收费和政府性基金、集资、取消屠宰税、取消统一规定的劳动累计工和义务工、调整农业税政策、调整农业特产税政策、改革村提留的征收和使用办法。2008年以后取消农业税。除此之外，农村进行乡镇事业机构改革，精简乡镇政府机构，形成县乡村组四级便民福利体系。此举壮大了农村集体经济实力。

第三轮农村改革（2009年至今），城镇化进程中的土地制度建设随着工业化、城镇化、农业现代化的发展，以及农村"空心化"现象的出现，不仅土地种植收益低下且大量的农地处于闲置状态；城镇化发展缓慢，农村的大量建设用地并未得到有效运作，且由于地租差价农民的土地财产性收入未受到平等对待。2009年以来，湄潭县进行了第三轮农村改革，此次改革的试验课题为"一个主题、三大任务"。此次改革以土地制度建设为主题，主要内容为加快农业产业化发展、新农村建设和城镇化发展。主要做法是：一是确权，对耕地面积、建设用地确定面积，并对宅基地、林地、房屋三权进行确权、登记、颁证，全面"还权赋能"。二是完善土地流通体制，建立土地流转市场。经过三轮改革，农业税的减少到取消，农民的负担越来越少，土地制度的健全、土地流转的完善，促进了市场交易的公平公正，农民的收入也随之增加。2000年，贵州省的农民人均纯收入为1374.2元，湄潭县的农民人均纯收入为2069元，相差694.8元，随后这种差距有所增加。2004年时，贵州省的农民人均纯收入为1721.6元，而湄潭县为2415元，相差727元。到2009年时，湄潭县与贵州省的农民人均纯收入差距达到1000元以上,2011 年达到 1600 元以上,并在 2012 年达到 2000 元以上。至 2015 年时,贵州省的农民人均纯收入为 7387 元,湄潭县为 10314 元,相差 2927 元。

(二) 绿色湄潭富农民

湄潭县利用地理优势,发展绿色产业,不仅仅是绿色茶叶种植业、茶叶加工业,更发展绿色生态旅游业。湄潭县依据当地资源禀赋,选择以茶产业作为绿色产业建设的突破口,提出了"退耕还茶"项目,并且进行"土地资源整合",通过按亩进行直接补贴的方式鼓励农户、企业自办茶叶基地和申报茶园,同时加大对龙头企业的扶持力度,培育特色茶叶品牌。在完成茶产业的种植规划后,该县在此基础上推进农产品基地建设,形成以茶叶生产基地为中心,包含稻米、烤烟、辣椒、生猪等多种农产品在内的大规模农产品生产基地群,并就地发展农产品加工业,建设绿色食品工业园区,深化农产品开发,延长绿色产业链。而在销售市场方面,该县不仅通过实施多项优惠政策培育当地交易市场,同时还在全国 20 多个省的市级以上城市设立品牌专卖店,此外,该县政府还鼓励各企业发展电商线上交易,力图将湄潭打造成全国最大的茶叶交易中心。湄潭县充分利用以茶产业为主的绿色农业发展成果,整合当地自然生态、茶文化、红军长征文化、浙大西迁文化等多项旅游资源,开发出以"天下第一壶茶""万亩茶海""黔北民居"为代表的多项旅游景点,成功打造了集生态观光、农业体验和文化体验为一体的乡村生态养生旅游模式。2014 年,湄潭县印发《中共湄潭县关于建设文化旅游强县的决定》,通过不断完善旅游基础设施、深入挖掘茶文化、丰富特色旅游项目等措施,进一步推动茶旅一体化和旅游产业发展。2007 年至 2015 年年底,湄潭县茶叶种植面积从不足 10 万亩增至 60 万亩,年产量从 3000 吨增至 4.1 万吨,综合收入从 1 亿元增至 50 亿元,县级以上龙头企业 63 家,规模以上农产品加工企业 65 家,茶叶商标 150 余个,其中"湄潭翠芽""兰馨""茅贡米"获中国驰名商标,同时该县已有优质稻基地 20 万亩、烤烟基地 7 万亩、辣椒基地 17.5 万亩,并成功申报成为"国际生态休闲示范县"。从农村居民生活来看,2010 年至 2015 年间,湄潭农村居民人均可支配收入从 4758 元增至 10314 元,贫困人口减少 4.13 万人,贫困发生率从 16.45% 下降到 6.4%,全县现有贫困人口 3.66 万人,仅两个镇 45 个行政村尚未"减贫摘帽"。湄潭县将旅游产业作为重点产业,累计接待游客 680 余万人次,实现旅游综合收入 37.4 亿元,年均增长 17.1%,通过食品加工业和旅游业充分发挥茶产业优势并带动该县其他农产品产业建设,实现了全县经济的快速增长。湄潭生态富民模式在有效地解决了农民增收和就业问题的同时,为湄潭县生态环境构建了一条可持续的道路,使得生态环境与社会经济实现共同发展。

如今的湄潭已然是集农业、加工业、旅游业于一体的综合性新型县域,是贵州省县级地区中的佼佼者,农村人均纯收入较贵州全省农村人均纯收入高出很多,人民生活条件得到极大改善,成为贵州其他县市脱贫致富的典范。

(三)湄潭经验启示

完善土地制度,整合资源,减轻农民负担。湄潭县在切实了解农民的真实需求下,进行三轮农村改革,解决农民在不同阶段的问题——完善土地承包权、减轻税负、完善土地流转市场制度,这大大鼓励了农民发展农业的积极性;同时,农村改革还在完善农村的管理制度,赋予农村更多的自主权,让农民更自主地繁荣农村。农民的自主发展是湄潭县农村农民致富的发动机。走绿色可持续发展之路。在现代的经济发展中"绿水青山就是金山银山",湄潭县立足长远发展,摒弃"先发展、后治理"的道路,走出一条特色绿色富民之路,在茶叶种植、茶产业加工业、生态旅游方面做出了很大的业绩,也带动了当地农民致富。湄潭县的经济发展更吸引一批农民返乡致富,现在不少大学生已经放弃大城市就业,回乡建设家乡。湄潭县的绿色富农可持续发展方式带来的后续经济效益是巨大的。

二 威宁四看法:创新机制识真贫

威宁彝族回族苗族自治县位于贵州省西北部,地处乌蒙山区,气候条件差、生态环境恶劣,农业基础薄弱,且基础设施落后。威宁县面积 6295 平方千米,全县贫困人口 23.91 万人,贫困发生率为 18.63%。2011 年,威宁县迤那镇在开展农村扶贫工作中就"扶谁的贫"进行积极思考后,经过 4 年的实践,贫困发生率降低,成功摸索出"四看"

精准识别法。至 2015 年年底，精准识别贫困人口并针对性帮扶脱贫人口达到 19.1 万人。"四看法"解决了扶贫中的精准识别贫困人口的关键问题。

（一）"四看"精准识"真"贫

威宁县迤那镇，长期以来社会经济未能得到有效发展，是威宁县扶贫中的一块"硬骨头"。2011 年以前，此地区贫困人口未有明确统计数据，而是"根据统计抽样数据算出来的"[①]，由此可知，贫困人口、贫困户、贫困率都不准确。但是 2011 年之后根据国家及省政策进行入户调查，对于"真贫"问题的思考，结合当地的实际情况，总结"四看法"并在调查中得到检验。

"四看"识别法，即一看房、二看粮、三看劳动力强不强、四看家中有没有读书郎。一看"房"，就是通过农户的住房结构、房屋面积、建造时间看其居住条件，从农户穿着、交通状况、家用设施看其生活环境，并据农户居住条件和生活环境的状况对农户潜在发展能力进行预判，继而对其贫困程度进行估计；二看"粮"，就是通过农户的耕地面积和生活条件对农户生活收支进行估算，其耕地面积主要包括耕地面积、经果林种植面积、商品用经济作物面积三个部分，而农户生活收支主要由经济作物按市场价估算的收入进行衡量；三看"家中劳动力强不强"，就是依据农户劳动力素质高低、年龄大小、健康状况及务工情况对农户务工年收入、医疗开支进行估算；四看"家中有没有读书郎"，就是通过农户教育负债、教育回报对农户支出进行估算。威宁县通过"四看"法精准识别贫困户、贫困人口，避免统计过程中的谎报、漏报等情况，2014 年识别贫困人口 30.64 万，2015 年识别 4.6 万户 19.1 万贫困人口。"四看法"也意味着结束了"漫灌扶贫"的模式，开始"滴灌扶贫"。

（二）"六个"准精"真"脱贫

精准识别、精准帮扶。威宁县的"四看法"成功地解决了"扶谁的贫"的问题。找到贫困源头后"对症下药"即解决"真贫"问题后考虑"扶真贫"。2014 年，威宁县成功识别贫困人口 30.64 万人，其中

[①] 曹泽祥：《威宁精准扶贫的经验及启示》，《当代贵州》2015 年第 18 期，第 34—35 页。

因缺资金致贫59263户217173人；缺技术致贫22575户84683人；因学致贫7818户38251人；因病致贫10052户29866人；因灾致贫3084户11074人；缺劳力致贫24816户66888人；缺土地致贫2024户7560人。根据"四看法"识别的贫困，通过"一对一帮扶"，对于"六个到村到户"：即产业扶贫、教育扶贫、结对帮扶、危房改造、扶贫生态移民、基础设施到村到户，解决贫困户实际问题，解决贫困户的收入问题。具体做法，一是产业扶贫到村到户。按照"宜烟则烟、宜药则药、宜果则果、宜薯则薯、宜畜则畜"的原则，通过村、乡镇、县三级申报及审核确定各村的扶贫产业。威宁县以生态高效农业为发展重点，形成"七个两万"工程发展玉米、马铃薯、中药材、养猪、烤烟、蔬菜、果林产业。二是教育扶贫到村到户。在农村以中小学教育为基础，并致力于对农民脱贫致富技能的培训。防止贫困代际传递。对于贫困的家庭给予一定的资金资助，在技能培训方面全面实行免费，并鼓励农民积极参与技能培训。主要培训农民实际使用技术，比如养猪的技巧、种植马铃薯注意事项等，培训的形式也实行多样化，不仅在固定村级办公室，还有在田间地头，等等。三是结对帮扶到村到户。实施"4321"工程即科级、副科级、股级、一般干部分别帮助4户、3户、2户、1户贫困户。通过省、市、县、乡镇四级将干部委派到村到户，进行定点、定人、定责帮扶。四是危房改造到村到户。采取"农户自测、农户申请、入户调查、村级评议、回访统计、县乡审核确认"六级手续进行确认危房改造户，并在村级公示。对于危房改造户进行评级之后进行资金补助，并且将资金直接发放到农户手中，真正帮助贫困户。五是扶贫生态移民到村到户。威宁县地处乌蒙山区，对于居住在不宜生存的深山区、石山区、高寒区的贫困户进行入户调查，并委派专门工作队及村支两委进行搬迁移民意愿调查，逐步将自愿搬迁贫困户实施生态移民搬迁。六是基础设施到村到户。为实现农村城镇化，在"自在农家·美丽乡村"活动中，将农村建设成"小康路、小康水、小康房、小康电、小康寨"，改善农民的居住环境。2015年的城镇化率达到40%。2015年对19.1万人进行发展生产脱贫7.53万人，异地搬迁脱贫4.36万人、发展教育脱贫2.67万人，社会保障兜底4.17万人，生态补偿脱贫0.42

万人①。至 2014 年年底，威宁县贫困人口由 30.64 万人下降到 23.81 万人，2015 年农民人均纯收入从 2014 年的 6206 元增至 7001 元，贫困情况大为改善②。

(三)"四看"脱贫经验启示

寻根问底方能既治标又治本。扶贫方式由"漫灌"改为"滴灌"意味着农民的贫困情况的改善。2011 年之前因为贫困统计方式的模糊，既无法确认贫困人数也无法确定贫困程度，更无法有效地减轻贫困。"四看"法不仅根据农村、农户的实际情况进行量化贫困程度，更能检查贫困的深层次原因。只有探究出贫困的根本原因才能使农村、农户、农民脱贫。对于"四看"法更重要的是针对致贫的原因进行脱贫治理，而威宁对于因病致贫、因学致贫、缺乏资金贫困、缺乏技术贫困、缺乏劳动力贫困等原因一对一进行对策解决，此举从根本改善农民的贫困情况。"本"源解决了，"标"又能有多远呢？

三　台江县："十户一体"党建扶贫模式

台江县位于黔东南苗族自治区中部，辖 2 镇 6 乡 157 个行政村，全县面积 1115 平方千米，有 15 个少数民族聚居于此，全县苗族人口约占全县人口的 95%，2015 年贫困人口 3.45 万人，贫困发生率为 27.24%③，由于少数民族众多，贫困状况较为复杂，贫困程度较深。

(一)"十户一体"党建扶贫之由来

"十户一体"最早产生于村级整治。2015 年，台江县长滩村在环境卫生整治过程中，针对整治区域内"脏乱差"现象反复出现的问题，村委会提出了创新型管理模式即将全村农户按房屋位置划分成 19 个责任主体，每个责任主体 10 户农户、1 名户长，责任主体需负责自家房前屋后及所分配区域的卫生管理工作。在长滩村实施之后，村环境卫生

---

① 中国网：《威宁县"五个精准监督"助推扶贫攻坚见成效》，http://jiangsu.china.com.cn/html/2016/gznews_0714/6450317.html.
② 李裴、罗凌：《精准扶贫四看法》，《农村工作通讯》2015 年第 18 期，第 40—41 页。
③ 台江县政府办：《2016 年台江县人民政府工作报告》，http://www.gztaijiang.gov.cn/pages/show.aspx? id=3360.

得到彻底改观，成功杜绝了环境整治后卫生问题依然反复出现的现象，后将此方式称为"十户一体"模式。台江县借鉴长滩村"十户一体"的成功管理模式经验，在扶贫方面将共产党的建设与贫困户的发展结合在一起，这种"十户一体"模式用于全县扶贫管理工作，形成了具有台江特色的党建扶贫模式。

（二）党建扶贫是"十户一体"的核心

"十户一体"与党建结合扶贫模式在台江县以产业扶贫最为典型。下面以产业扶贫为例说明。由于个体农户常因自身文化水平不足、技能水平低下、经营能力欠缺、可用资金紧缺等因素导致个体产业发展难以持续。针对这一问题，台江县长滩村将村中地理位置相近、具有相同产业需求的农户捆绑成一个发展主体，对每个发展主体中的农户类型进行均衡配置，保证各主体中至少分配有贫困户、党员各1名，户长由具有引领作用和致富能力的党员担任。同时，每户农户均可依据自身发展需求选择加入一个或多个发展主体，其参与方式有土地入股、劳动力入股、资金入股三种方式。发展主体依据各自产业需求向政府提出产业申请，项目审批通过后由各发展主体进行产业建设，通过党社联建+十户一体+合作社三位一体的模式实现抱团脱贫。在基层监管方面，普通农户一般对村务关注度较低，难以主动也少有机会对村务进行监督并真正参与自治管理，台江县就此在全县各村成立了村务监督委员会和民主评议团。村务监督委员会由各村党员、老村干及熟悉财务知识的村民组成，通常有3—5名成员，主任1名，村委会成员及其直系亲属原则上不得参与。而民主评议团主要由村中有威望的老人、老村干、知识分子组成，每个评议团通常有20余人。台江县力图通过这两项模式创新，使农户真正参与进基层自治管理，将各项村级政策决策置于阳光之下，提高各村贫困识别和政策实施精度。"十户一体"的党建扶贫模式成功解决了农户在产业发展中容易出现的资金、技术和其他资源的欠缺问题，此模式以农户的共同意愿为前提，脱贫为农户的主动意识及发展动力，极大地提高了贫困户的脱贫积极性。

至2015年年底，长滩村组成发展主体19个，建成规模化养殖基地8个，成立农家乐30家，20名党员与困难户结对进行帮扶，带动农民人均增收2000元。至2016年6月，台江县各中心村已完成村务监督委员会和民主评议团的组建，其中民主评议团成员共有1323人，开展评议活动569次，辐射群众5.2万余人。

（三）"十户一体"党建扶贫经验启示

创新扶贫模式，以农为本，引导自主脱贫。台江县是少数民族聚居的地方，各少数民族具有不同的人文文化特色，"模式模仿"在文化背景复杂的少数民族无法实施。因地制宜，综合民族特色，考虑文化差异，创新扶贫模式，"十户一体"的抱团发展，以党员、村干部带头发展的模式，创造性地解决当地文化水平偏低、发展动力不足、民族特色不同的复杂情况。"十户一体"模式以农为本，农民文化水平低、技术水平不高、资金比较短缺，抱团发展利于发展现代农业，形成规模生产，培养农民积极性，引导农民自主脱贫意识，形成长远发展模式。

四 长顺："藤缠树"模式

长顺县位于贵州中部，属于典型的喀斯特地区，山高坡陡，交通不便，水土流失严重，传统农业难以发展，导致该县贫困现象严重。"烧一坡种一坡，收成不到一背篓"是2008年以前长顺县农业生产的真实写照。自2008年始，在中央的号召下，对长顺县的传统农业进行改造，进行农业结构调整，发展现代生态农业，形成产业模式，带动农民致富[①]。2015年农村居民人均可支配收入达到7512元，是2010年的2.1倍。全县的贫困人口减少到5.04万人，贫困发生率下降到19.88%，全面小康实现程度达到90%以上[②]。

（一）"藤缠树"模式——产业升级，高效农业

长顺县经济以"龙头引领、农户参与、抱团取暖、共同发展"为导向，经过多年探索形成"藤缠树"产业扶贫发展模式。所谓"藤缠树"就是以农业龙头企业或者合作社等为"树"，以贫困户为"藤"，采取多种方式，将"藤"和"树"的利益联结起来，多种经营，形

---

① 杨正平、周训军：《产业结构调整助石漠化群众走出"经济洼地"》，黔南热线，http://www.qnz.com.cn/qnz_html/xwpd/xsbd_664_13936.html.

② 长顺县政府办公室：《2016年长顺县人民政府工作报告》，http://www.gzcsx.gov.cn/doc/2016/03/03/399400.shtml.

成"藤缠树"利益共同体,帮助群众脱贫致富①。目前已经衍生出生产发展型、务工就业型、入股分红型、能人带动型四种产业发展类型。

"长顺做法"的探索从发展农业产业,建立产业带开始。长顺县特殊的地理环境意味着"难点在山、希望在山、潜力在山"。"长顺四宝"是长顺县最初建立的四条农业产业带,即绿壳鸡蛋、紫王葡萄、高钙苹果和优质核桃,通过这四种产业带动其余三种产业发展,形成了"七彩农业"特色产业体系。为了能够更有效地利用土地等资源,保护生态,长顺县进一步探索农业结构,形成"一业为主、多品共生、种养结合、以短养长"的"长顺做法"即山上种果林,山下种葡萄,果林下养鸡,葡萄园观光的生态高值农业模式。长顺的这种做法形成特有的山地农业,在保护生态环境的前提下,促使农业产业化,进一步推广特色农产品,将农产品变为经济作物。形成"生态改善—产业发展—农民增收"的良性循环模式②。

长顺县在形成高效山地农业产业带的同时建设产业园,主要建设省级重点"东西合作扶贫园区"。借助深圳、广东对口帮扶渠道,以高端市场为引领,建设东西合作有机农产品加工物流及交易中心和北部苹果、南部绿壳鸡蛋两大产业带,外连重庆旭鸣集团、深圳大中华、广州和丰乐公司三大核心龙头企业,带动全县高原高钙苹果、绿壳鸡蛋、葡萄、核桃四大主导产业发展。政府牵头引导农业与企业的结合,通过建立农业园区的方式实现农产品规模化、精品化发展。目前长顺县建立了东西合作农业示范区以及绿壳鸡蛋、高钙苹果的试验园,探索出一条政园合一的山地高效农业发展道路③。培育龙头企业,有利于提高农产品抵御市场风险的能力,解决农产品的销售问题。长顺近些年与发达地区公司签订了上亿元的合同,以园区为载体,带动地区农业产业发展。家庭农场的兴起。农户以山地立体农业的形式发展农业,种植果树、林下

---

① 长顺创立:《"藤缠树"模式催生竞逐扶贫样本》,多彩贵州网—贵州日报,http://news.gog.cn/system/2016/04/07/014851793.shtml.
② 田新强:《长顺县扶贫开发成功模式及经验探析——基于公共政策分析的视角》,《改革与开放》2015年第22期,第80—81页。
③ 贵州省扶贫开发办公室:《关于印发〈关于创新产业化扶贫利益联结机制的指导意见〉的通知》黔扶通〔2014〕15号,http://www.gzzs.gov.cn/web92/Detail.aspx?id=66359.

养鸡、配套观光旅游，在保护生态的基础上，形成多渠道的经济收益。山地农业给农民分红。园区和企业的建设需要征用土地，让农民的土地资本化，获得地租、分红，进而引导更多的农民加入农业产业规模化的利益圈下。科技支撑。特色农产品需要科技投入来增产提质，比如果树和蛋鸡的防疫，品种的研发，都可以促进农业产业规模化发展，长顺县一直致力于和科研院所的合作，研发新的品种、种苗，培育自身的技术人员。农产品加工。通过龙头企业进行农产品深加工，提高农产品的附加值，比如不同程度的包装，延长产业链，提高"长顺四宝"的附加值。长顺县推出绿壳鸡蛋挂面、高钙苹果醋、葡萄酒等，形成高值农产业。品牌战略推广。长顺将在品牌和销售上着力，做好线上线下的销售。长顺县建立了"品长顺"品牌，并且为绿壳鸡蛋申请了原产地商标等，结合线上线下及时打通全国销售市场。长顺县围绕农业改造做文章，鼓励农户发展山地高效农业，做大龙头企业，带动农户发展，并与外界经济发达地区企业合作，做大做强特色农产品的产业链，真正实现农产品"高值"，提升农户的收入水平。山地是贵州最大的特色，是全省山地农业发展的风向标。

（二）长顺做法"藤缠树"经验启示

第一，因地制宜、因人施策。首先，产业的发展方向要因地制宜，长顺县根据山地的特色选择发展品种形成"长顺四宝"；"藤缠树"衍生的四种产业发展方式，农民可根据自身情况以及潜能，选择不同的脱贫方式。充分发挥地区后发优势，借力发达地区，带动地区发展，长顺县与深圳、青岛等地区的合作，致力于发展东西合作扶贫园区，不仅实现地区优势，更是借助发达地区的市场优势带动长顺县的产业、贫困户的经济收入。

第二，适应新常态经济的发展。长顺做法成功经验：一是在改变传统的农业生产方式，升级成现代高效农业，并在新的经济形势下，调整经济结构，不仅发展农业种植，更发展农业加工业等。二是随着劳动力的减少，农村人口结构的变化，适时改变产业结构也是顺应要求，对于农村没有高文化水平及技能的，只有参与务工型产业的发展。

五 晴隆模式——草地生态畜牧产业带动石漠化脱贫

（一）晴隆县基本情况

晴隆县位于云贵高原中段，贵州省的西南部，有汉、苗、布依、彝族等 14 个民族，总人口 33.5 万，其中少数民族人口占 56%[①]。晴隆县属于典型的喀斯特地区，全县占地 1309.8 平方千米，"喀斯特面积占晴隆县面积的 70%，石漠化面积占总面积的 47.6%"，土地破碎，地势高，水资源紧缺，自然地理条件恶劣，是石漠化最严重的县之一。该县水土流失严重，生态环境脆弱，贫困程度深。农民一直处于"越穷越垦，越垦越穷"的怪圈中。

（二）晴隆模式之草地生态畜牧产业发展模式

2000 年年底，晴隆县多项指标都处于全国 592 个贫困县的倒数第一。2001 年在国家扶贫办的支持、省市县的帮助下，晴隆县开始实行生态畜牧业。本书将晴隆县这种经济、生态和农民增收博弈的创新型发展模式称为"晴隆模式"。

"晴隆模式"是以科技为支撑、项目为载体、扶贫开发与改善生态环境为目的、农业产业化为方向、公司建基地带农户的喀斯特山区生态草地畜牧业为发展模式。通过种草防治石漠化，养羊促进产业化，科技投入促进产业高效化，以政府主导，利益倾斜，推动农民生活小康化。21 世纪初，我国进入新的扶贫开发阶段，国家扶贫办批准晴隆县为种草养羊科技扶贫试点县，在探索中形成"五种模式"和"三种利益联结模式"[②]，从而实现地区发展，带动农民脱贫致富。"五种模式"积极鼓励农民在县域内种草养羊，包括：①草地畜牧基地带动模式。政府以农民粮食产量折算价租赁土地，农民可以在基地就业，从而获得工资报酬。或者将土地、技术等资本化，基地农民共同投资，进行利润分成。

[①] 贵州省晴隆县县志编撰委员会：《晴隆县志》，贵州人民出版社 1993 年版，第 1 页。
[②] 庄天慧：《西南少数民族贫困县的贫困与反贫困调查与评估》，中国农业出版社 2011 年版，第 246—249 页。

②滚动发展模式。采取"中心+农户"的模式。草地畜牧中心向农户提供草种、羊羔,并对农民技术培训,最后负责收购农民的商品羊。③退耕还草养羊。在适合种草的地带,政府推动退耕还草,同时草地中心带动农户转产,发展肉羊养殖。④借贷发展模式。一方面农户可以向银行贷款来购买种羊,修建羊舍;另一方面畜牧中心贷款购买种羊,并无偿发放给农户,农户以羊羔作为交换。⑤个体投资模式。这是一种个体经销商、农户和草地中心结合的办法,利润分成。"三种利益联结模式"保障种草养羊的"晴隆模式"顺利实施。一是提高草地畜牧中心的效益,实行企业管理制度,给予绩效工资,激励员工积极做管理、搞科研。二是双赢互利机制,引导贫困农户参与进来,获得收益。三是多利益导向机制,为贫困户无偿提供种羊、羊舍,指导养羊技术,最大限度让利于民。

(三) 晴隆模式的成效

"晴隆模式"取得的成绩得到国家的关注与肯定,成为全国草地畜牧业的典范。国务院扶贫办于2006年和2010年两次在晴隆召开全国草地生态畜牧业现场会,并在全国推广"晴隆模式"。全国先后有16个省到晴隆考察学习,"晴隆模式"在贵州省的43个县推广已初见成效。晴隆模式发展至今,已带动14个乡(镇)、96个村、1.68万户农户7万多人参与种草养羊;全县羊存栏52.8万只;户均年收入3万元左右,2014年最高的达到86万元,累计为农户创收近4亿元。目前,晴隆县将继续深化草地生态畜牧业,做大做强羊养殖业,延长肉羊产业链,进而对贫困人口形成更广的覆盖,使晴隆贫困人口随"羊"奔小康。

(四) 晴隆模式的经验启示

第一,坚持政府、市场、产业"三位一体"扶贫模式。以政府为主导,部门参与,引导支持产业发展,缩短产业发展进程;产业扶贫完善多方利益机制,避免少数人受益的情况,使各主体都能积极参与模式运行;以市场为导向,按市场规律办事,提高农民进入市场的组织化程度,培育龙头企业,帮助农民发挥市场主体作用,活跃畜牧市场,促进农民增收。

第二,坚持"技术部门+乡镇政府+基地+农户"综合发展方式。科技带动羊养殖,优化品种,探索实用型养殖技术;扶贫开发结合生态建设，提高贫困地区可持续发展能力；整合扶贫资源，扩大资金使用效率，同时扩大扶贫的覆盖面；创新多种发展方式，使有能力的贫困农户得到参与，给予农户精准帮扶，提高农户的收益。

第七章　问题识别、分析与对策建议：基于贵州的调查研究

贵州自 1986 年大规模开展农村扶贫工作至今已近三十年，在此期间，为针对性解决各地、各领域的贫困问题，贵州依据中央扶贫开发战略的指导要求，立足于本省实际情况多次制定扶贫战略并出台了诸多指导性文件，其具体的扶贫政策涵盖基础设施建设、教育、卫生、金融、科技、农村产业发展等多个领域，得益于此，数百万农村居民成功脱贫。在 2014 年，国务院扶贫办为农村精准扶贫发布了《关于改革创新、扎实推进农村扶贫开发的意见》，并针对我国农村贫困治理中的一些难点问题提出了相应的改革措施和重点工作指导意见，贵州积极响应上级要求，相继出台了《关于坚决打赢扶贫攻坚战　确保同步全面建成小康社会的决定》《关于开展社会保障兜底推进精准扶贫的实施意见》等多项扶贫计划并相应配套了数项指导文件，其中《关于坚决打赢扶贫攻坚战　确保同步全面建成小康社会的决定》的 10 个配套文件便提出了贫困农村公路建设、水电开发、农业示范园区建设、乡镇旅游建设、完善金融贷款、完善医疗保险、"第一书记"驻村等举措以保障全面同步小康目标的实现。基于贵州精准扶贫工作的政策要求，课题组在农户个人信息采集的基础上特针对其各项措施制定调查问卷进行入户调查。

一　调研情况介绍

课题组通过随机抽样的方式对农户进行入户调查，调查的主要内容包括以下三个部分：农户家庭特征、政策落实情况、农户政策评价。调查方式是对各县进行村域抽样，然后由课题组相关成员进行入户问卷调查。为保证问卷调查效率及调查数据的有效性，课题组所有成员均提前

接受了入户调查方法培训,并通过阅读文献资料、网络查询等方式对各调查点基本扶贫状况进行了解。

(一)调查样本选择

贵州作为国家扶贫攻坚的重点省份,涉及武陵山区、乌蒙山区和滇桂黔石漠化片区3个集中连片特困地区,现有国家扶贫开发工作重点县50个。因2011年国家贫困标准由2010年的农民人均纯收入1274元上调至2300元,使得各县贫困发生率在2010年至2011年间出现较大变化,同时考虑同年11月国家出台战略性文件《中国农村扶贫开发纲要(2011—2020年)》,课题组从中随机选择晴隆县、台江县、长顺县三县进行调研。

(二)调研情况介绍

2016年1月至4月,课题组已完成在晴隆县、台江县、长顺县三县的调研(见图7-1和表7-1)。

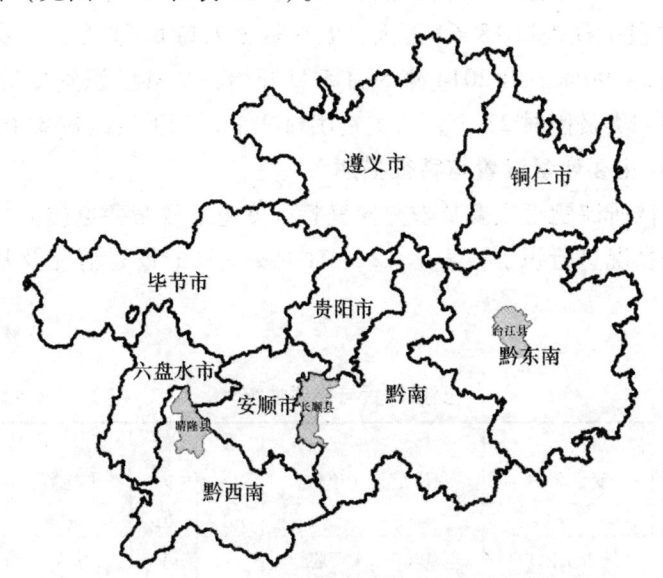

图7-1 农户调查点分布情况

表7-1 调研点基本情况

调研点	常住人口(万人)	农村贫困人口(万人)	贫困发生率(%)
晴隆县	24.80	10.11	40.76
台江县	11.10	4.39	39.54
长顺县	18.62	6.51	34.96

1. 晴隆县主要调查点

晴隆县位于贵州黔西南布依族苗族自治州,属滇黔桂石漠化区,土地石漠化严重。全县辖8镇6乡共计91个行政村5个社区,2014年全县常住人口24.80万人,农村贫困人口10.11万人,农村贫困发生率高达40.76%。

2. 台江县主要调查点

台江县位于黔东南苗族侗族自治州中部,属滇黔桂石漠化区,县驻地距州府凯里市48千米,总面积1115平方千米,下辖2街4镇3乡,2014年全县常住人口11.10万人,农村贫困人口4.39万人,农村贫困发生率为39.54%。台江县少数民族聚集,共有苗、侗、土家等15个少数民族,其中苗族人口约占台江县总人口的95%。

3. 长顺县主要调查点

长顺县同属滇黔桂石漠化区,辖7镇10乡共计148个行政村,2014年全县常住人口18.62万人,农村贫困人口6.51万人,农村贫困发生率为34.96%。自2014年5月5日开始,全县已识别出贫困村39个,其中一类贫困村22个,二类贫困村9个,三类贫困村8个。

(三) 主要变量设置与特征描述

此次调研课题组主要从农户家庭特征变量及政策变量两大领域对农户的贫困情况进行识别,表7-2为对主要变量的设置情况及基本的描述性统计。

表7-2　　　　　　　　变量设置与描述性统计

变量分类	变量名称	变量定义(单位)	最小值	最大值	平均数	标准差
家庭特征变量	是否贫困户	0=否;1=是	0	1	0.7	0.459
	户主年龄	岁	14	83	53.21	15.053
	户主性别	0=男;1=女	0	1	0.26	0.443
	户主学历	1=文盲;2=小学;3=初中;4=高中以上	1	4	1.93	0.798
	家庭劳动力人口	人	0	6	2.55	1.360

续表

变量分类	变量名称	变量定义（单位）	最小值	最大值	平均数	标准差
家庭特征变量	家庭年均人收入	元	0	20000	1879.84	2577.734
	耕地面积	亩	0	24	4.29	4.114
	通路情况	1＝乡间小道；2＝毛路；3＝砂石路；4＝硬化路	1	4	2.96	1.165
	住房结构	1＝危房；2＝茅草房；3＝木板房；4＝砖混房；5＝钢筋水泥	1	5	2.84	0.931
	燃料类型	1＝柴；2＝煤；3＝煤气；4＝沼气；5＝电	1	5	4.06	0.788
	致贫原因	1＝资金不足；2＝缺乏产业项目；3＝缺技术；4＝劳动力不足；5＝突发事件	1	5	2.7	1.424
政策变量	项目征求农户意见	1＝不清楚；2＝没有效果；3＝效果较小；4＝有效；5＝非常有效	1	2	0.63	0.787
	资金使用公开与否	0＝公开；1＝未公开；2＝不清楚	0	2	1.09	0.922
	对农村低保评价	1＝不清楚；2＝没有效果；3＝效果较小；4＝有效；5＝非常有效	1	5	3.04	1.399
	对养老保险评价	1＝不清楚；2＝没有效果；3＝效果较小；4＝有效；5＝非常有效	1	5	3.12	1.388

续表

变量分类	变量名称	变量定义（单位）	最小值	最大值	平均数	标准差
政策变量	对农村合作医疗评价	1 = 不清楚；2 = 没有效果；3 = 效果较小；4 = 有效；5 = 非常有效	1	5	3.55	1.169
	对农业技术培训评价	1 = 不清楚；2 = 没有效果；3 = 效果较小；4 = 有效；5 = 非常有效	1	5	1.81	1.38
	贫困户名单公示与否	0 = 公示；1 = 未公示；2 = 不清楚	0	2	1.09	0.548
	驻村干部每月办公频率	次	0	3	0.36	0.775
	扶贫政策实施效果	1 = 很不满意；2 = 不满意；3 = 一般；4 = 满意；5 = 很满意	1	5	3.17	0.907

二 调查样本的描述性统计

截至目前，我们共发放调查问卷130份，回收问卷130份。剔除数据缺失较多的问卷后，最终得到有效问卷121份，问卷有效率为93.08%。样本分布情况如表7-3所示。

从表7-3中可知，在121份有效问卷中，晴隆县调查三合村、文丰村、规模村、哈马村、东风村5村共计31份，占样本比重为25.62%。台江县调查新江村、交汪村、巫梭村、排云村4村共计32份，占样本比重为26.45%。长顺县调查摆所社区、纪堵村、恪道村、热水村、岩腊村5村共计58份，占样本比重为47.93%。

表7-3 农户样本分布情况　　　　　　　　单位：份、%

县份	村	有效样本数	占样本比重
晴隆县	三合村	9	25.62
	东风村	7	
	规模村	6	
	哈马村	4	
	文丰村	5	
台江县	新江村	8	26.45
	交汪村	11	
	巫梭村	11	
	排云村	2	
长顺县	摆所社区	22	47.93
	纪堵村	16	
	恪道村	14	
	热水村	5	
	岩腊村	1	

表7-4 样本农户贫困分布情况　　　　　　单位：户、%

县份	贫困户数	贫困户占样本比重
晴隆县	24	19.83
台江县	21	17.36
长顺县	40	33.06

样本农户贫困分布情况如表7-4所示。在课题组随机调查的121户农户中，贫困户85户，占样本比重为70.25%。晴隆县调查贫困户24户，占样本比重为19.83%；台江县调查贫困户21户，占样本比重为17.36%；长顺县调查贫困户40户，占样本比重33.06%。

（一）基于农户家庭特征变量的描述分析

课题组主要从调研农户的家庭收入、家庭通路情况、住房结构、燃料类型、致贫原因等方面对调研点贫困识别状况进行分析。

通过对样本农户收入状况进行统计分类后得出表7-5。课题组参考 2015 年国家贫困标准,将样本农户划分为人均纯收入小于 2800 元与人均收入不小于 2800 元两组。从表中可知,人均纯收入低于国家贫困标准的样本农户共 32 户,不低于国家贫困标准的样本农户 89 户。在低于国家贫困标准的 32 户农户中,有贫困户 26 户,非贫困户 6 户。在不低于国家贫困标准的 89 户农户中,有贫困户 59 户,占样本贫困户比重为 69.41%。

表 7-5　　　　　　　　　农户收入分布情况　　　　　　　　单位:户、%

农户类型	农户数	精准扶贫对象	非精准扶贫对象
人均纯收入 <2800 元	32	26	6
人均纯收入 ≥2800 元	89	59	30
总计	121	85	36

表 7-6 统计了样本农户家庭通路的基本情况。房屋前通乡间小道和通砂石路的农户均为 23 户,占样本比重均为 19.0%;通毛路的农户有 18 户,占样本比重为 14.9%;通硬化路的农户为 57 户,占样本比重为 47.1%。其中房屋前通硬化路的贫困农户为 38 户,占贫困户样本比重为 44.71%,低于非贫困户中通硬化路所占非贫困户样本比重 52.78%。贫困户中仍有 17 户农户房屋前仅有乡村小道,占贫困农户样本比重为 20%。

表 7-6　　　　　　　　　农户家庭通路分布状况　　　　　　　　单位:户、%

类型	贫困户	非贫困户	频率	百分比
乡间小道	17	6	23	19.0
毛路	13	5	18	14.9
砂石路	17	6	23	19.0
硬化路	38	19	57	47.1
总计	85	36	121	100

农户的住房结构主要包括危房、茅草房、木板房、砖混房和钢筋水泥五种类型。从表 7-7 可以看出,贫困农户住房结构中占比最高的是

砖混房,占贫困农户的36.05%,其次是木板房,占比33.72%,而非贫困户居住比重最高的是木板房,占非贫困户的45.71%,其次是钢筋水泥房,占比25.58%。在调查的样本农户中,5.71%的贫困农户居住在茅草房,还有24.70%的农户已经住进钢筋水泥房,可见危房改造等扶贫项目在贫困户住房条件中已经取得一定成效。在非贫困农户的样本中,农户的住房结构主要是木板房、钢筋水泥房和砖混房,但有两户的住房结构为危房,其中一户位于晴隆县碧痕镇东风村,调查组进村调研此农户时的调研地点位于路边的一座危房中,但在对同村其他农户进行入户调查时发现,该农户在别处还有一座钢筋水泥房。

表7-7　　　　　　　　农户住房结构分布情况　　　　单位:户、%

类型	贫困户	非贫困户	频率	百分比
危房	1	2	3	2.5
茅草房	4	1	5	4.1
木板房	29	16	45	37.2
砖混房	30	8	38	31.4
钢筋水泥	21	9	30	24.8
总计	85	36	121	100

表7-8统计农户家庭燃料使用类型分布情况。总体来看,使用煤气及沼气的农户均仅有1户,占总样本比重的0.8%,且均为贫困户。使用煤作为主要燃料类型的有5户,占总样本比重为4.1%,也均为贫困户。使用柴作为主要燃料类型的农户共25户,占总样本比重为20.7%,其中贫困户15户,非贫困户10户。而使用电作为主要燃料类型的农户共有89户,占总样本比重为73.6%,其中贫困农户63户,非贫困农户26户。

表7-9统计了85户贫困农户对致其贫困的影响因素的主观判断情况。在资金不足、缺乏产业项目、缺技术、劳动力不足和突发事件(重大疾病或自然灾害)5项选项中,有35户贫困农户认为家庭劳动力不足是其主要致贫因素,该项占贫困农户样本比重为41.18%。认为资金不足是导致其贫困的农户有31户,占贫困农户样本比重为36.47%。

认为缺技术与缺乏产业项目是其主要致贫因素的贫困农户分别为 10 户、5 户,其占贫困农户样本比重分别为 11.76%、5.88%。而将突发事件作为其主要致贫因素的贫困农户仅 4 户,其占比仅为 4.71%。

表 7-8　　　　　　　　农户燃料类型分布情况　　　　　　单位:户、%

类型	贫困户	非贫困户	频率	百分比
柴	15	10	25	20.7
煤	5	0	5	4.1
煤气	1	0	1	0.8
沼气	1	0	1	0.8
电	63	26	89	73.6
总计	85	36	121	100

表 7-9　　　　　　　贫困农户致贫因素主观判断情况　　　　　　单位:%

致贫原因	频率	百分比(%)
资金不足	31	36.47
缺乏产业项目	5	5.88
缺技术	10	11.76
劳动力不足	35	41.18
突发事件	4	4.71
总计	85	100

通过回顾调研农户家庭特征变量中上述几个变量及其问卷,我们发现导致出现 6 户低于国家贫困标准的非贫困户情况的原因有以下两点:①已脱贫农户因突发事件返贫。部分农户的家庭人均纯收入在国家贫困标准线附近徘徊,当政府进行贫困识别时,这部分农户的家庭人均收入正好超过国家贫困标准,未能成为扶贫对象。但这部分农户面对突发疾病、自然灾害等冲击时,通常表现出较大的脆弱性,其家庭收入将迅速降低至国家贫困标准之下,使得未被识别农户的人均纯收入低于国家贫困标准的现象产生。②农户对其收入有所隐瞒。近年来,我国各级政府针对农村扶贫工作出台了多项优惠政策,并通过多种方式向扶贫领域投

入大量资金以帮助贫困农户脱贫,部分农户在面对诸多优惠政策,尤其是涉及资金发放的补贴项目时,产生了将获取贫困指标作为寻利方法的心理。因此,在课题组入户调查时,部分农户误将课题组调查成员作为政府进行贫困识别的工作人员,并刻意向调查人员隐瞒自己真实收支状况,使其家庭人均纯收入数值低于国家贫困标准。

在对超过国家贫困标准的59户贫困户的调查问卷进行回顾后,发现导致这种现象出现的原因主要有以下几点:第一,贫困农户与子女户口分离。通常情况下,农村成年子女成婚后虽仍会与父母共同生活,但均会单独立户。在所调查样本农户中,部分贫困农户因年龄较大无法从事劳动生产,其生活消费均由子女承担。课题组在计算该户家庭人均纯收入时,会将其已重新立户但仍共同生活的子女纳入统计,这使得政府相关部门依据居民户口簿登记人员总收入所计算的每户人均纯收入与课题组依据亲属关系所计算的家庭人均纯收入之间出现偏差。第二,计划脱贫人员被纳入贫困户中。样本农户中有部分农户在政府进行贫困识别时家庭人均纯收入低于国家贫困标准,但因发展新兴产业,家庭收入迅速提高,而该村在课题组前去调研时尚未进行再次贫困识别,使得这种家庭人均纯收入水平已超过国家贫困标准的农户仍被课题组作为贫困户进行调查。如台江县交汪村所调查农户,自2014年开始利用自家10亩耕地种植金钱柳,至2016年4月课题组前往调研时,其种植面积已达100亩,年纯收入可达18万元。该农户虽然已达脱贫标准,但因台江县新一轮精准识别在当时尚未结束,其名义上仍属于贫困户,故调查人员入户调查时将其计入贫困户中。第三,地方政府依据本地情况重新制定识别政策。部分农户所处村镇进行贫困识别时,依据村镇具体情况,对乡(镇)级以上政府所定贫困识别标准进行了一定改动,这使其与仅使用人均纯收入衡量贫困与否的其他村镇有所差别。如晴隆县东风村将农户家中是否有子女上大学纳入贫困识别要求,规定凡是家中有子女上大学者均可获得扶贫指标,导致该村部分被识别农户年均纯收入高于国家贫困标准的情况出现。

(二) 基于政策特征变量的描述分析

课题组通过下列政策变量的统计分析,简要探讨农户对现行扶贫政策的评价并简单分析多个调研点扶贫工作开展情况。

从表7-10可知,驻村干部每月在村办公次数最高为3次,最低为

0次。在121户样本农户中，回答驻村干部办公次数为0次的农户共94户，占总样本比重的77.68%，其中晴隆县18户，台江县23户，长顺县53户。回答驻村干部每个月办公次数为1次的农户有15户，占总样本比重的12.40%。回答驻村干部每月办公次数为两次的农户有7户，占总样本比重的5.79%。而回答驻村干部每个月办公次数为3次的农户仅5户，占总样本比重的4.13%，值得注意的是，长顺县农户认为该村驻村干部每个月办公次数达3次的农户为0。可知晴隆、台江、长顺三县的干部驻村帮扶政策未能落实到位，其中以长顺县的驻村干部办公情况最为严重，该县认为驻村干部每个月办公次数为0次的农户占该县总样本量的91.38%。

表7-10　　　　　　　　　驻村干部办公情况　　　　　　　单位：次、%

县份	驻村干部每个月办公次数				合计
	0	1	2	3	
晴隆县	18	7	3	3	31
台江县	23	6	1	2	32
长顺县	53	2	3	0	58
样本量（户）	94	15	7	5	121
频率	77.68	12.40	5.79	4.13	100

我们认为从政府部门抽调公职人员派驻各村进行结对帮扶政策的初衷，是希望驻村干部常驻村中，收集各村贫困信息、直面农户困难需求并针对各村具体状况提出有效建议，促进驻地经济发展，助推各村扶贫工作。然而在具体落实过程中，驻村干部本已在县级政府部门担任公职，身兼数职后往往会出现顾此失彼的情况，故难以真正实现干部驻村办公，而普通农户对驻村干部的办公情况只能基于自己是否在村内见过驻村干部来进行判断，这便导致样本中驻村干部每个月办公次数为0的农户呈现出77.68%的高占比量。但也说明，干部驻村帮扶政策还有待完善。

表7-11　　样本农户特征与政策评价的独立样本T检验结果

序号	农户特征	养老保险效果			合医效果			低保效果		
		样本量	均值	Sig.	样本量	均值	Sig.	样本量	均值	Sig.
1	年龄≥64	31	2.84	0.598	31	3.68	0.604	31	3.10	0.302
	年龄<64	90	2.99		90	3.56		90	2.80	
2	初中及以上文化	24	3.00	0.843	24	4.08	0.02	24	2.79	0.739
	初中以下文化	97	2.94		97	3.46		97	2.90	
3	贫困户	85	2.95	0.975	85	3.6	0.843	85	2.99	0.169
	非贫困户	36	2.94		36	3.56		36	2.61	
4	农业收入份额≥0.5	47	3.06	0.467	47	3.57	0.924	47	3.09	0.184
	农业收入份额<0.5	74	2.88		74	3.59		74	2.74	
5	恩格尔系数≥0.6	23	2.87	0.766	23	3.13	0.081	23	2.83	0.851
	恩格尔系数<0.6	97	2.98		97	3.70		97	2.89	

如表7-11所示，在对农村合作医疗效果评价方面，文化程度不低于初中水平的农户评价均值为4.08，而初中以下文化程度的农户评价均值为3.46，文化程度较高的农户对合作医疗效果评价高于文化程度较低的农户。这可能是因为文化程度较低的人在对诸如报销范围、报销比例等合作医疗的相关具体规定上的理解不够透彻，故产生合作医疗无法报销大病或是自己不生病就没必要参加合作医疗的想法，进而使得这部分人对合作医疗效果的评价仅仅达到一般满意的水平，而文化程度相对较高的农户能够对合作医疗的相关规定有一个更加充分的认识，因而普遍对其效果的评价达到满意水平。家庭恩格尔系数不小于0.6的农户对农村合作医疗的效果评价要低于家庭恩格尔系数小于0.6的农户，这可能是因为对于家庭恩格尔系数高于0.6的农户而言，食物消费支出已占其家庭支出的主要部分，尽管合作医疗制度减轻了他们的医药消费，但对其而言医药支出可能仍是不小的负担，故其对合作医疗的评价仍旧维持在一般水平。在对养老保险和最低生活保障的效果评价上，不同特征的农户并未对其表现出显著的不同，大多处于一般偏下水平。

表 7 – 12 统计了调研各县农户对村内贫困户名单公示、脱贫户名单公示、扶贫资金使用公示的了解情况，其中 0 代表未公示，1 代表公示，2 代表不清楚。对于同村中所调查农户分别出现相关扶贫材料公示与未公示两种回答的，我们认为农户回答未公示的原因可能是村中实际已给出公示，但农户缺少对村委会公示的关注，误以为村委会未进行公示。

表 7 – 12　　　　　按县域划分农户对扶贫工作了解情况　　　　单位：户、%

县 份	贫困户名单公示				脱贫户名单公示				扶贫资金使用公示			
	0	1	2	总计	0	1	2	总计	0	1	2	总计
晴隆县	7	20	4	31	16	9	6	31	20	8	3	31
台江县	5	25	2	32	18	2	12	32	15	8	9	32
长顺县	1	39	18	58	2	10	46	58	11	2	45	58
总 计	13	84	24	121	36	21	64	121	46	18	57	121
比 重	10.74	69.42	19.84	100	29.75	17.36	52.89	100	38.02	14.88	47.10	100

从贫困名单公示情况来看，回答公示名单的农户有 84 户，占总样本比重高达 69.42%，回答未公示名单的农户有 13 户，占总样本比重的 10.74%，不清楚是否公示名单的农户有 24 户，占总样本比重的 19.84%。三县农户对贫困户名单公示情况均表现为知道公示的农户在本县样本中占比过半，仅少数农户不清楚村中是否进行公示。

从脱贫户名单公示情况来看，回答公示的农户 21 户，占总样本比重的 17.36%，回答未公示的农户 36 户，占总样本比重为 29.75%，不清楚公示状况的农户 64 户，占总样本比重高达 52.89%。其中，晴隆和台江两县回答未公示农户在该县样本中占比均过半。而长顺县则为不清楚是否公示的农户最多，这部分农户占该县样本比重的 71.86%。

从扶贫资金使用的公示情况来看，回答公示的农户 18 户，仅占总样本的 14.88%，回答未公示的农户 46 户，占总样本比重为 38.02%，不清楚是否公示的农户 57 户，占总样本比重为 47.10%。其中，长顺县不清楚资金使用去向是否公示的农户占该县样本比重为 78.95%。

可见三县在扶贫工作开展过程中都不同程度地存在宣传工作不到位的问题，其中长顺县在公示工作上还有较大的调整空间。

表7-13 统计了不同贫困类型的农户对扶贫工作了解情况。从贫困户名单公示来看，回答名单公示的 84 户农户中有贫困户 63 户，非贫困户 21 户，贫困户占回答公示农户样本的比重为 75.00%。在贫困农户中，回答未公示与不清楚是否公示的贫困农户分别为 6 户、16 户，占贫困农户样本比重分别为 7.06%、18.82%，回答公示的贫困农户占贫困农户样本的 74.12%。在非贫困农户中，回答公示的非贫困农户占非贫困农户样本比重为 58.33%。

表7-13 按贫困类型划分农户对扶贫工作了解情况 单位：户、%

	贫困户名单公示				脱贫户名单公示				扶贫资金使用公示			
	0	1	2	总计	0	1	2	总计	0	1	2	总计
非贫困户	7	21	8	36	9	8	19	36	13	3	20	36
贫困户	6	63	16	85	27	13	45	85	33	15	37	85
总计	13	84	24	121	36	21	64	121	46	18	57	121
比重	10.74	69.42	19.84	100	29.75	17.36	52.89	100	38.02	14.88	47.10	100

从脱贫户名单公示来看，回答公示的 21 户农户中贫困户 13 户，非贫困户 8 户。在贫困与非贫困两组农户中，不清楚是否公示脱贫户名单的农户数量均为最多。从扶贫资金使用公示来看，回答公示 18 户农户中，贫困户 15 户，非贫困户 3 户。同样不清楚是否公示脱贫名单的农户数量在两组农户中数量最多。

针对农户对是否能够获取贫困指标的关注量高于是否脱贫和扶贫项目资金使用去向的统计结果，我们对调研问卷中农户的具体回答进行了回顾，发现其原因是部分贫困农户将以往的贫困补贴视作政府每个月给予自己的"零用钱"，认为戴上了贫困户的"帽子"便是拿到了政府发放补助的"铁饭碗"，因此对是否能够获得贫困资格格外关注。而后续的扶贫项目资金使用和脱贫与否并不与其直接相关，故其关注量明显下降。

表7-14 统计了农户是否参加政府提供的农业技能培训情况。其中 0 代表否，1 代表是。121 户样本农户中，未参加培训的农户 93 户，占总样本比重为 76.86%，参加培训的农户 28 户，占总样本比重为

23.14%。在贫困农户中,未参加培训农户 66 户,占贫困农户样本比重为 77.65%,参加培训农户 19 户,占贫困农户样本比重为 22.35%。贫困农户未参加培训原因一是部分贫困农户所在村没有农业技能培训项目;二是部分贫困农户年龄较高,超过其所在村农业技能培训允许的年龄范围;三是部分贫困农户存在懒惰心理,不愿花费时间去进行技能学习。

表 7-14　　　　　　　农户是否参加农业技能培训　　　　　单位:户、%

	是否参加农业培训		总　计
	0	1	
非贫困户	27	9	36
贫困户	66	19	85
总计	93	28	121
比重	76.86	23.14	100

表 7-15　　　　　　农户是否主动获取政策信息　　　　　单位:户、%

	农户是否主动获取政策信息		总　计
	0	1	
非贫困户	22	14	36
贫困户	54	31	85
总计	76	45	121
比重	62.81	37.19	100

表 7-15 统计了农户对政策信息的关注情况,其中 0 代表否,1 代表是。121 户样本农户中,未主动获取政策信息的农户 76 户,占总样本比重为 62.81%,主动获取政策信息的农户 45 户,占总样本比重为 37.19%。在贫困户中,未主动获取政策信息的贫困农户 54 户,占总贫困农户样本比重为 63.53%,主动获取政策信息的贫困农户 31 户,仅占贫困农户样本比重为 36.47%。可见,部分贫困农户缺少对国家扶贫政策进行了解的欲望。在调研时我们发现即便政策文件或相关通告已由政府工作人员张贴在村公告栏中,农户也很少主动去了解或是询问他人。如晴隆县三合村此轮贫困识别对象王勇兴,在接受课题组成员问卷

调查时对村中精准扶贫的相关公告一无所知，也不知道自己何时脱贫，仅仅是自己每个月扶贫补贴资金被取消后才意识到政策变化，而其住所仅距离活动室400米左右。

表7-16统计了农户对政策信息的关注情况，其中0代表否，1代表是。121户样本农户中，认为扶贫政策与需求不符的农户35户，占总样本比重为28.93%，认为扶贫政策符合需求的农户86户，占总样本比重为71.07%。在85户贫困户中，认为政策与需求不符的农户24户，占贫困农户样本比重为28.24%，认为政策与需求相符的农户61户，占贫困农户样本比重为71.76%。可见当前整体扶贫政策在较大程度上瞄准了农户需求。

表7-16 扶贫政策是否符合农户需求 单位：户、%

	扶贫政策是否符合农户需求		总计
	0	1	
非贫困户	11	25	36
贫困户	24	61	85
总计	35	86	121
比重	28.93	71.07	100

表7-17 产业项目是否征求农户意见 单位：户、%

	产业项目是否征求农户意见		总计
	0	1	
非贫困户	31	5	36
贫困户	60	25	85
总计	91	30	121
比重	75.21	24.79	100

表7-17统计地方产业扶贫项目是否征求农户意见的基本情况，其中0代表否，1代表是。回答产业扶贫项目未征求农户意见的农户91户，占总样本比重的75.21%，回答产业项目征求农户意见的农户30户，仅占总样本的30%。在贫困户中，60户农户回答项目未征求农户意见，占贫困农户样本比重为70.59%，25户农户回答项目征求农户意

见，占贫困农户样本比重为29.41%。针对这种项目规划前未能与大部分农户进行协调，而具体项目实施效果如何，我们也对农户进行了采访。经农户介绍可知多地产业扶贫项目存在两个重要问题：一是项目与部分村组的资源禀赋有所出入，无法形成一定规模；二是产业链未能延伸到销售环节，导致农户种植积极性受挫。

课题组通过上述统计描述对当前扶贫工作中存在的问题进行了简单分析，在此基础上，课题组基于调研问卷发现了当前扶贫工作中存在的一项难点问题，即在现行减贫指标分解政策之下出现了政府治理失灵问题。

三 主要问题提炼与分析

减贫指标分解政策作为中国新时期精准扶贫工作的开展基础，其对精准贫困识别、对口帮扶、监督管理工作产生着重要影响。贵州省精准扶贫工作开展近三年来取得了显著成就，但扶贫政策的落实过程中也出现了诸多问题。本节将利用贵州省三县十三村的实地调研资料，结合贫困规模分解政策的传递机制对制度因素造成的政府失灵问题进行总结、分析并提出相应的对策建议。

在2014年3月24日召开的国务院扶贫开发领导小组第二次全体会议上，抓好建档立卡工作为精准扶贫打下良好基础被作为重点要求提出。同年4月20日，国务院扶贫办印发了《扶贫开发建档工作方案》的通知，要求精准对贫困村、贫困户的识别并构建全国扶贫信息系统，实现对扶贫工作的动态管理。该文件将精准扶贫建档立卡工作分为前期准备、贫困识别、结对帮扶、系统管理、监督检查五个部分，其具体流程如图7-2所示。尽管该文件为各级政府的精准扶贫工作提供了详细的政策指导，但在精准扶贫工作的开展过程中仍有诸多问题存在并对各级政府的扶贫绩效产生影响。

（一）相关研究回顾

中国扶贫工作开展三十余年来，减贫效果令世界瞩目，在此过程中，扶贫政策根据现实需求进行了多轮的调整，其治理理念实现了从"解决温饱"到"全面小康"的转变。农村减贫作为新中国发展历程中

第七章 问题识别、分析与对策建议：基于贵州的调查研究

的重要拼图吸引着诸多学者从事相关研究。在对贫困的长期研究中，扶贫工作中所出现的问题一直为学者们所重视。同时出现在基层贫困治理的贫困识别环节中的扶贫对象瞄准问题、结对帮扶环节中的项目精准问题则是传统贫困研究中被识别出来的典型问题。此外，长期"输血式"扶贫政策下衍生的"贫困文化"问题在近年来也成为众人关注的重点。

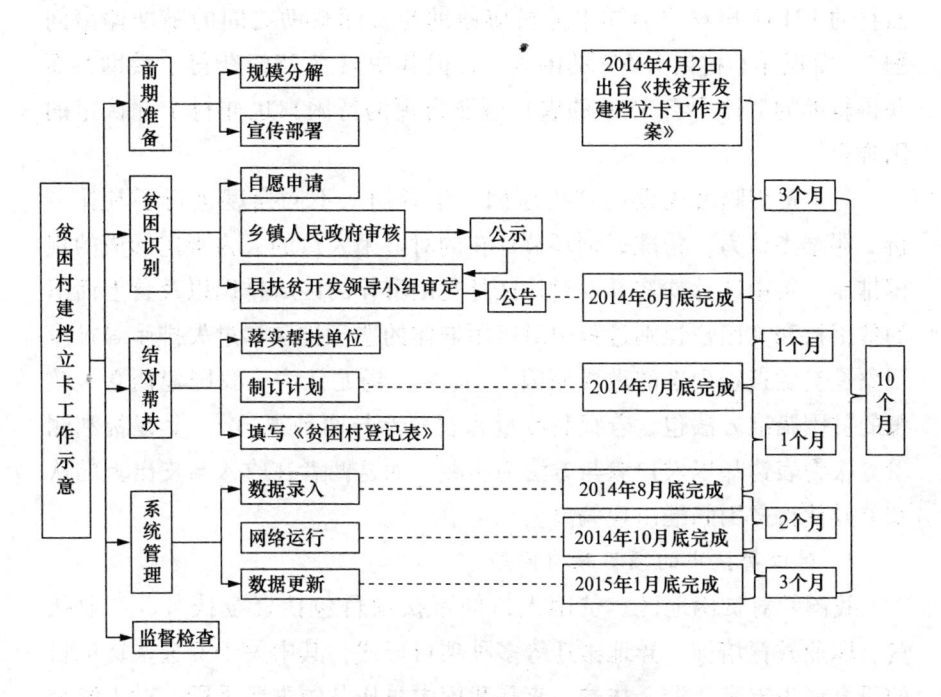

图7-2 贫困村建档立卡工作示意

1. 贫困识别中的扶贫对象瞄准问题

因扶贫对象的贫困识别工作直接涉及了扶贫资源的分配绩效，并可对扶贫效果产生直接影响，故扶贫对象识别的精准与否一直是贫困治理问题的研究重点。中国农村扶贫对象瞄准问题早已为学者们证实，在2007年汪三贵便基于国家统计局的农村调查和世界银行的专项村级调查数据分析发现①，我国贫困治理过程中存在扶贫对象瞄准错误的现

---

① 汪三贵、Albert Park、Shubham C.、Gaurav Datt：《中国新时期农村扶贫与村级贫困瞄准》，《管理世界》2007年第1期，第56—64页。李小云、张雪梅、唐丽霞：《当前中国农村的贫困问题》，《中国农业大学学报》2005年第4期，第67—74页。

象，且贫困瞄准单位由县到村的变化，并未使得村级瞄准比县级瞄准覆盖更多的人口。叶初升运用瞄准精度和数据包络分析从微观和宏观两个层面对我国扶贫绩效进行定量分析发现[1]，我国扶贫瞄准存在严重的漏瞄和溢出现象。而王增文等认为我国社会救助制度"遗漏"和"瞄偏"问题表现为"应保未保"和"保不应保"并存[2]。陈传波等以120个自然村的12131户农户为样本分析应救助与实际救助之间的瞄准偏离问题[3]，发现样本村内有6%的困难户，但其中只有28%获得了救助，而获得救助的群体中有38%的农户既非自评的特困户也非村干部认定的困难户。

对于贫困瞄准失误的产生原因，学者们从不同角度进行了具体分析。邓维杰认为，精准识别环节存在的对贫困人口的人为限定形成的规模排斥、集中连片扶贫开发对片区外贫困群体的区域排斥以及自上而下的贫困村和贫困户识别过程中对贫困群体的恶意排斥和过失排斥等排斥现象是贫困识别失准的重要原因[4]。此外，杨龙认为，我国建档立卡政策的贫困瞄准方法包含着福利测量和农户参与两种视角[5]，其以福利测量方法为表达却以农户参与方法为实践，而这两者在收入与支出上的认知差异使得贫困瞄准出现偏离。

2. 对口帮扶中的项目精准问题

我国针对贫困地区、贫困人口的帮扶项目包括资金扶贫、产业扶贫、职业教育培训、异地搬迁等多种项目形式，其中关于资金扶贫项目的研究最为丰富。资金扶贫一直是我国农村扶贫的重要手段，对于资金扶贫项目的传统观点是我国相当部分的扶贫资金在流向扶贫对象过程中

---

[1] 叶初升、邹欣：《扶贫瞄准的绩效评估与机制设计》，《华中农业大学学报（社会科学版）》2012年第1期，第63—69页。

[2] 王增文、邓大松：《倾向度匹配、救助依赖与瞄准机制——基于社会救助制度实施效应的经验分析》，《公共管理学报》2012年第2期，第83—88页。

[3] 陈传波、王倩茜：《农村社会救助瞄准偏差估计——来自120个自然村的调查》，《农业技术经济》2014年第8期，第4—11页。

[4] 邓维杰：《精准扶贫的难点、对策与路径选择》，《农村经济》2014年第6期，第78—81页。

[5] 杨龙、李萌、汪三贵：《我国贫困瞄准政策的表达与实践》，《农村经济》2015年第1期，第8—12页。

存在资金流失现象①。为创新扶贫资金的管理机制，2006 年我国正式启动"贫困村村级发展互助资金"的试点工作并在全国推广。尽管村级发展互助资金项目为贫困农户获取贷款服务提供了平台并基本满足了农户的贷款需求，但是农户对于互助资金的贷款需求不足使得扶贫小额贷款未能实现贫困瞄准②，且这种贷款需求不足主要表现为生产性贷款需求不足③。姜爱华则利用面板数据对扶贫资金绩效进行研究④，认为中央财政资金对减贫没有显著效果。王丽华基于湘西八个贫困县及其下辖乡、村扶贫开发调查和定点贫困调研发现⑤，农村扶贫过程中存在扶贫资源和项目偏离扶贫对象的现象。李金亚等使用 12 个互助资金试点的入户调查数据分析发现⑥，试点贫困村互助资金没有瞄准贫困户且出现瞄准目标上移现象，其认为从需求角度来看，贫困户缺乏大额生产投资机会时期对互助资金的有效需求相对富裕农户较小，是导致互助资金偏离瞄准目标的客观原因。

尽管有学者从供需角度对资金项目瞄准偏离问题进行了研究并认为问题产生的原因是农户有效需求不足，但该问题产生的原因不仅限于此。邢成举等认为在资金扶贫项目区域内因项目区域内外力量的互动与合力、农村社会分化及精英角色的转变、发展项目信息与权利的不均衡配置和发展项目的门槛效应所产生的精英俘获是导致项目瞄准目标偏离的关键原因⑦。胡联等通过对 2011 年和 2013 年 5 省 30 个互助资金试点

---

① 李小云、张雪梅、唐丽霞：《当前中国农村的贫困问题》，《中国农业大学学报》2005 年第 4 期，第 67—74 页。
② 林万龙、杨丛丛：《贫困农户能有效利用扶贫型小额信贷服务吗？——对四川省仪陇县贫困村互助资金试点的案例分析》，《中国农村经济》2012 年第 2 期，第 35—45 页。
③ 刘西川：《村级发展互助资金的目标瞄准、还款机制及供给成本——以四川省小金县四个样本村为例》，《农业经济问题》2012 年第 8 期，第 65—72 页。
④ 姜爱华：《我国政府开发式扶贫资金投放效果的实证分析》，《中央财经大学学报》2008 年第 2 期，第 13—18 页。
⑤ 王丽华：《贫困人口分布、构成变化视阈下农村扶贫政策探析——以湘西八个贫困县及其下辖乡、村为例》，《公共管理学报》2011 年第 2 期，第 72—78 页。
⑥ 李金亚、李秉龙：《贫困村互助资金瞄准贫困户了吗——来自全国互助资金试点的农户抽样调查证据》，《农业技术经济》，2013 年第 6 期，第 96—105 页。
⑦ 邢成举、李小云：《精英俘获与财政扶贫项目目标偏离的研究》，《中国行政管理》2013 年第 9 期，第 109—113 页。

村调研数据分析发现互助资金中存在明显的精英俘获现象[①]，家庭成员是乡、村干部的农户及收入较高的农户更易获得互助资金贷款。此外，扶贫制度的缺陷对扶贫资金项目的瞄准偏离也产生一定的影响。李小云等通过对我国财政扶贫资金的分配机制进行分析，认为扶贫资金治理中投入、分配、拨付等环节的制度缺陷导致了扶贫资源浪费、资金瞄准偏离目标群体、资金拨付延迟等问题。[②]

3."贫困文化"问题

中国扶贫工作开展三十余年来，资金扶贫政策的长期供给为农户不劳而获的行为产生了激励效应，由此衍生的"贫困文化"也逐渐成为当前精准扶贫工作中为人热议的问题。所谓"贫困文化"问题，指的是部分贫困农户在政府长期资金救助、补贴政策下逐渐形成了"等、靠、要"的依赖思想，并出现拒绝技能培训、浪费种苗、抗拒脱贫等行为。获取扶贫名额的农户在长期救济式扶贫政策的激励下，农户对政府形成强烈的依赖心理，并对脱贫表现出抗拒性。一方面，部分贫困农户将扶贫资金视作政府每个月给予自己的"零用钱"，认为戴上了贫困户的"帽子"便是拿到了政府发放的"工资卡"，心安理得的享受非贫困户无法获得的扶贫资金并以此为荣，同时，为长期享受扶贫名额所带来的资金收益，部分农户选择采用压低家庭收入水平、夸大家庭消费支出、隐瞒家庭有多套住房事实等虚报家庭收支状况的方法瞒骗工作人员以抗拒脱贫；另一方面，部分农户仍具劳动能力却缺乏劳动生产的积极性，其在农业生产过程中出现生产活动不积极或是刻意推卸家庭农业生产责任等行为，且面对政府为其提供的农业技能培训、免费提供种、苗等产业扶持项目，其或以身体素质较低和文化水平不够为由拒绝技能培训，或直接将苗、种作为食物消费而不进行种养。

对于这种"贫困文化"问题产生的原因，有学者认为人的思想素质是通过支配人的行为使人获得经济机会或降低家庭生产成本并最终促

[①] 胡联、汪三贵、王娜：《贫困村互助资金存在精英俘获吗——基于5省30个贫困村互助资金试点村的经验证据》，《经济学家》2015年第9期，第78—85页。

[②] 李小云、唐丽霞、张雪梅：《我国财政扶贫资金投入机制分析》，《农业经济问题》2007年第10期，第77—82页。

进家庭脱贫致富①，但贫困者在长期的贫困生活中会形成自我维持的贫困文化维持体系②，傅晨等从农户行为的角度出发分析了贫困农户的"败德"行为③，他认为贫困农户尽管贫困，但其行为是理性的，农户刻意拒绝农技推广人员的技能培训，或是刻意浪费政府提供帮助其发展种植业的良种、发展养殖业的牲畜的行为选择，皆是在既定约束条件下做出的最优选择，因为农户认为"贫困是有效率的"。而孟凡静等人以西海固地区为例对这种"贫困文化"现象进行了探讨④，她认为农户安贫乐道、自我均衡的心态与思想观念是贫困农户长期无法摆脱贫困的根源所在。方劲提出，在以往的扶贫工作中贫困者的主体地位被忽视⑤，易使贫困者形成将贫困当作一种争取资源或取得免费福利的权利的"贫困心理"，而现代"炫耀式""攀比性"的消费主义对贫困农村的侵袭，也导致相对传统的、民族的贫困农村的生产性积累和投资减少，并阻碍当地的可持续发展。

　　虽然学者们已对上述问题进行了大量研究，但这些研究多是通过数据分析进行问题识别，少有对问题进行深入的探析，即便是在少数基于社会学视角的贫困研究中，也少有系统性地考虑制度运行环境对基层贫困治理所产生的影响。陈庆云在其《公共决策分析》一书中便引用政策执行研究的先驱 T. 史密斯的观点⑥，认为政策的有效执行依赖于理想化的政策、执行机构、目标群体以及环境因素，并且这些因素中任何一方面或它们之间的配合出问题，都可能导致公共政策执行的失败。因此，在考察贫困问题时更应深入关注在现有贫困治理的运行环境中因参与主体、运行环境、制度规则对贫困治理的影响，进而识别出问题所在。

---

① 秦其文、姚茂香：《农民落后思想致贫的路径分析及现实意义——民生问题的一种研究视角》，《华中农业大学学报（社会科学版）》2007年第6期，第45—50页。

② 刘龙、李丰春：《论农村贫困文化的表现、成因及其消解》，《农业现代化研究》2007年第5期，第583—585页。

③ 傅晨、狄瑞珍：《贫困农户行为研究》，《中国农村观察》2000年第2期，第39—42页。

④ 孟凡静、吴成基、贾耀峰：《关于贫困地区贫困文化问题的探讨——以西海固地区为例》，《干旱区资源与环境》2002年第3期，第24—27页。

⑤ 方劲：《可行能力视野下的新阶段农村贫困及其政策调整》，《经济体制改革》2011年第1期，第73—78页。

⑥ 陈庆云：《公共政策分析》，北京大学出版社2007年版。

4. 基层政府治理与贫困研究

基层政府治理的结构包括纵向层面的基层政府与地方政府、中央政府和横向层面的基层政府与市场、企业、社会组织等。从纵向层面来说，传统的"上下分治"政治体制中，中央政府主要掌握"治官权"，即监督、考核和奖惩官员的权力，基层政府则实际掌握"治民权"①。在当代的政府体制中，中央政府、地方政府与基层政府相互之间存在的信息不对称使其构成了委托—代理的关系。中央政府的政策目标被委托给地方政府，而地方政府则进一步把该政策分配给基层政府执行落实，在这一政策执行结构中，中央政府作为委托方拥有政策制定、激励设置、资源分配、检查评估等权力，但为确保地方政府按时完成政策目标，中央政府会将部分权力下放，故在实际执行过程中地方政府作为管理方具有一定的激励分配权、检查验收权，而基层政府作为政策执行者则实际掌握政策相关资源的分配权②。在某项具体政策的执行中，如果中央政府与地方政府、基层政府间的权限存在大量重叠，那么地方政府、基层政府的自主权将受到限制，反之，当权限重叠较小时，基层政府难以对政策产生影响，但基层政府在治理中的自主权将增加③。周雪光提出中央政策越明确统一时④，因政策与地方实际条件的差异将导致实际政策决策过程与执行过程之间的分离增大，故上级政府不得不给予下级政府更多的自主权，这也就为基层政府与地方政府之间提供了共谋的空间，即在行政压力之下，下级政府面对无法完成的目标和强大的激励压力时，下级政府将被迫通过非法的目标替代进行共谋，进而导致政策失效。

---

① 曹正汉：《中国上下分治的治理体制及其稳定机制》，《社会学研究》2011年第1期，第1—40页。

② 周雪光、练宏：《中国政府的治理模式：一个"控制权"理论》，《社会学研究》2012年第5期，第69—93页。刘升：《精英俘获与扶贫资源资本化研究——基于河北南村的个案研究》，《南京农业大学学报（社会科学版）》2015年第5期，第25—30页。许汉泽、李小云：《精准扶贫视角下扶贫项目的运作困境及其解释——以华北W县的竞争性项目为例》，《中国农业大学学报（社会科学版）》2016年第4期，第49—56页。印子：《治理消解行政：对国家政策执行偏差的一种解释——基于豫南G镇低保政策的实践分析》，《南京农业大学学报（社会科学版）》2014年第3期，第80—91页。

③ 李慧凤：《制度结构、行为主体与基层政府治理》，《南京社会科学》2014年第2期，第93—99页。

④ 周雪光：《基层政府间的"共谋现象"一个政府行为的制度逻辑》，《社会学研究》2008年第6期，第1—21页。

从横向层面来说，随着各级政府和官员具有自己独立的政治利益和经济利益，作为利益单位的"经济人"的属性使他们倾向于在权利所受到的制约边界内实现自身利益最大化[1]，而基层政府的这种追利行为在不具严格监督的政治环境中将诱发基层政府中出现寻租行为，这种寻租行为可分为政府与企业寻租行为以及政府人员与乡村精英的寻租行为两个方面，一方面部分企业或社会组织因其自身的缺陷和利益追求，在企业间激烈的竞争中产生了寻租需求[2]，选择通过贿赂相关官员与基层政府部门在政府项目的委托过程中进行隐蔽合作，而基层政府则在项目竞标、监督、评估等环节为企业或组织提供方便[3]；另一方面政府人员与富人、能人类体制外精英群体，在乡村治理过程中会建立一种资本与权利互惠的关系，即乡村精英凭借其拥有的村庄社会影响力来换取基层政府人员的利益让与，而基层政府人员也借合作获得体制外精英的支持[4]。基层政府人员和乡村精英除了通过直接俘获国家一次性扶贫资金的形式获利以外，其还可借助资源下乡的项目制、后税费时代农村形成的结构性权力真空和地方社会对精英的认同文化，通过俘获国家非货币型资源使用权并将其资本化的方式获利[5]。而在对贫困的研究中也有不少的学者从基层政府治理的角度进行了探讨，如许汉泽、李小云研究了精准扶贫项目在不同层级政府间的运行困境[6]，认为项目分级治理下不同层级政府的多重逻辑以及项目制之间的张力共同导致了扶贫实践与国家精准扶贫治理目标的背离。印子讨论了资源下乡背景下低保政策在基层治理架构中的实践机制[7]，认为原有政策目标被大量消解并产生各种

---

[1] 王春侠、高新军：《我国乡镇级地方政府治理中的潜规则刍议》，《经济社会体制比较》2005年第5期，第130—133页。

[2] 尚长风：《乡镇企业寻租活动分析》，《农业经济问题》2001年第10期，第37—40页。

[3] 陈为雷：《政府和非营利组织项目运作机制、策略和逻辑——对政府购买社会工作服务项目的社会学分析》，《公共管理学报》2014年第3期，第42—143页。

[4] 吴毅：《双重边缘化：村干部角色与行为的类型学分析》，《管理世界》2002年第11期，第78—85页。

[5] 刘升：《精英俘获与扶贫资源资本化研究——基于河北南村的个案研究》，《南京农业大学学报（社会科学版）》2015年第5期，第25—30页。

[6] 许汉泽、李小云：《精准扶贫视角下扶贫项目的运作困境及其解释——以华北W县的竞争性项目为例》，《中国农业大学学报（社会科学版）》2016年第4期，第49—56页。

[7] 印子：《治理消解行政：对国家政策执行偏差的一种解释——基于豫南G镇低保政策的实践分析》，《南京农业大学学报（社会科学版）》2014年第3期，第80—91页。

偏差结果是农村政策执行偏差的实质原因。

尽管有诸如上述的学者基于政府治理的视角对贫困领域的问题进行了研究，但一方面这些研究关注的是扶贫资源项目的基层落实问题，另一方面这些研究也未能从制度环境与主体行为之间的互动的角度对扶贫工作中存在的问题进行分析。课题组认为在现阶段的扶贫工作运行过程中，以贫困规模分解结果制定的减贫指标分解任务，通过贫困治理机制由上而下层层分解，由此产生的行政压力也通过扶贫工作链由贫困规模分解环节至贫困识别环节再到扶贫云系统动态管理环节进行纵向传递，在该压力体制下，政策目标与主体行为之间的相互作用对扶贫工作产生了影响并进而导致了基层扶贫工作环节中问题的出现。因此，本节将从当前减贫指标分解政策要求下，对扶贫制度环境与主体行为间的相互作用在扶贫工作中产生的问题进行研究。

(二) 分析框架

陈家建、张琼文在对政策执行与基层治理问题的研究中提出[1]，在考察政策执行时，需要从政策执行的结构背景而不仅仅是观察基层政府行为本身来解读在政策执行过程中存在的问题，而政策执行的结构背景就包括政策适用性和政策执行压力两个重要维度。从适用性角度来看，在减贫指标分解政策的执行过程中，政策的适用性取决于基层实际贫困人口规模与减贫指标分解数额的匹配度，当政策要求与基层实际不相匹配时，现有的政策要求就将变成行政压力施加于基层政府的工作人员。从政策执行压力来看，减贫指标分解任务是中国 2020 年完成全面减贫目标的政策实施要求，其内含强制性的政策目标，由上自下层层分解扶贫任务至基层政府，并根据任务的完成情况规定了相应的行政奖惩的办法，在这种政策规定下，减贫指标分解工作实际形成了一种压力型体制。所谓压力型体制是指：一级政治组织（县、乡）为实现经济赶超，完成上级下达的各项指标任务而采取的数量化任务分解的管理方式和物质化的评价体系[2]。在压力型体制下，当目标设置和激励强度与地方政府的现实条件及实际能力不相匹配时，会使基层政府形塑出一系列以目

---

[1] 陈家建、张琼文：《政策执行波动与基层治理问题》，《社会学研究》2015 年第 3 期，第 23—45 页。

[2] 荣敬本：《从压力型体制向民主合作制的转变》，中央编译出版社 1998 年版。

标为导向的策略行为①，基层干部普遍会有选择地执行上级的考核任务②。而当基层政府在强大的行政压力与难以精准完成的减贫指标分解任务的双重作用之下，可能通过将精准贫困识别的目标替代为完成贫困识别，进而进行寻租行为。上述情况在具体的基层贫困治理环节中所引发的问题便分别在贫困识别的基层民主决议环节中出现，即基层贫困识别的目标从农民群体中贫困人员识别替代为相对贫困农民群体中可获取减贫指标人员的识别，基层民主决议中寻租问题的产生。

在基层民主决议难以根据原有识别目标进行规范的扶贫对象决议情况下，贫困对象识别的错位问题随之产生，而在扶贫对象识别错位后，以动态管理为目标的扶贫云系统也不可避免地沦为形式化的程序工具，难以发挥预期效用。基于上述分析，本节的分析框架如图7-3所示。

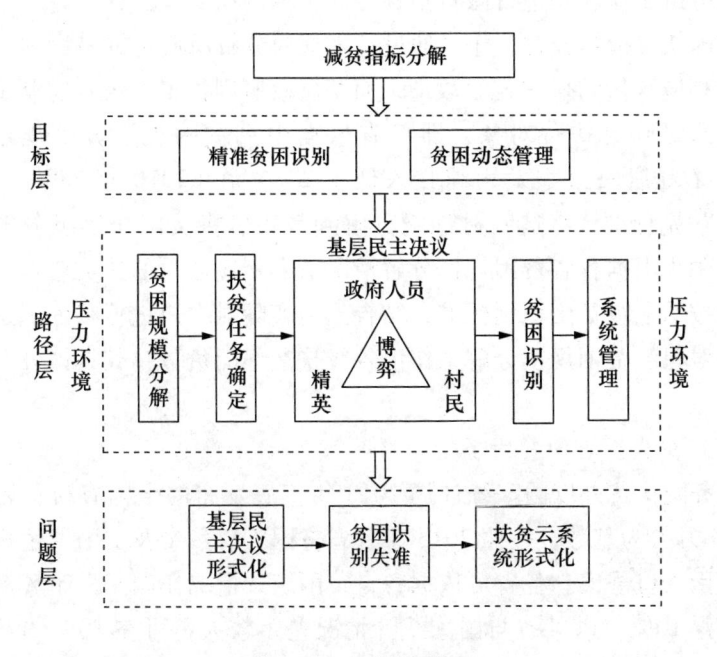

图7-3 本节分析框架

---

① 欧阳静：《压力型体制与乡镇的策略主义逻辑》，《经济社会体制比较》2011年第3期，第116—122页。

② 吕玉霞、刘明兴、徐志刚：《中国县乡政府的压力型体制：一个实证分析框架》，《南京农业大学学报（社会科学版）》2016年第3期，第123—136页。

(三) 贫困指标分解与"行政式"小康的因果作用机制

1. 案例资料来源

本节分析内容均基于课题组在晴隆县三合村、东风村、规模村、哈马村、文丰村,台江县新江村、交汪村、巫梭村、排生村,长顺县摆所社区、纪堵村、恪道村、热水村、岩腊村,3县14村121户的入户采访对话。

2. 减贫指标分解的政策规定

根据精准扶贫建档立卡工作要求,扶贫政策的传递过程可分为扶贫任务确定、贫困规模分解、贫困识别、结对帮扶、监督管理五大基本流程外,在基层政府落实贫困识别至监督检查的流程间,还包括扶贫名额分配、各级政府识别公示、精准扶贫"回头看"等工作流程。其中贫困规模分解工作就是进行减贫指标分解任务的第一项工作。

我国扶贫指标分解工作是通过贫困规模分解所确定的贫困村、户数量下发相应数量的扶贫名额数量,而基层政府则依据上级政府制定的识别标准最终确定扶贫对象,即各省依据中央贫困规模分解规定,以2013年农村居民家庭人均纯收入低于2736元(2010年2300元不变价)的识别标准,将贫困村逐级分解到乡镇、将贫困户逐级分解到行政村,中央根据各省贫困规模分解情况下发相应数量的扶贫名额,基层政府则按照上级贫困识别标准,结合当地实际对农户进行贫困识别并确定扶贫对象。贫困规模分解工作由各级扶贫部门负责,其具体分解方法如下。

(1) 中央至省的贫困规模分解

国务院扶贫办以国家统计局2013年年底发布的全国农村贫困人口数8249万人为基数,按照2013年各省贫困人口数量及贫困发生率确定各省贫困人口规模。各省可依据各自贫困统计情况在国家发布数据的基础上上浮10%,若某省与国家统计情况差距较大,可在10%的基础上适当提高,经省级扶贫开发领导小组确定的识别规模需上报国务院扶贫办进行核定。贫困指标的规模分解过程依照国务院扶贫办2014年4月2日制定的《扶贫开发建档立卡工作方案》(以下简称《方案》)具体实施,建档立卡对象包括贫困户、贫困村、贫困县和连片特困地区,本章只针对最为核心的贫困户的识别问题展开研究。为防止谎报、虚报贫困人口数量，目前我国贫困农户的指标是逐级分配的①。整体层面上看，贫困人口规模分解采取国家到省、再由各省将贫困人口识别规模逐级分解到行政村的规模控制方法；具体操作层面而言，依据《方案》中所规定的"贫困人口规模分解参考方法"，即"到市到县的贫困人口规模分解可依据国家统计局调查总队提供的乡村人口数和低收入人口发生率计算形成；到乡到村的贫困人口规模数由于缺少人均纯收入等数据支撑，可依据本地实际抽取易获取的相关贫困影响因子计算本地拟定贫困发生率，结合本地农村居民年末户籍人口数算出"。由此便可以对整体（中央—省）和操作（省—市，县—乡、村）两个层面贫困人口指标分解的标准过程进行公式化表示。

首先，整体层面，全国到各省份的贫困人口分解可通过式（7-1）表达：

$$P_t H_t = \sum_{i=1}^{n} \left[\frac{\frac{P_i H_i}{N_{si}} \cdot (1 + Dummy_i\%) N_{pi}}{N_{pi}} \right] \quad (7-1)$$

其中，P_t 表示全国农村贫困发生率，H_t 表示全国农村户籍人口，P_i 和 H_i 为国家公布的以2013年为统计基准的分省对应变量，虚拟变量 $Dummy_i\%$ 表示各省份的上浮比例，$n=28$，表示中国大陆地区除北京、天津和上海三个整体经济社会水平发展较好已无绝对贫困人口的行政地区外共有28个省级区域需要执行精准扶贫期的贫困户识别工作。值得关注的问题是，具体识别规模经省级扶贫开发领导小组研究确定后由省扶贫办上报国务院扶贫办核定，各省将报国务院扶贫办核定后的贫困人口识别规模逐级分解到行政村，这意味着各省的规模识别发生在各省的贫困户识别工作之前，且《方案》中明确表示人均纯收入等数据主要来源于统计部门，这意味着各省的贫困人口和贫困发生率在统计上同国家保持一致（例如，《2014贵州统计年鉴》所公布2013年贵州省贫困人口数同《方案》中公布的基准数一致，均为745万人）。

既然如此，$Dummy_i\%$ 的具体大小是如何确定的呢？显然，这一问题至今未得到具体说明，但本书认为，规模识别层面存在的模糊性足以

---

① 吴晓燕、赵普兵，2015。

表明中央与地方在贫困规模识别上存在博弈，$Dummy_i\%$ 可被视为该博弈的均衡解值，其根源在于中央政府与各省在贫困规模的信息获取上存在信息不对称，$Dummy_i\%$ 则可以大致反映出这种信息不对称的程度以及相应的博弈程度。需要进一步说明的是，各省的指标博弈情况存在差异，相关统计情况可参见表7-18。

表7-18　　　　指标博弈规模的部分描述统计　　　　单位：万人

省份	2013年贫困人口	贫困分解规模	指标博弈规模值	省份	2013年贫困人口	贫困分解规模	指标博弈规模值
全国	8249	—	—		—	—	—
河北	366	310	-56	湖南	640		
山西	299	—	—	广东	115		
内蒙古	114	157	43	广西	634	542.82	-91.18
辽宁	126	92.6	-33.4	海南	60		
吉林	89	83.9	-5.1	重庆	139	165	26
黑龙江	111	214	103	四川	602		
江苏	95	—	—	贵州	745	923	178
浙江	72			云南	661	700	39
安徽	440	484	44	西藏	72		
福建	73	—	—	陕西	410	451	41
江西	328	329	1	甘肃	496	552	56
山东	264	519.5	255.5	青海	63		
河南	639	—	—	宁夏	51	80	29
湖北	323	588.53	265.53	新疆	222	—	—

注：贫困分解规模数据来自于各省扶贫办相关文件，但并非所有省份都公布了该数据。

（2）省至市、县的贫困规模分解

到市到县的贫困人口规模分解需通过从统计调查部门收录市、县的乡村人口数、低收入人口发生率，依据下一级规模数=下一级乡村人口数×下一级低收入人口发生率确定贫困人口规模，对于部分实际贫情况与统计数据有出入的地区，允许其根据实际发生情况微调贫困人口规模控制数，且原则上上一级贫困人口规模总数应等于下级各地贫困人口规模控制数的总和。

另外，在现有贫困人口规模分解的制度安排下，省级政府既是贫困规模数量的需求者，通过信息占优势与中央政府在规模数量上进行博弈，同时又是贫困规模数量的供给者，将博弈获得的贫困人口规模采用自上而下、逐级分解的办法由省逐级分解到行政村。由于我国贫困发生率只统计到县级层面，从省到县的分解公式可表示如（7-2）。

$$N_{pi} = \sum_{j}^{m} N_{ij} = \sum_{j}^{m} P_{ij} \cdot H_{ij} \qquad (7-2)$$

其中 N_{ij} 为 i 省 j 县分配到的贫困人口指标数，P_{ij} 为 i 省 j 县的农村低收入人口发生率（《方案》中在此分解环节采用"低收入人口发生率"指标，而非贫困人口发生率指标），H_{ij} 则为 i 省 j 县的农村户籍人口数量。与"中央—省—县"的贫困指标分解存在巨大差异的是县以下的贫困分解过程。根据《方案》中的规定，乡、村贫困发生率（P_v）的计算主要依据乡、村行政中心到上级地区行政中心距离、所处区域地势类型、基础设施状况、公共服务水平、农民人均纯收入、上年度贫困发生率以及农村居民年末户籍人口数等变量利用加权平均和隶属函数计算，与此同时，方案中也注明 P_v 的确定亦可结合本地实际，自行确定计算的方法，实践中前者因交易费用过高而不易被采用，于是县级政府在省政府所分配的贫困指标规模下一般依据治理经验、发展水平和政绩目标等因素进一步分解到乡（镇），再由各乡（镇）将贫困人口规模分解落实到辖区内的各行政村，在规模分解的标准确定和数量配置上存在较为明显的模糊性和主观性。更为重要的是，本次调研中发现，乡（镇）一级政府在当前村级贫困人口识别中起到最为关键的作用，这主要是因为现行制度安排中引入村级基层民主评议和驻村工作队两项制度，使得村级贫困户的识别工作不再单纯地由村干部进行"选拔"，驻村工作队与村"两委"干部形成互相制约和监督的局面，通过基层民主方式选出贫困户的规定也在很大程度上能够得到执行，而驻村工作队虽包括镇包村干部、"第一书记""民生特派员"等超越村级行政的权力主体，各有分工，但在实际工作大都由镇包村干部具体落实相关工作，此次调研的3个县中，村级贫困户识别环节的工作均由镇包村干部和村"两委"负责人共同执行,且镇包村干部起主导作用,这主要是因为贫困识别工作的基层执行成本较高,对于基层工作人员而言,最为烦琐且耗时的工作莫过于将贫困户信息录入"扶贫云"系统,镇包村干部的直接参与实际上是减少了贫困户信息因"二次传递"所带来的额外工作负担。

(3) 县至乡、村的贫困规模分解

县至乡(村)级贫困人口规模需由实地抽取部分贫困影响因子计算贫困发生率并结合本地农村居民年末户籍人口数进行分解,即各县级扶贫部门需收集下一级(乡、村)行政中心到上级地区行政中心距离、乡(村)地势类型、基础设施状况、公共服务水平、农民人均纯收入、上年度贫困发生率和农村居民年末户籍人口数等易获取的指标数据,利用加权平均函数计算各乡、村的拟定贫困发生率,依据下一级规模控制数=上年年末农村户籍人口数×贫困发生率,并结合实际确定各乡、村贫困人口规模控制数。贵州省在国家贫困人口规模分解的要求上,结合本省贫困发生实况,决定在2013年贵州省贫困人口规模的基础上上浮21%,并最终确定贫困村识别规模为9000个(一类贫困村5058个,二类贫困村2183个,三类贫困村1759个),贫困户识别规模为900万人。

在深入探讨贫困户识别的基层民主方式在实践中是如何运行的、当前制度运行中存在的难点和重点以及制度精准性的实现需要哪些配套制度条件等问题之前,仍有一个关键性问题没有解决,即逐级分配的贫困规模指标在村级层面是否能够有效覆盖处于绝对贫困状态的家庭数量?这不仅直接关系到基层民主评议的制度绩效,也对贫困户精准管理的有效性产生重大影响。具体分析如下,我们将行政村贫困户规模的供给数量记为N_v,且P_v为固定数量,相较于供给方而言,需求一方的情况明显复杂许多,本章将需求者进行结构性分类:N_{dibao}表示低保户、五保户等极端贫困户数量,这部分人群在贫困户识别中具有显著的先入优势,基层民主评议中争议也较少;$N_{threshold}$表示收入在贫困线标准z附近波动的农户,可将其进一步细分为$N_{threshold}$($\leq z$)和$N_{threshold}$($> z$)两部分,前者表示严格符合识别政策规定的贫困户数量,后者表示村集体中收入水平相对于z较高,但并不富裕,在基层民主评议中仍试图获得贫困户"头衔"的农户。这三类需求者对于贫困户指标而言可以被称为有效需求者。至此,我们可以从理论上对村级贫困指标的供给与需求关系展开初步的探索性讨论,并通过表 7-19 将主要的 3 种供需状态进行表示。

表 7-19　　　　　　　　村级贫困户指标供需状态

状态序号	供给	有效需求	供需关系	状态描述
状态 1	N_v	$N_{dibao} + N_{threshold}$	$N_v = N_{dibao} + N_{threshold}$ ($\leq z$);	供需均衡状态、最优识别状态
状态 2	N_v	$N_{dibao} + N_{threshold}$	$N_{dibao} + N_{threshold}$ ($\leq z$) $< N_v$ $< N_{dibao} + N_{threshold}$;	供过于求,识别有效但非最优
状态 3	N_v	$N_{dibao} + N_{threshold}$	$N_{dibao} < N_v < N_{dibao} + N_{threshold}$ ($\leq z$);	供小于求,识别有效但政策失效
…	…	…	…	…

注:z 为贫困线。

3. 减贫指标分解政策造成的"行政式"小康

村级政府需依据政策要求进行规模分解所给定的扶贫名额数量及识别标准对村中贫困农户进行识别,然而对于部分行政村而言,既定的扶贫名额数量并未与村内实际贫困人员数量相匹配。尽管这种不匹配的情况可分为规定数量低于实际贫困人员数量和规定数量高于实际贫困人员数量两种,但后一种情况的存在更为广泛。在政策规定的减贫指标与村内实际贫困情况不匹配的情况下,政策的不适用性也给基层村组干部的扶贫工作造成了一定困难并由此增加该项政策所带来的行政压力。而面对扶贫名额的获取所能带来的政策、物资等扶贫资源,行政村的常规选择并非是向上级反映名额数量超量并取消富余的扶贫名额,而是更愿意将富余的扶贫名额留在村内进行分配,这使得农村扶贫工作的根本目标未能明晰,因为此时面临的贫困识别问题已并非源自无法识别贫困农户所造成的识别失准,而是难以在大量相对贫困农户中识别出富余名额数量的农户。这也引发了基层贫困治理中的三个问题:基层民主决议目标变质、贫困识别失准和扶贫云系统形式化。

(1) 减贫指标分解下的基层民主决议

行政村依据政策规定的 2013 年农村居民家庭年人均纯收入低于 2736 元的识别标准完成对绝对贫困农户的识别后,须将富余名额在相对贫困的农户间进行分配。但大部分相对贫困农户的家庭人均纯收入均位于 2736 元的标准线附近,农户间的经济状况并无太大差异,因此,单纯的家庭人均纯收入无法成为使这部分农户承认的衡量标准。在既定政策标准失效的情况下，面对扶贫工作不能按时完成所带来的行政压力及农户间竞争可能造成的治安问题，村政府工作人员将以按时完成任务作为其行动标准，在基层贫困识别的具体过程中，其往往选择通过民主决议重新引入其他附加标准以完成贫困农户识别工作，而这一附加标准引入也给乡村精英及村组干部提供了寻租空间。值得注意的是，在进行贫困识别的民主决议时，扶贫政策的本质已经发生了扭曲，因此时已非真正意义上的贫困识别，而是如何在相对贫困的农户群体中选择出"贫困者"完成贫困识别工作。

基层民主决议的成员通常由村委会成员及部分农户家庭的代表组成，其决议规则是少数服从多数，凡提议有三分之二的与会成员赞成则提议通过。我们可将与会人员分为三类：一是村委会成员；二是提议的附加标准有利于其获取扶贫名额的与会农户；三是提议的附加标准不利于其获取扶贫名额的与会农户。

由于参会人员的构成会对决议结果产生重要影响，首先需要回答的问题是"部分农户家庭成员"究竟指的是哪一部分农户。就调研情况来看，因村委会成员与普通农户之间存在信息不对称，故邀请哪些农户家庭代表出席决议会议主要由村委会方面决定，而村委会成员基于按时完成识别任务的行动约束，会更倾向于邀请在村中具有一定地位或是平时积极参与村集体事务的农户，即参与村庄治理的乡村精英。即使有部分行政村邀请全村所有农户家庭派出代表参会，但由于普通农户对扶贫政策的关注主要在于扶贫资金政策而非其他扶贫相关工作，且农户选择参会需付出时间成本，故普通农户对参会的积极性仍然相对较低。因此，普遍的决议会议均由村委会成员、精英村民和普通农户构成。

对参会人员而言，其决议的依据无疑是个人利益最大化原则，即依据附加标准的决议结果可为自己带来的利益大小进行投票表决。从村委会成员来看，因已有政府工作人员不可参与扶贫名额申请的明确规定，故无论何种附加标准均不会对其产生直接的利益影响，其行为抉择主要受完成贫困户识别这一目标的约束。但在此约束条件下，受农村亲缘关系及精英群体之间利益缔结的影响，村委会成员在使贫困识别顺利完成的情况下会利用自己的信息优势及投票权利进行寻租，为与自己有亲缘关系的参会农户或利益相关的精英村民提供信息帮助和决策支持。而从参会的农户来看，普通参会农户对各项贫困识别标准提议的赞成与否应受该项标准对其获取扶贫名额的利弊的影响，而其中与村委会成员有亲属关系的农户可以利用政府工作人员的特殊关系在与其他相对贫困农户的博弈中占得先机。

在通过基层民主决议确定附加识别标准的过程中，即便村委会邀请全村各户派出家庭代表参加贫困识别的决议会议，但因普通农户家庭中扮演家庭事务决策者角色的主要劳动力大多外出务工，留守家中的老幼妇孺一方面因信息不对称，使留守人员难以对会议的内容和潜在影响有充分了解，另一方面参加会议会对其日常活动时间产生影响，故在进行扶贫附加标准的民主决议会议时，大部分家中有外出务工者的家庭均未派出代表参加会议。村委会成员基于完成贫困识别的目标，因新增附加识别标准必会清退部分未达标的农户，在不对其利益相关户获取扶贫名额产生影响的情况下，在进行各项指标的决议中将同意此条件作为附加识别标准。而对于参会农户而言，若其是长期在村内生活未外出打工的乡村精英，则如"外出打工超过半年者不能获得指标"的附加标准无疑将对其获取扶贫名额产生有利的影响，故其将与村委会成员一样赞成这项扶贫附加标准，同样的，家中有人外出打工半年以上的与会成员将否定该项条件成为识别附加标准。但因村委会成员与该项标准的非利益相关缔结在一起获得了人数优势，基于少数服从多数原则，此项标准最终将通过。以此类推，在贫困识别的民主决议过程中，相关的利益主体将依据各项提议对其自身利益的影响进行合作①，并最终确定出令大多数人同意的识别标准。

尽管通过民主决议的方式能以大多数人满意的方式完成贫困识别工作，但经民主决议所确定的贫困人员已并非基于贫困政策标准下筛选出来的实际"贫困者"，而是不同利益主体博弈后符合大多数人利益需求的"最优选择"②。

案例1：台江县位于贵州省黔东南州，全县居住有苗、侗、土家等15个少数民族，其中苗族人口占总人口的97%，在2014年的精准建档

---

① James, Buchanan. A Contractran Paradigm for Applying Economics. American Economic Review, 1975：225—230.

② James, Buchanan. A Contractran Paradigm for Applying Economics. American Economic Review, 1975：225—230.

立卡工作中，该县共识别贫困户 11846 户 50364 人，其中巫梭村共识别贫困人口 210 人。巫梭村作为台江县典型的苗族聚居村落，距台江县县政府驻地 32 千米，全村人口共 392 户 1705 人，人民生活生产方式单一，经济来源主要依靠农业生产和外出务工。据该村党支部书记介绍，该村在进行贫困识别时因大量农户间收入差距不大，故在指标分配时引起了村民间的争议，为平缓争议，该村通过邀请全村各户派出家庭代表参加会议以决议出令众人满意的附加识别标准。在这次会议中村民们决议出了四项识别标准：①贫困名额分配采用轮换制，此次未得指标者可下次优先考虑；②外出打工半年以上者不能参与指标评选；③家中超生达 3 个子女以上者，不能参与指标评选，即使获得指标也不可享受相关政策；④不参加农村合作医疗与养老保险者，不能参与指标评选。

而在对普通村民的采访中我们得知，实际参会村民的数量远低于该村农户数量。据巫梭村姬某回答："以前我家是我妈有这个名额，后来我妈过世了，人家就不给我们了。村头开会的时候来通知过，不过那个时候我们又不在屋头，在外头打工，等我们回来的时候，人家早就确定好了人，说是出去打工的人不能得名额。"再进一步问道"你知不知道去参加开会的有哪些人"时，姬某回答"不晓得，反正就是那些人哇"。更为细化的供需关系在理论上还可以进行更为丰富的探讨，但表 7-19 所示的 3 种状态基本上能够帮助我们厘清现实中村级贫困户指标的供需结构关系，虽然难以通过高成本的普查式统计准确得出某村具体的供需状态，但通过基于已有研究的回顾以及我们对贵州省 3 个县 14 个行政村的调查研究可以初步判断，处于"状态 2"的概率要明显高于其他状态。2016 年 1 月在对贵州省 C 县 R 村 120 户于 2014 年 5 月被识别为第一批建档立卡贫困户的入户调查中发现，120 户中仍有 85 户为贫困户，35 户为所谓的脱贫摘帽户，但是我们对这 120 户农户 2015 年的家庭人均纯收入进行计算后却发现只有 32 户的收入低于 2015 年贫困线标准 2839.2 元（2010 年不变价）（见图 7-4），单因素方差分析的结果也表明此样本的均值显著高于贫困线标准，此外，依然在建档立卡工作范围内的 85 户和调研数据计算的 32 户中均含有低保户 15 户，显然，上述基于对 R 村进行的调查分析表明，村级贫困户供求处于"状态 2"，有着较高概率的判断是成立的。

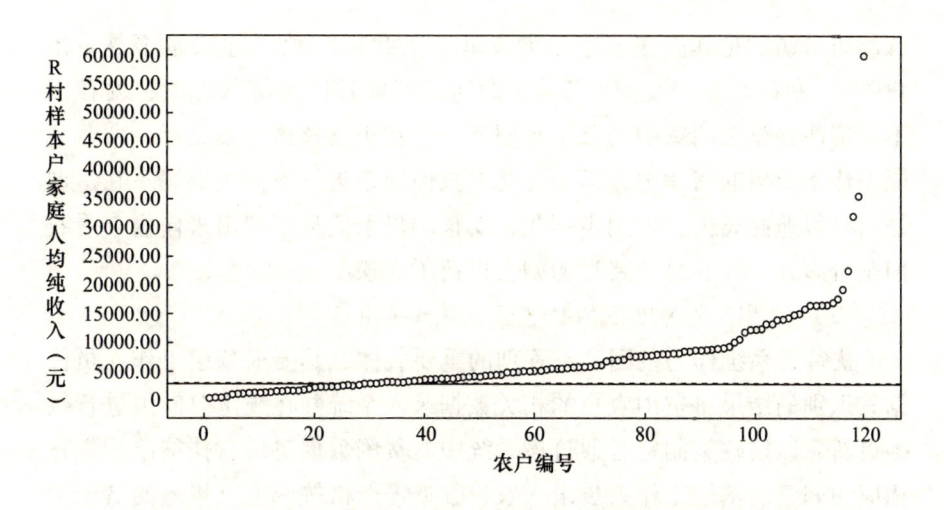

图 7-4 调研地 R 村 120 户农户家庭人均纯收入

（2）民主决议后的基层贫困识别失准

在通过基层民主决议确定附加的贫困识别标准后，村委会成员将按此标准进行人员筛选。然而决议出来的识别标准本就代表着村中精英农民及与村干部具有亲缘关系的农民的权益，因此在基层贫困识别中出现的识别偏离方向大多指向村中的富人或是村干部的亲戚。此外，传统的精英治理模式，使得普通农民对"当官的肯定要捞点好处"的精英俘获行为产生了一定的认同心理，进而出现部分普通农户对村中贫困识别失准现象心知肚明，但即便相互间因利益争夺而有所不满，在面对县、乡级的上级政府来人时，他们仍会帮忙包庇。

在课题组调研的巫梭村 11 户农户中，仅有 5 户农户的家庭年人均纯收入低于 2736 元，而其中家庭经济状况最好的扶贫对象的家庭人均纯收入高达 14832.5 元（X 组组长姬某因后续采访被迫中断，未能获取其具体经济信息）。可见，在决议本质受到扭曲的基层民主决议下所产生的附加指标并未能有效地缓解贫困识别失准问题，相反，其为乡村精英提供了"符合程序"的寻租空间。

案例 2：课题组在台江县巫梭村的调查中发现，该村 X 组组长姬某在 2014 年的精准扶贫建档立卡工作中被确定为精准扶贫对象，而其家庭生活条件较好，电视机、冰箱、摩托车、打米机等电器一应俱全，且房屋面积较大，含一露天坝子。课题组采访时组长姬某并不在家，接受课题组采访的是其尚在上小学的女儿,当我们问她"你家是不是贫困户呀?"女孩回答"我家是"。在询问其家庭具体经济状况时,女孩因不了解便提议去叫家中的母亲来回答。但在小女孩进屋不久后,便听见屋中传来苗语的呵斥声,不一会儿女孩便回来告诉我们她妈妈不在。课题组只得遗憾离去,但刚走不久,女孩的母亲便从家中出来偷偷查看我们是否离开,并和另一路过的妇女以苗语交谈。

(3) 贫困识别失准下的扶贫云系统形式化

扶贫云系统作为贫困动态管理的重要载体,其要求基层工作人员依据其识别的结果将贫困农户的相关数据录入系统并在规定时间内进行数据更新,以便政策制定者通过该系统中的贫困数据对现有扶贫政策进行相应的调整。基层工作人员录入农户数据需严格按照上级规定的贫困标准,然而在本就错位的贫困识别前提下,录入的数据信息自然也无法保证其准确性。对于基层工作人员而言,他的贫困识别工作在通过民主决议确定识别标准和扶贫对象后便已完成,但面对上级的行政要求,即便识别的农户不符合国家政策标准,他也必须将农户数据录入系统。在此过程中,为使决议出来的不完全符合政策标准的农户成功录入系统,基层工作人员不得不将农户实际经济数据修改至符合政策标准再进行录入。

而在后续的精准扶贫"回头看"工作中,只要诸如上述的农户在民主决议过程中还能被确定为该村的扶贫对象,即使其经济状况已进一步改善,基层工作人员仍可通过录入符合贫困标准的经济数据使其继续成为扶贫对象,这些情况的出现使得现有扶贫云系统未能充分发挥反映农户经济状况动态变化的基本效用,究其原因,除了农户经济状况核实困难导致的数据失准外,因减贫指标政策导致的政府扶贫结构失灵是扶贫云系统未能发挥效用的根本原因,强制性的行政目标使得基层政府工作人员面临巨大的行政压力,无论是在贫困识别的基层民主决议中还是监督管理的系统数据录入下,他们的行为选择都将受到行政目标的约束,而乡村治理中的精英俘获的存在使得基层民主决议及监督管理的初衷被扭曲,并在一定程度上为基层贫困瞄准的偏离提供了可行空间。

四 贫困识别的基层民主方式精准性分析

传统上我们经常认为，民主对于我国而言是舶来品，是外部传递的一种价值理念，而不是内生的游戏规则和程序。显然，这种认识是片面的，民主作为一种制度，既有其价值观层面的意义所在，也有着作为一种激励机制的技术性用途，后者在很大程度上可以独立于前者而存在，这是因为，约束和激励条件下个体的行为的选择常常取决于对成本和收益的预期，而非价值理念。重点在于，民主的技术性用途在现实中受哪些因素的影响？或者说，发挥其微观功效的约束条件有哪些？正如前文所述，村级贫困户的识别在分解到村的贫困人口规模（N_v）控制条件下，由农户自愿申请，再由各行政村召开村民代表大会进行民主评议，形成初选名单，整个识别环节的关键约束正在于村级贫困户指标的供求状态，而上文的分析已经表明，供求关系处于"状态2"的概率在理论和经验层面均显著高于其他可能存在的状态，"状态2"的供求关系如表7-19中所示，即：

$$N_{dibao} + N_{threshold}\ (\leqslant z)\ < N_v < N_{dibao} + N_{threshold} \tag{7-3}$$

假设 N_{dibao} 为能够被完全有效地识别出来，事实上，这部分极端人群的识别不依赖于识别方式的变化，在贫困户参与识别的过程中类似于统计中的离群点（Outlier）概念，基层民主方式真正要识别的群体空间为贫困线 z 附近的农户，其数量为（$N_v - N_{dibao}$），我们可将它定义为"模糊识别域"，其范围可进一步表示为：

$$N_{threshold}\ (\leqslant z)\ < N_v - N_{dibao} < N_{threshold} \tag{7-4}$$

令 $N_v - N_{dibao} = k$，即有 k 个农户为了竞争"贫困户身份"所能带来的直接和间接收益而参与基层民主评议，将该收益定义为 R，假设第 i 个农户投入 x_i 的资源（包括货币和非货币的投入）参与竞争，并根据期望利润最大化原则决定最终支出的具体数量，第 i 个农户的期望收益可表示如下：

$$E_{\pi_i} = p_i \cdot (R - x_i) + (1 - p_i) \cdot (-x_i) \tag{7-5}$$

其中，P_i 为农户获得"贫困户身份"的概率，且 $p_i = x_i / X$，$X = x_1 + x_2 + \cdots + x_k$，即共有 k 个具有对称性的竞争农户，为简化起见，我们

假设这个 k 个农户竞争 1 个"贫困户身份",显然,由于村内农户间对彼此家庭的信息、收入水平和社会资本等因素的掌握程度比较充分。根据纳什博弈均衡原理,此时每一个农户可将其他 ($k-1$) 个农户为获得"贫困户身份"而采取的潜在资源投入决策视为既定资源进而展开策略博弈;进一步,将 $\bar{x}$ 定义为 ($k-1$) 个农户为竞争该"贫困户身份"所投入的平均资源量,p_i 则可以进行如下表示:

$$p_i = \frac{x_i}{(k-1)\cdot \bar{x} + x_i} \tag{7-6}$$

将式 (7-6) 代入式 (7-5) 后进一步对 x_i 展开一阶最大化求导,推导过程如下:

$$E_{\pi_i} = p_i \cdot R - x_i = \frac{Rx_i}{(k-1)\bar{x} + x_i} - x_i = \frac{Rx_i - x_i(k-1)\bar{x} - x_i^2}{(k-1)\bar{x} + x_i} \quad f.o.c \quad \frac{dE_{\pi_i}}{dx_i} = 0,$$

可得:

$$\frac{[Rx_i - x_i(k-1)\bar{x} - x_i^2]' \cdot [(k-1)\bar{x} + x_i] - [Rx_i - x_i(k-1)\bar{x} - x_i^2]}{[(k-1)\bar{x} + x_i]^2}$$

$$\frac{[(k-1)\bar{x} + x_i]'}{[(k-1)\bar{x} + x_i]^2} = 0$$

进一步整理可得:

$$[x_i + (k-1)\cdot \bar{x}]^2 = R(k-1)\cdot \bar{x} \tag{7-7}$$

由于假设竞争者是对称的主体,则有 $\bar{x} = x_i$,代入式 (7-7) 后可得:

$$\bar{x} = \frac{R(k-1)}{k^2} \tag{7-8}$$

$$X = k\cdot \bar{x} = \frac{R\cdot (k-1)}{k} = R\cdot (1 - \frac{1}{k}) \tag{7-9}$$

由式 (7-9) 可得,在本书定义的"模糊识别域"内,参与"贫困户身份"竞争的农户数量越多,所消耗的资源投入总量就越大,这些资源大都作为"租"被耗散,且 $N_v - N_{dibao} = k$ 的值越大,村级基层民主识别方式可能造成的资源浪费就越大。除此之外,现实中的农户在"贫困户身份"的竞争中并不具有相同的能力,即"模糊识别域"内农户的能力存在某种不易测度的分布形态,由上述标准模型中 (7-6)

式可知，农户投入的资源数量（x_i）越大，其获得"贫困户身份"的概率（p_i）也越高。进一步结合图7-4中所反映的实地调研数据可推知，具有技术性制度内涵的基层民主识别方式虽然能够在实践中有效运转，但该识别方式的精准度存在失准的可能性，造成低于识别标准的绝对贫困人口的"贫困户身份"被相对贫困户俘获的失准情形。

五 政策建议

由于政府与贫困主体之间存在信息不对称，类似于统计学中假设检验的Ⅰ型与Ⅱ型错误一样，政府对贫困人口的识别也存在两种类型的统计错误：首先是将属于贫困的人口排除出已识别贫困人口之外的Ⅰ型错误；其次是将不属于已识别贫困人口的主体纳入贫困人口的Ⅱ型错误。上述两类错误互为对立、此消彼长，不同的概率大小对扶贫政策的要求不同，政府在制定相关扶贫政策时有必要对二者发生的概率进行权衡。本文则从微观视角出发对精准识别问题进行了深入分析，基于贫困户识别的基层民主方式并结合对贵州省3个县14个行政村的调查研究，初步构建了一个"贫困指标规模分解与指标供求状态"分析框架，研究表明：就贫困户指标的规模识别而言，中央与省级政府之间存在博弈；现行自上而下的贫困户规模分解方式使得村级贫困户指标供求关系处于"状态2"类型；贫困户识别的基层民主方式在制度执行层面有效但精准性较弱，状态约束下出现相对贫困人口替代绝对贫困人口的无效识别状况；作为精准识别最终环节的"扶贫云"系统存在信度和效度双重不足的风险。

对本研究所发现的问题，本书主要提出以下建议：首先，改变当前自上而下的贫困户规模指标逐级分解方式，构建"上下结合"的指标规模识别办法，例如，可由县一级政府自行确定贫困户数量、制定相应分配规则，并将指标进一步分解到乡（镇）和村，上级政府行使审核、监督和考核的权力，充分调动县级政府在扶贫工作中的积极性，不断优化贫困户指标规模的供给，努力实现供需的动态平衡；其次，尽力减少相对贫困户对绝对贫困户的替代程度，适当扩大贫困户比例，开展贫困户评议的分级工作，引入相对贫困户指标，在基层评议中可采用对候选人进行比较排序的方式展开；最后，结合工作强度的分布特征，加大镇政府扶贫专项工作的人员投入，同时对已识别出的贫困户通过抽样方式展开家庭收入复查工作，建立健全问责机制。

根据对中国扶贫战略与政策的回顾与研究，课题组认为，要提高当前的扶贫工作效率，实现在 2020 年前完成全面小康的艰巨任务，当前的扶贫政策应做出部分调整。

（一）继续深入实施扶贫开发战略

尽管我国自 1978 年以来所实施的扶贫开发战略取得了举世瞩目的成就，但中国农村贫困问题依然广泛存在且贫困状况较为严重，扶贫任务依然艰巨。因此，我国依然需要继续实施以促进贫困地区群众脱贫致富为目标的扶贫开发战略，通过实施片区扶贫攻坚战略、强化精准扶贫、解决基础设施制约、统筹基本公共服务、提升贫困群众基本素质、保护生态环境等措施，保障 2020 年全国建成全面小康社会战略目标的实现。

（二）有序推动新兴产业进入贫困地区

中国农村减贫工作与社会经济的发展息息相关，应继续促进国家经济发展，为贫困地区产业扶贫提供良好的经济环境，同时鼓励贫困地区推广与地区资源禀赋相关的产业，以提高更广泛的贫困群体的自我脱贫能力。同时，随着现代社会与科技的发展，如网络消费兴起带来的农村淘宝、电商等新兴产业正在快速渗入传统的农村经济，这些产业在农村的推广，有助于提高当地经济效率、降低交易成本，是促进贫困地区发展的新型路径，因此，应因地制宜、稳步推进贫困地区新兴产业的发展，完善相应的激励机制及培训机制。

（三）发挥媒体对扶贫工作宣传、监督效用

我国扶贫政策的实施与党媒报道存在变化的一致性，而区域党媒对扶贫的关注度也与区域贫困发生状况紧密相关，针对这样一种关联，课题组认为应充分发挥媒体在扶贫政策实施过程中可发挥的宣传作用与监督作用，各级政府需关注媒体报道并及时调整扶贫政策实施的偏差、总结扶贫工作开展过程中的经验，一方面要通过党媒为扶贫政策的实施提供有力的舆论保障，另一方面要增加党媒对农户的关注度，增强政府对媒体报道的反馈机制，为政策优化提供建设性指导。

针对微观农户调查中出现的问题，课题组认为减贫指标分解政策是

我国当前精准扶贫工作的运行基础，其内含对各级政府扶贫工作的任务要求，即各级政府需在已给定的贫困规模之上进行贫困识别、制订贫困帮扶计划、实施监督管理并进行动态调整。但这种通过限定扶贫规模的政策将扶贫任务层层下分的强制性、限制性的政策，虽然在一方面可以调动各级政府组织及个人的积极性与创造性，在整个扶贫工作的运行过程中，扶贫目标及激励强度无法与地方政府的现实条件和实际能力相匹配，导致地方政府会就巨大的工作压力做出相应的应对策略，使得扶贫工作的初衷和本质扭曲，造成政府贫困治理失灵[①]。

在贵州省扶贫政策的具体落实过程中，因其所固定的扶贫名额及目标给基层组织所带来的行政压力，使得基层民主决议中出现精英俘获现象，进而导致基层贫困识别失准，且扶贫云系统也未能发挥动态监测的效果。

（四）调整减贫指标分解政策

基于减贫指标分解政策的扶贫任务给基层工作人员造成的行政压力是基层贫困治理出现失灵的重要诱因。因此调整当前扶贫体制中的以目标为导向的运动性治理方式，减少基层工作人员的行政压力应是政策调整的一个重点。本书认为调整当前自上而下的贫困规模分解方式应充分发挥基层政府工作人员的信息优势，给予基层政府人员更多的行政空间，如由县一级政府自行确定贫困户数量、制定相应分配规则，并将指标进一步分解到乡（镇）和村，上级政府行使审核、监督和考核的权力，同时调整对基层扶贫人员的激励方式，充分调动基层政府在扶贫工作中的积极性，不断优化贫困户指标规模的供给，努力实现动态平衡。

（五）建立"扶贫指标"退出机制

对于因富余扶贫名额所带来的基层民主决议中的精英俘获问题，应允许并鼓励乡、村级政府依据自身实际情况进行名额申退。为鼓励基层政府工作人员积极参与申退工作，一方面可参考贵州省减贫"摘帽不摘策"，在短期内实行"人退策不退"，以减轻村组干部的工作阻力；另一方面可依据各村申退情况对该村或村组干部进行奖励，如增加对该村公共设施建设的资金拨付或是对村组干部的资金奖励。为精简基层工

---

① 邢成举：《压力型体制下的"扶贫军令状"与贫困治理中的政府失灵》，《南京农业大学学报（社会科学版）》2016 年第 5 期，第 65—73 页。

作人员的工作任务,该申退机制可通过在扶贫云系统中增设申退栏目执行。

(六) 加强对数据管理系统的监督检查

针对当前扶贫云系统流于形式的问题,除了在扶贫政策导向上进行调整之外,应进一步加强第三方管理监督,可通过建立第三方随机抽查机制对扶贫云系统中数据进行调查核实。结合工作强度的分布特征,应同时加大镇政府扶贫专项工作的人员投入,建立健全问责机制,对于实际经济状况与云系统数据不相符合的区域,应对其相关负责人进行相应的行政惩罚。

参考文献

[1] Banerjee, A. Why Fighting Poverty is Hard? Working Paper, Department of Economics and Abdul Latif Jameel.

[2] Poverty Action Lab, Massachusetts Institute of Technology, September 2008.

[3] Banerjee, A., Duflo E., Chattopadhyay, R. and Shapiro, J., Targeting Efficiency: How well can we identify the poorest of the poor? *Draft of Discussion Paper*, July 18, 2009.

[4] Cornia, G., Stewart, F. Food Subsidies: Two Errors of Targeting, Chapter 4 in Stewart. F., Adjustment and Poverty: Option and Choices [C]. London: Routledge, 1995.

[5] Chenery, H., Ahluwalia, M. S., *Redistribution with Growth*, Oxford University Prees, 1974.

[6] Dollar, D. and A. Kraay. Growth Is Good for the Poor. *World Bank Working Paper*, 2000.

[7] Jalan J. and M. Ravallion: Spatial Poverty Traps. *The World Bank Policy Research Working Paper*, No. 1862, 1997.

[8] James, Buchanan, *A Contractarian Paradigm for Applying Economics*. American Economic Review, 1975.

[9] Kakwani, N. and E. Pernia. What is Pro-Poor Growth? *Asian Development Review*, 2000.

[10] Li Shi. Poverty Reduction and Effects of Pro-poor Policies in Rural China. *China & World Economy*, 2014.

[11] Schultz, T. W. The Economics of Being Poor. *Journal of Political Economy*, 1980.

[12] 艾路明:《中国的反贫困战略和小额贷款的扶贫实践》,《中南财

经大学学报》1999年第5期。

[13] 安海燕、洪名勇:《中国农村改革的做法及启示——以贵州省湄潭县25年农村改革为例》,《改革与战略》2013年第4期。

[14] 蔡昉:《中国农村改革三十年——制度经济学分析》,《中国社会科学》2008年第6期。

[15] 蔡晓慧、余静文:《De Soto效应、人力资本与城乡收入差距》,《经济问题》2013年第6期。

[16] 曹泽祥:《威宁精准扶贫的经验及启示》,《当代贵州》2015年第18期。

[17] 曹正汉:《中国上下分治的治理体制及其稳定机制》,《社会学研究》2011年第1期。

[18] 陈传波、王倩茜:《农村社会救助瞄准偏差估计——来自120个自然村的调查》,《农业技术经济》2014年第8期。

[19] 陈家建、张琼文:《政策执行波动与基层治理问题》,《社会学研究》2015年第3期。

[20] 陈健生:《农村扶贫制度转轨,从开发式扶贫转向保障式扶贫》,西部发展评论2011年版。

[21] 陈立中:《收入增长和分配对我国农村减贫的影响——方法、特征与证据》,《经济学(季刊)》2009年第2期。

[22] 陈庆云:《公共政策分析》,北京大学出版社2007年版。

[23] 陈全功、程蹊:《精准扶贫的四个重点问题及对策探究》,《理论月刊》2016年第6期,第5—8页。

[24] 陈为雷:《政府和非营利组织项目运作机制、策略和逻辑——对政府购买社会工作服务项目的社会学分析》,《公共管理学报》2014年第3期。

[25] 陈振明:《政策科学——公共政策分析导论》,中国人民大学出版社2003年版。

[26] 陈斌开、林毅夫:《发展战略、城市化与中国城乡收入差距》,《中国社会科学》2013年第4期。

[27] 戴光全、谭健萍:《基于报纸媒体内容分析和信息熵的广交会综合影响力时空分布》,《地理学报》2012年第67期。

[28] 邓维杰:《精准扶贫的难点、对策与路径选择》,《农村经济》

2014 年第 6 期。

[29] 董文兵：《十个中央一号文件的政策透视——我党三十年农村改革的政策路径及其启示》，《中共太原市委党校学报》2008 年第 6 期。

[30] 董全瑞：《路径依赖是中国城乡收入差距扩大的内在逻辑》，《经济学家》2013 年第 1 期。

[31] 都阳、蔡昉：《中国农村贫困性质的变化与扶贫战略调整》，《中国农村观察》2005 年第 5 期。

[32] 杜凤莲、孙婧芳：《经济增长、收入分配与减贫效应——基于 1991—2004 年面板数据的分析》，《经济科学》2009 年第 3 期。

[33] 方劲：《可行能力视野下的新阶段农村贫困及其政策调整》，《经济体制改革》2011 年第 1 期。

[34] 方迎风、张芬：《多维贫困视角下的区域性扶贫政策选择》，武汉大学出版社 2015 年版。

[35] 房伟臣、梁会中：《贵州农民经济生活状况简析》，《农村经济技术》1994 年第 11 期。

[36] 傅晨、狄瑞珍：《贫困农户行为研究》，《中国农村观察》2000 年第 2 期，第 39—42 页。

[37] 葛志军、邢成举：《精准扶贫：内涵、实践困境及其原因阐释——基于宁夏银川两个村庄的调查》，《贵州社会科学》2015 年第 305 期。

[38] 龚娜、龚晓宽：《中国扶贫模式的特色及其对世界的贡献》，《理论视野》2010 年第 5 期。

[39] 贵州省扶贫开发办公室：《关于印发〈关于创新产业化扶贫利益联结机制的指导意见〉的通知黔扶通〔2014〕15 号》，http://www.gzzs.gov.cn/web92/Detail.aspx?id=66359。

[40] 贵州省晴隆县县志编撰委员会：《晴隆县志》，贵阳人民出版社 1993 年第 1 期。

[41] 郭舒然：《党报新农村报道探析——基于〈人民日报〉、〈新华日报〉、〈南通日报〉的内容构成分析》，《传媒观察》2010 年第 6 期。

[42] 郭正伟：《山海相连携手十年——宁波对口帮扶贵州侧记》，《中

国民族》2007年第2期。
[43] 郭剑雄：《人力资本、生育率与城乡收入差距的收敛》，《中国社会科学》2005年第3期。
[44] 国家统计局住户调查办公室：《2015中国农村贫困监测报告》，中国统计出版社2015年。
[45] 韩嘉玲：《社会发展视角下的中国农村扶贫政策改革30年》，《贵州社会科学》2009年第2期。
[46] 韩秀兰：《中国经济增长的益贫性评价——基于PEGR方法和微观数据的实证》，《统计与信息论坛》2013年第2期。
[47] 韩秀兰：《中国益贫式增长多维测度与形成机制研究》，博士学位论文，山西财经大学2012年。
[48] 何广文：《合作金融组织的制度性绩效探析》，《中国农村经济》1999年第2期。
[49] 何燕凌：《中国贫困的原因和发展战略的转变》，《中国社会科学》1988年第3期。
[50] 洪名勇：《开发扶贫瞄准机制的调整与完善》，《农业经济问题》2009年第5期。
[51] 洪名勇：《制度经济学》，中国经济出版社2012年版。
[52] 洪名勇：《绿色富民湄潭》，浙江大学出版社2012年版。
[53] 胡兵、胡宝娣、赖景生：《经济增长、收入分配对农村贫困变动的影响》，《财经研究》2005年第8期。
[54] 胡联、汪三贵、王娜：《贫困村互助资金存在精英俘获吗——基于5省30个贫困村互助资金试点村的经验证据》，《经济学家》2015年第9期。
[55] 胡映兰：《新时期党的农村经济政策演变研究》，《湖南师范大学学报》2004年第4期。
[56] 华正学：《新中国60年反贫困的演进及创新选择》，《农业经济》2010年第7期。
[57] 黄少安：《关于制度变迁的三个假说及其验证》，中国社会科学2000年第4期。
[58] 黄少安：《中国经济制度变迁的事实对"制度变迁主体角色转换假说"的证实》，《浙江社会科学》1999年第1期。

[59] 黄祖辉:《湄潭县农村土地制度改革的实践、贡献与启示》,《中国乡村发现》2013年第4期。

[60] 江蔚:《中国保持经济高速增长路途艰难》,《经济导报》2006年第9期。

[61] 姜爱华:《我国政府开发式扶贫资金投放效果的实证分析》,《中央财经大学学报》2008年第2期。

[62] 金莲、王永平:《贵州省生态移民可持续发展的动力机制》,《农业现代化研究》2013年第4期。

[63] 邝艳华、叶林、张俊:《政策议程与媒体议程关系研究——基于1982至2006年农业政策和媒体报道的实证分析》,《公共管理学报》2015年第12期。

[64] 拉坦:《诱致性制度变迁理论》,科斯等:《财产权利与制度变迁》,上海三联书店1996年版。

[65] 黎攀、方迎风:《减贫政策的选择与比较分析研究》,《学术研究》2016年第2期。

[66] 李昌来:《湄潭县农村改革的历程、特点及建议》,《中国乡村发展》2013年第1期。

[67] 李海金:《连片特困地区扶贫开发的战略创新——以武陵山区为例》,《中州学刊》2015年第12期。

[68] 李慧凤:《制度结构、行为主体与基层政府治理》,《南京社会科学》2014年第2期。

[69] 李金亚、李秉龙:《贫困村互助资金瞄准贫困户了吗——来自全国互助资金试点的农户抽样调查证据》,《农业技术经济》2013年第6期。

[70] 李良荣:《十五年来新闻改革的回顾与展望》,《新闻大学》1995年第1期。

[71] 李裴、罗凌:《精准扶贫四看法》,《农村工作通讯》2015年第18期。

[72] 李小云、唐丽霞、张雪梅:《我国财政扶贫资金投入机制分析》,《农业经济问题》2007年第10期。

[73] 李小云、叶敬忠等:《中国农村贫困状况报告》,《中国农业大学学报》2004年第1期。

[74] 李小云、于乐荣、齐顾波：《2000—2008 年中国经济增长对贫困减少的作用一个全国和分区域的实证分析》，《中国农村经济》2010 年第 4 期。

[75] 李小云、张雪梅、唐丽霞：《当前中国农村的贫困问题》，《中国农业大学学报》2005 年第 4 期。

[76] 李燕凌：《县乡政府农村公共产品供给政策演变及其效果》，《农业经济问题》2014 年第 11 期。

[77] 李治邦：《杉坪村：从贫困村到小康村的嬗变——贵州省桐梓县杉坪村"整村推进整体脱贫"调研》，《甘肃农业》2016 年第 19 期。

[78] 李伶俐、谷小菁、王定祥：《财政分权、城市化与城乡收入差距》，《农业技术经济》2013 年第 12 期。

[79] 李宾、马九杰：《劳动力流动对城乡收入差距的影响：基于生命周期视角》，《中国人口资源与环境》2013 年第 11 期。

[80] 朱润喜：《论财税制度建设与城乡收入差距》，《中南财经政法大学学报》2014 年第 1 期。

[81] 廖东民、肖同建：《探索解决农村特困人口"双失"问题研究》，《农村·农业·农民》2016 年第 10 期。

[82] 林伯强：《中国的经济增长、贫困减少与政策选择》，《经济研究》2003 年第 12 期。

[83] 林乘东：《中国扶贫战略的演变与反思》，《中央民族大学学报（社会科学版）》1998 年第 5 期。

[84] 林万龙、杨丛丛：《贫困农户能有效利用扶贫型小额信贷服务吗？——对四川省仪陇县贫困村互助资金试点的案例分析》，《中国农村经济》2012 年第 2 期。

[85] 林毅夫：《90 年代农村改革的主要问题与展望》，《管理世界》1994 年第 3 期。

[86] 林毅夫：《关于制度变迁的经济学理论：诱致性变迁与强制性变迁》，上海三联书店 1990 年版。科斯等：《财产权利与制度变迁》，上海三联书店 1996 年版。

[87] 刘冬梅：《对中国二十一世纪反贫困目标瞄准机制的思考》，《农业技术经济》2001 年第 5 期。

[88] 刘慧:《我国扶贫政策演变及其实施效果》,《地理科学进展》1998 年第 4 期。

[89] 刘解龙:《经济新常态中的精准扶贫理论与机制创新》,《湖南社会科学》2015 年第 4 期。

[90] 刘龙、李丰春:《论农村贫困文化的表现、成因及其消解》,《农业现代化研究》2007 年第 5 期。

[91] 刘升:《精英俘获与扶贫资源资本化研究——基于河北南村的个案研究》,《南京农业大学学报(社会科学版)》2015 年第 5 期。

[92] 刘西川:《村级发展互助资金的目标瞄准、还款机制及供给成本——以四川省小金县四个样本村为例》,《农业经济问题》2012 年第 8 期。

[93] 刘畅:《中国益贫式增长中的经济政策研究》,中国社会科学出版社 2010 年版。

[94] 人民网:《国务院扶贫办主任刘永富解读"继续向贫困宣战"》,http://kfq.people.com.cn/n/2014/0324/c54918 - 24721467.html.

[95] 卢瑟福:《经济学中的制度:老制度经济学和新制度经济学》,中国社会科学出版社 1999 年第 3 期。

[96] 陆静超:《基于渐进式制度变迁的循环经济政策研究》,哈尔滨工业大学 2008 年版。

[97] 罗楚亮:《经济增长、收入差距与农村贫困》,《经济研究》2012 年第 2 期。

[98] 罗珊、黎富森:《金融发展与城乡收入差距——基于政府角色分析的新发现》,《上海经济研究》2013 年第 1 期。

[99] 吕玉霞、刘明兴、徐志刚:《中国县乡政府的压力型体制:一个实证分析框架》,《南京农业大学学报(社会科学版)》2016 年第 3 期。

[100] 迈尔森 R.B.:《博理论:矛盾冲突分析》,中国人民大学出版社 2014 年版。

[101] 孟凡静、吴成基、贾耀峰:《关于贫困地区贫困文化问题的探讨——以西海固地区为例》,《干旱区资源与环境》2002 年第 3 期。

［102］苗齐、钟甫宁：《中国农村贫困的变化与扶贫政策取向》，《中国农村经济》2006 年第 12 期。

［103］聂春根：《产业扶贫应成为扶贫开发的工作重点》，《老区建设》2010 年第 1 期。

［104］诺思：《经济史中的结构与变迁》，上海三联书店和上海人民出版社 1994 年版。

［105］欧阳静：《压力型体制与乡镇的策略主义逻辑》，《经济社会体制比较》2011 年第 3 期。

［106］秦其文、姚茂香：《农民落后思想致贫的路径分析及现实意义——民生问题的一种研究视角》，《华中农业大学学报（社会科学版）》2007 年第 6 期。

［107］荣敬本：《从压力型体制向民主合作制的转变》，中央编译出版社 1998 年版。

［108］尚长风：《乡镇企业寻租活动分析》，《农业经济问题》2001 年第 10 期。

［109］史晋川、沈国兵：《论制度变迁理论与制度变迁方式的划分标准》，《经济学家》2002 年第 1 期。

［110］世界银行：《从贫困地区到贫困人群：中国扶贫议程的演进——中国贫困和不平等问题评估》，世界银行、东亚及太平洋地区扶贫与经济管理局 2009 年版。

［111］世界银行：《中国 90 年代的扶贫战略》，中国财政经济出版社 1993 年版。

［112］孙景隆：《贵州扶贫开发战略浅议》，《贵州省社会科学》1996 年第 2 期。

［113］孙志刚：《贵州省人民政府 2016 年〈政府工作报告〉》。人民网，http：//leaders.people.com.cn/n1/2016/0205/c58278_28113504.html。

［114］台江县政府办：《2016 年台江县人民政府工作报告》，http：//www.gztaijiang.gov.cn/pages/show.aspx?id=3360。

［115］唐丽霞、罗江月、李小云：《精准扶贫机制实施的政策和实践困境》，《贵州社会科学》2015 年第 305 期。

［116］田新强：《长顺县扶贫开发成功模式及经验探析——基于公共政

策分析的视角》,《改革与开放》2015 年版。

[117] 万广华、张茵:《收入增长与不平等对我国贫困的影响》,《经济研究》2006 年第 6 期。

[118] 汪三贵、Albert Park,Shubham C.,Gaurav Datt.《中国新时期农村扶贫与村级贫困瞄准》,《管理世界》2007 年第 1 期。

[119] 汪三贵、郭子豪:《论中国的精准扶贫》,《贵州社会科学》2015 年第 205 期。

[120] 汪三贵:《在发展中战胜贫困——对中国 30 年大规模减贫经验的总结与评价》,《管理世界》2008 年第 11 期。

[121] 汪晓文、何明辉、李玉洁:《基于空间贫困视角的扶贫模式再选择——以甘肃为例》,《甘肃社会科学》2012 年第 6 期。

[122] 王春侠、高新军:《我国乡镇级地方政府治理中的潜规则刍议》,《经济社会体制比较》2005 年第 5 期。

[123] 王芳:《借智借力战贫困》,《经济》2016 年第 2 期。

[124] 王红茹:《过去 5 年减贫 1 亿人还剩 5575 万人脱贫的"硬骨头"如何啃?》,《中国经济周刊》2016 年第 42 期。

[125] 王丽华:《贫困人口分布、构成变化视阈下农村扶贫政策探析——以湘西八个贫困县及其下辖乡、村为例》,《公共管理学报》2011 年第 2 期。

[126] 王增文、邓大松:《倾向度匹配、救助依赖与瞄准机制——基于社会救助制度实施效应的经验分析》,《公共管理学报》2012 年第 2 期。

[127] 王生:《中国经济高速增长的亲贫困程度研究:1989—2009》,博士学位论文,浙江大学 2013 年。

[128] 王志章、王晓蒙:《包容性增长:背景、概念与印度经验》,《南亚研究》2011 年第 4 期。

[129] 威宁县"五个精准监督"助推扶贫攻坚见成效。中国网,http://jiangsu.china.com.cn/html/2016/gznews_0714/6450317.html。

[130] 韦森:《社会制度的经济理论》,上海财经大学出版社 2003 年版。

[131] 阮敬、詹婧:《亲贫困增长分析中的 Shapley 分解规则》,《统计

研究》2010 年第 5 期。

[132] 文秋良：《经济增长与缓解贫困：趋势、差异与作用》，《农业技术经济》2006 年第 3 期。

[133] 吴国宝：《对中国扶贫战略的简评》，《中国农村经济》1996 年第 8 期。

[134] 吴华：《"刘易斯拐点"的中国现实判断》，《人口与经济》2012 年第 4 期。

[135] 吴清华：《当代中外贫困理论比较研究》，《人口与经济》2004 年第 1 期。

[136] 吴晓燕、赵普兵：《农村精准扶贫中的协商：内容与机制——基于四川省南部县 A 村的观察》，《社会主义研究》2015 年第 224 期。

[137] 吴毅：《双重边缘化：村干部角色与行为的类型学分析》，《管理世界》2002 年第 11 期。

[138] 魏丽莉、马晶：《双重滞后型区域城乡金融非均衡发展对城乡收入差距影响的实证分析》，《兰州大学学报（社会科学版）》2014 年第 1 期。

[139] 向德平：《包容性增长视角下中国扶贫政策的变迁与走向》，《华中师范大学学报（人文社会科学版）》2011 年第 4 期。

[140] 肖鲁仁、章辉美：《报纸媒体证券新闻报道与股市成交量之间的相关性分析——基于对〈中国证券报〉、〈经济日报〉、〈潇湘晨报〉的实证研究》，《湖南师范大学社会科学学报》2014 年第 5 期。

[141] 谢金鹏：《经济增长、收入分配与中国农村贫困问题研究》，西北大学 2008 年。

[142] 邢成举、李小云：《精英俘获与财政扶贫项目目标偏离的研究》，《中国行政管理》2013 年第 9 期。

[143] 邢成举：《压力型体制下的"扶贫军令状"与贫困治理中的政府失灵》，《南京农业大学学报（社会科学版）》2016 年第 5 期。

[144] 徐光、罗敏：《贵州省农村贫困问题及其对策研究》，《安徽农业科学》2007 年第 33 期。

[145] 徐薇：《我国实施可持续扶贫战略研究》，《理论与改革》2002

年第 5 期。

[146] 徐勇：《乡村治理与中国政治》，中国社会科学出版社 2003 年版。

[147] 许汉泽、李小云：《精准扶贫视角下扶贫项目的运作困境及其解释——以华北 W 县的竞争性项目为例》，《中国农业大学学报（社会科学版）》2016 年第 4 期。

[148] 严瑞珍：《坚持正确扶贫战略，加大农村扶贫力度》，《农业经济问题》1997 年第 2 期。

[149] 燕安、刘明辉：《统一战线参与贵州扶贫开发问题初探》，《贵州社会主义学院院报》2012 年第 4 期。

[150] 余菊、邓昂：《制度变迁、地方政府行为与城乡收入差距——来自中国省级面板数据的经验证据》，《经济理论与经济管理》2014 年第 6 期。

[151] 扬楠、马绰欣：《基于面板门槛模型的我国金融发展对城乡收入差距影响机制研究》，《数理统计与管理》2014 年第 3 期。

[152] 杨浩：《晴隆简介》，http：//www.gzql.gov.cn/chqn/qljj/。

[153] 杨龙、李萌、汪三贵：《我国贫困瞄准政策的表达与实践》，《农村经济》2015 年第 1 期。

[154] 杨瑞龙：《我国制度变迁方式转换的三阶段论——兼论地方政府的制度创新行为》，《经济研究》1998 年第 1 期。

[155] 杨振、江琪、刘会敏、王晓霞：《中国农村居民多维贫困测度与空间格局》，《经济地理》2015 年第 35 期。

[156] 杨正平、周训军：《破茧成蝶床照"长顺做法"产业结构调整助石漠化群众走出"经济洼地"》，黔南热线，http：//www.qnz.com.cn/qnz_html/xwpd/xsbd_664_13936.html。

[157] 叶初升、邹欣：《扶贫瞄准的绩效评估与机制设计》，《华中农业大学学报（社会科学版）》2012 年第 1 期。

[158] 殷剑峰：《二十一世纪中国经济周期平稳化现象研究》，《中国社会科学》2010 年第 4 期。

[159] 印子：《治理消解行政：对国家政策执行偏差的一种解释——基于豫南 G 镇低保政策的实践分析》，《南京农业大学学报（社会科学版）》2014 年第 3 期。

[160] 余华银:《论我国扶贫战略的误区》,《农业经济问题》1998年第9期。

[161] 余泳泽、张先轸:《要素禀赋、适宜性创新模式选择与全要素生产率提升》,《管理世界》2015年第9期。

[162] 岳希明、李实、王萍萍、关冰:《透视中国农村贫困》,经济科学出版社2007年版。

[163] 张东生:《中国居民收入分配年度报告》,中国经济出版社2012年版。

[164] 张磊:《中国扶贫开发政策演变》,中国财政经济出版社2007年版。

[165] 张丽君、董益铭、韩石:《西部民族地区空间贫困陷阱分析》,《民族研究》2015年第1期。

[166] 张琦、冯丹萌:《我国减贫实践探索及其理论创新:1978—2016年》,《改革》2016年第4期。

[167] 长顺创立"藤缠树"模式催生竞逐扶贫样品,《多彩贵州网》,《贵州日报》,http://news.gog.cn/system/2016/04/07/014851793.shtml。

[168] 长顺县政府办公室:《2016年长顺县人民政府工作报告》,http://www.gzcsx.gov.cn/doc/2016/03/03/399400.shtml。

[169] 赵玉峰:《论公共政策议程建立过程中媒体的影响》,《四川行政学院学报》2007年第4期,第19—22页。

[170] 赵霞、刘萌:《财政支出结构对城乡收入差距影响的区域分析——基于2007—2011年省级面板数据》,《福建论坛(人文社会科学版)》2014年第2期。

[171] 周丕东、崔鬼、詹瑜、孙秋:《贵州乌蒙山区农村扶贫开发对策研究》,《贵州民族研究》2012年第2期。

[172] 周雪光、练宏:《中国政府的治理模式:一个"控制权"理论》,《社会学研究》2012年第5期。

[173] 周雪光:《基层政府间的"共谋现象"一个政府行为的制度逻辑》,《社会学研究》2008年第6期。

[174] 周华:《益贫式增长的定义、度量与策略研究——文献回顾》,《管理世界》2008年第4期。

[175] 周华、李品芳、崔秋勇:《中国多维度益贫式增长的测度及其潜在来源分解研究》,《数量经济技术经济研究》2011年第5期。

[176] 朱玲:《应对极端贫困和边缘化:来自中国农村的经验》,《经济学动态》2011年第7期。

[177] 朱子云:《中国城乡居民收入差距的分解分析》,《数量经济技术经济研究》2014年第2期。

[178] 庄天慧:《西南少数民族贫困县的贫困与反贫困调查与评估》,中国农业出版社2011年第1期。

[179] 左停:《精准扶贫:技术靶向、理论解析和现实挑战》,《贵州社会科学》2015年第8期。

后 记

要在 2020 年实现全面建成小康社会的目标,就不能再有贫困地区、不能再有贫困县、贫困乡镇,不能再有贫困民族。对此,习近平总书记在 2015 年参加全国人大三次会议广西代表团的审议时指出:"决不让一个少数民族、一个地区掉队。"这要求我们政府有关部门将"扶贫攻坚抓紧抓准抓到位","把扶贫开发工作抓紧抓紧再抓紧、做实做实再做实",要完成扶贫攻坚目标,不仅要求各地区、各部门认真执行党和国家扶贫开发政策,而且还应该创新地制定适宜于本地区、本部门的扶贫政策,使扶贫工作有实实在在的成绩,"真正使贫困地区群众不断得到真实惠"。我们知道,在中国,长期以来国家高度重视扶贫开发工作,梳理党和国家有关政策发现,从 20 世纪 80 年代开始,国家就高度重视扶贫工作,制定了相应的扶贫开发战略和政策,不同地区在执行中央扶贫开发政策过程中,一般会根据本地区实际情况出台相应的政策。这样,对于扶贫开发战略和政策来讲,就存在一个时间上的连续性与演进问题,而在空间上,由于不同地区贫困程度不一样、面临的环境条件和约束因素也不一样,所采取的政策也不一样。因此,对于中央扶贫开发战略与政策的实施,就可能存在空间上的差异性。因此,对扶贫开发战略、政策演进及实施情况进行系统梳理和研究,对于我们更好地认知扶贫,理解贫困,更好地做好下一步的扶贫开发工作,具有好的借鉴意义,而且对于进行学术研究的专家、学者而言,更应对此进行研究和理性思考。为对国家扶贫战略、扶贫政策演变及实施情况进行系统研究,2015 年国家自然科学基金委员会管理科学部发布了当年最后一期应急项目,"中国扶贫开发的战略和政策研究"。看到项目申报通知和指南之后,我们积极组织力量进行申报,2015 年 12 月 10 日,正当我们在长顺县调查时,接到国家自然科学基金委员会通知,非常荣幸,我们申报的项目获得立项资助。在获得立项资助之后,在国家自然科学基金委员会的主持下，我们先在北京进行了开题，开题之后，根据专家建议及不同项目之间的分工，要求本课题在对全国扶贫开发战略和政策进行研究的同时，重点研究贵州扶贫开发战略与政策。因此，本研究成果在对国家扶贫开发战略和政策进行研究的同时，重点以贵州为例，就地方政府扶贫开发战略和政策进行研究。本项目成果不仅对国家扶贫开发战略和政策演变进行探讨，而且还通过《人民日报》等党媒有关报道进行收集和整理，对中国扶贫开发战略和政策实施的时间连续性和空间差异性进行了研究。在此基础上，以贵州为个案对省级政府扶贫开发战略和政策演变进行了研究。对于扶贫开发，仅有战略和政策还不够，关键在于政策的实施，因此，我们在对扶贫政策时间、空间变化情况进行分析的基础上，以贵州为例，对扶贫开发实施的效果进行了计量分析，我们对贵州湄潭县进行的研究发现，通过茶生产、加工及旅游为核心的绿色产业的发展，不仅促进经济持续发展，更为关键的在于走了一条富裕农民之路。同时，贵州在扶贫开发过程中，探索出了自己的成功经验，对此，我们以个案调查的形式对有关经验进行了总结。通过深入调查，我们还发现扶贫开发中存在的若干问题。针对精准识别等环节中存在的问题，我们提出了相应的对策建议。

在开题之后，我们认真进行了调查研究，2016年6月国家自然科学基金委员会要求的中期检验会在贵州大学举行，我们根据专家组意见进一步完善调查成果，之后于10月又参加国家自然科学基金委员会管理科学部主办、西北师范大学承办的"中国扶贫开发战略与政策论坛"，2017年2月国家自然科学基金委员会又组织专家在吉首大学对课题进行了验收，本课题以良好等级顺利通过验收。可以说，本专著是集体共同劳动之作，我的研究生吴昭洋、潘东阳、杨晓璇、张焕柄、蔡燕、唐幸子不仅参加调查，而且承担有关章节初稿的撰写，另外，浙江大学博士生王珊，贵州大学硕士研究生刘洪、周欢等也参与调查，贵州大学管理学院龚丽娟教师也多次参加调查和收集资料。在中期检查和结题过程中，中国社会科学院李周研究员、中国公益研究院曹民洪研究员、国家行政学院竹立家教授、浙江大学黄祖辉教授、上海交通大学史清华教授等专家学者提出较好的建议，在研究过程中国家自然科学基金委员会管理科学部、贵州大学等给予非常好的支持与帮助，在调研过程中，我们还得到有关部门、有关县及乡镇的支持和关心。本书的出版还得到贵州特色重点学科"农林经济管理"建设项目资助,在此一并致谢!作为项目研究成果,可能存在诸多不足、缺点与错误,当然这些错误应由笔者承担,与以上人员无关。

洪名勇
2017 年夏于兰馨桂馥